Das Geheimnis des Lichts

Das Leben und die Lehre von Omraam Mikhaël Aïvanhov

Vom selben Autor:

Sacred Paths

Wholeness or Transcendence?

Sacred Sexuality

Introduction to the Bhagavad-Gita

The Yoga-Sutra of Patanjali

Encyclopedic Dictionary of Yoga

The Yoga Tradition

Holy Madness
(Heilige Narren)

Spirituality by the Numbers

In Search of the Cradle of Civilization
(with Subhash Kak and David Frawley)

Voices on the Threshold of Tomorrow
(with Trisha Lamb Feuerstein)

Das Geheimnis des Lichts

Das Leben und die Lehre von Omraam Mikhaël Aïvanhov

verfasst von
Dr. phil. Georg Feuerstein

aus dem Amerikanischen von
Knut Wittich-Harz

PROSVETA VERLAG

Originaltitel: *The Mystery of Light*
© 1992 by Therese Bony
Titelgestaltung by Steven R. Jerman
Passage Press is a division of Morson Publishing
P.O. Box 21713 - Salt Lake City, Utah 84121-0713
Printed in the United States of America 1994
ISBN 1-878423-14-2

© Copyright 1997 by S.A. Editions Prosveta. Alle Rechte für alle Länder einschließlich Osteuropa vorbehalten. Jeder Nachdruck sowie jede Bearbeitung, Darstellung oder sonstige Ausgabe bedürfen der ausdrücklichen Genehmigung des Autors und der Herausgeber. Ebenso sind alle privaten Kopien, Bild-, Ton- oder sonstigen Wiedergaben ohne Genehmigung der Autoren und Herausgeber nicht gestattet.

Editions Prosveta S.A. – B.P. 12 – 83601 Fréjus, Cedex (France)

ISBN 3-89515-020-7
Französische Originalausgabe: ISBN 2-85566-709-7

in memoriam Dr. Giovanni Boni

Allen, die ihr Leben als Pilgerreise verstehen.
Mögen diese Seiten ihren Weg erleuchten.

INHALTSVERZEICHNIS

Danksagung 9
Vorwort 10
Einleitung 15

TEIL 1: DER LEHRER

1. **Die frühen Jahre von Omraam Mikhaël Aïvanhov** 19
   Die Prophezeiung – Kindheitsjahre in Bulgarien – Der Wendepunkt
2. **Spirituelle Lehrjahre** 48
   Der Eintritt in den Strom – Meister Peter Deunov – Die Lehrjahre
3. **Aïvanhov: Seher, Lehrer und Heiler** 66
   Die erste Zeit in Frankreich – Die Universelle Weiße Bruderschaft – Der Kampf gegen die Mächte der Finsternis – Eine Reise nach Indien – Ein Meister und seine Schüler – Heiler der Herzen – Ein Weiser auf Reisen – »Ich werde immer bei ihnen sein.«

TEIL 2: DIE LEHRE

4. **Die Philosophie und das Geheimnis des Menschseins** 110
   Die Grundfragen der Existenz – Die wahre Philosophie – Die Evolution und der Sinn des Lebens – Personalität und Individualität
5. **Das magische Universum** 135
   Die Welt der Elementarteilchen und die Präsenz des Geistes – Mehrere Körper, mehrere Ebenen der Wirklichkeit – Der Kosmos, das Gute und das Böse
6. **Der Schlüssel zum Buch der Natur** 158
   Ein Buch von besonderer Art – Das belebte Universum – Die Sprache der Natur verstehen – Wie oben, so unten

7. **Das Geheimnis der Sonne** 177
   Die Intelligenz der Sonne – Die spirituelle Sonne im Hinduismus – Pharao Echnaton und Aïvanhov – Der Geist der Sonne im Gnostizismus und im Christentum
8. **Die spirituelle Arbeit** 196
   In der Schule des Lebens – Innere Arbeit, äußere Arbeit – Arbeit als bewusste Teilnahme am Göttlichen – Spirituelle Metanoia – Reinigung und Harmonie
9. **Die Schule des Lichts** 220
   Die Umwandlung des täglichen Lebens – Das Geheimnis der Ernährung – Licht als Nahrung – Sonnen-Yoga – Geistige Arbeit bei Sonnenaufgang
10. **Die Bändigung des sexuellen Drachens** 239
    Das Licht jenseits sexueller Lust – Die heilige Kraft der Sexualität – Tantra Yoga und die Kraft der Schlange – Die sexuelle Vereinigung
11. **Die tiefere Bedeutung des Christentums** ... 268
    Das Dritte Testament – Die verborgene Lehre Jesu Christi – Das Licht der Gnosis – Die Bogomilen und Katharer – Der kosmische Christus – Reinkarnation: immer von neuem geboren werden – Der Lichtkörper
12. **Aïvanhovs Lehre und die Erneuerung der Welt** 299
    Die Stunde der Entscheidung – Ökologie und Spiritualität: Wir sind die Welt, in der wir leben – Die Morgendämmerung eines ›Goldenen Zeitalters‹? – Die erlösende Kraft universeller Bruderschaft

ANHANG

Wichtige Daten im Leben von
Omraam Mikhaël Aïvanhov 320
Auswahlbibliographie 323
Stichwortverzeichnis 325
Der Autor 331

DANKSAGUNG

Ich möchte folgenden Menschen meinen Dank aussprechen:
- meiner geistigen Freundin Thérèse Boni, die die Entstehung dieses Buches ermöglichte und deren erfrischende mediterrane Begeisterung Labsal für meine Seele war;
- dem leider verstorbenen Dr. Giovanni Boni, dem dieses Buch gewidmet ist, der mich in meinem Bemühen so selbstlos unterstützte;
- Paul Henri Gaillard für das Vertrauen, das er mir entgegenbrachte und seine tatkräftige Hilfe;
- C. Blagost, langjährige Schülerin von Omraam Mikhaël Aïvanhov, die durch wertvolle Beiträge aus dem Leben ihres Lehrers zur Authentizität dieses Buches beitrug;
- Cherry Frizzell, die mir freimütig über ihre Erlebnisse berichtete, die sie und ihr Gatte mit Meister Aïvanhov hatten, während er bei ihnen zu Besuch war;
- Violet Nevile für ihre wohlwollende Hilfe bei der Zusammenstellung der Chronologie (Anhang);
- den Verantwortlichen des Prosveta-Verlages in Frankreich, die es mir gestatteten, das urheberrechtlich geschützte Quellenmaterial kostenfrei zu zitieren;
- David Lorimer, der mir freundlicherweise Informationen zu Peter Deunov gab, Omraam Mikhaël Aïvanhovs bulgarischem Lehrer;
- meiner Frau Trisha, für ihre redaktionelle Unterstützung und ihr sicheres Urteil;
- Larry Dossey, M.D., der dieses Buch durch sein geschätztes Vorwort bereicherte;
- Robben Hixson, dem Inhaber der Passage Press, der dieses Buch so begeistert in sein Verlagsprogramm aufnahm und der englischsprachigen Welt zugänglich machte.

VORWORT
von Larrey Dossey, M.D.

Autor von »*Recovering the Soul*«,
»*Space,Time, and Medicine*«, »*Meaning and Medicine*«,
und »*Beyond Illness*«.

Es gibt in unserem Leben seltene Augenblicke, da uns die Entdeckung eines bestimmten Buches, einer Lehre oder einer weisen Erkenntnis einfach überwältigt und uns der Atem still steht vor Ehrfurcht, Dankbarkeit und Freude. Wir erkennen sofort, dass wir auf einen wertvollen Schatz gestoßen sind. Während wir noch vor ihm stehen und uns seinem Glanz hingeben, spüren wir bereits unmittelbar, dass er uns schon verändert hat. So erging es mir, als ich dem Werk des bemerkenswerten geistigen Lehrers Omraam Mikhaël Aïvanhov aus Bulgarien begegnete.

Die Geschichtsseiten sind übersät mit weisen geistigen Lehrern. Ungeachtet der Wahrheiten, die sie zum Ausdruck brachten, haben viele von ihnen keine großen Veränderungen bei den Menschen oder in der Welt im Allgemeinen bewirkt. Worauf ist die verändernde Kraft einiger weniger von ihnen zurückzuführen? Ob eine bedeutende geistige Lehre uns tatsächlich anspricht oder nicht, hängt natürlich davon ab, wie weit wir uns ihr öffnen, aber auch andere Faktoren spielen eine Rolle. Es genügt nicht, dass die Lehre wahr ist. Sie muss außerdem nicht nur mit den weisen Erkenntnissen früherer Zeiten übereinstimmen, sondern auch mit den wichtigsten Erkenntnissen unserer Zeit. Bedeutsamkeit, Unmittelbarkeit und Dringlichkeit müssen von ihr ausgehen. Vor allem muss die Lehre irgendwie in die Zeit hineinpassen, und sie muss sich richtig ›anfühlen‹. Wenn all diese Bedingungen erfüllt sind, kann

Omraam Mikhaël Aïvanhov gegen Ende seines Lebens

ein Wunder geschehen: Wir und die Welt um uns herum können eine Wandlung erfahren. Aïvanhovs Lehre steht nicht nur im Einklang mit den bedeutendsten überlieferten Erkenntnissen der Menschheit, sondern sie steht an vorderster Linie in der Weiterentwicklung unseres Wissens um diese Welt. Das bedeutet, dass sich diejenigen, denen eine verstaubte und verkrustete, archaische und geheimnisumwobene Lehre lieber ist, anderswo umsehen müssen. Aïvanhov tritt nicht für die Flucht in eine sentimentale Vergangenheit ein. Vielmehr benutzt er in hohem Maße die Vernunft und ergänzt sie durch seine bemerkenswerte visionäre Kraft. Dabei zeichnet er ein atemberaubendes Bild vom Wandel des Menschen, modern und auf dem neuesten Stand der Entwicklung.

Was an Aïvanhovs Lehre unter anderem so überaus stark beeindruckt, ist die Einfachheit und Klarheit, die unablässig aus diesem Werk strahlt. Seine schlichten, klar strukturierten Worte bilden einen erfrischenden Kontrast zu den hoffnungslos verschwommenen und nebulösen Abhandlungen, die heutzutage als »geistige« Lehren gelten. Es ist eine wahre Freude, wieder zu entdecken, dass authentische Weisheit keinesfalls undurchsichtig und undurchdringlich sein muss.

Obwohl Aïvanhovs Lehre mit dem Besten, das uns aus alter Zeit überliefert ist, im Einklang steht, ist sie doch in vieler Hinsicht frisch und neu. Aïvanhov war sich offensichtlich der tiefgreifenden Erkenntnisse moderner Wissenschaft bewusst. Er respektierte dieses Fenster zur Welt, und durch seine bemerkenswerte Urteilskraft und seinen Verstand stieß er es sogar noch weiter auf. Anders als viele geistige Lehrer, sparte Aïvanhov nie das moderne Bild des Universums aus; er schritt vielmehr geradewegs hindurch und erweiterte es. Dies ist einer der Gründe dafür, dass seine Lehre so gut in unsere Zeit passt.

Wahrscheinlich gibt es heutzutage mehr sogenannte geistige Lehrer als jemals zuvor. Der Westen wird von ihnen überflutet, und es ist oftmals schwierig, den Weisen vom Scharlatan zu unterscheiden. Für Menschen auf dem spirituellen Weg kann es schon eine beängstigende Aufgabe sein, unter den gegenwärtigen Supermarktangeboten einen authentischen Lehrer zu finden. Deshalb ist es für mich eine besondere Ehre, dass ich die Lehre würdigen darf, die in diesem Buch dargelegt wird. Nur wenige andere Lehren nehmen mit ihr einen vergleichbar hohen Rang ein. Wie kein anderer ist Georg Feuerstein dafür geeignet, uns das Schrifttum Omraam Mikhaël Aïvanhovs nahe zu bringen.

Dr. Feuerstein ist ein Wissenschaftler von Weltruf auf dem Gebiet geistiger Lehren und vergleichender Religionswissenschaft; seine Bücher sind seit Jahren für mich ein großer Gewinn. Sein Schrifttum – und sein Leben – verkörpern die gleiche Tiefe, Integrität und Würde wie das von ihm hier behandelte Thema.

Dieses Buch ist ein hinreißendes, lyrisches Lied zwischen Feuerstein und Aïvanhov – wobei Aïvanhov die Melodie singt und Feuerstein die Partitur durch seine geschickte, unaufdringliche Interpretation abrundet.

In Vorlesungen und Seminaren werde ich oft gefragt: »Wer ist heute ein glaubwürdiger, authentischer, geistiger Lehrer?« Jetzt kann ich ohne Zögern antworten: »Lernen Sie Omraam Mikhaël Aïvanhov kennen, und sehen Sie, was sich ereignet.«

Larry Dossey, M.D.
New Mexico

Omraam Mikhaël Aïvanhov

EINLEITUNG

Das vorliegende Werk ist das Ergebnis einer Reihe höchst glücklicher Umstände. Im Jahre 1989 stieß ich auf die englische Übersetzung von Omraam Mikhaël Aïvanhovs Buch »Auf dem Weg zur Sonnenkultur«. Ich hatte es für eine Buchbesprechung angefordert und fand das Buch zu meiner großen Freude überaus faszinierend. Meine Besprechung des Buches war dementsprechend voller Lob. Und nun tauchte Thérèse Boni in meinem Leben auf. Sie leitete damals den amerikanischen Ableger von Prosveta, einem Verlag, der die Aufgabe übernommen hat, Omraam Mikhaël Aïvanhovs Lebenswerk zu veröffentlichen. Sie bedankte sich für meine Buchbesprechung auf die für sie typische, enthusiastische Art und Weise. Bevor ich wusste wie mir geschah, hatte sie mir eine komplette Buchreihe von etwa 40 Bänden von Aïvanhovs Vorträgen geschenkt, die ins Englische übersetzt waren.

Bald darauf traf ich Thérèse persönlich, und das war der Beginn einer wunderbaren Freundschaft. Ich vertiefte mich mit wachsender Bewunderung und Dankbarkeit in Aïvanhovs Lehre. Ich war erstaunt, dass ich vorher von ihm noch nie etwas gehört hatte, nicht einmal während der vielen Jahre, die ich in Europa verbracht hatte, obwohl er nahezu ein halbes Jahrhundert lang in Frankreich gelehrt hatte. Ich bedauerte ganz besonders, dass ich ihn nicht kennen lernte, als er 1984 Kalifornien besuchte. Ich wäre sehr gerne von Nordkalifornien, wo ich wohnte, nach Los Angeles gereist, um ihn zu treffen.

Im Laufe der Arbeit an diesem Buch lernte ich jedoch schätzen, in wie hohem Masse große Lehrer ihr Leben und ihre Ideen miteinander in Einklang bringen. Es gab auch viele Momente, in denen ich eine unsichtbare Gegenwart spürte, die mich unterstützte. Manchmal kann Schreiben eine mühsame Angelegenheit sein, aber im vorliegenden

Fall war die Arbeit so von Freude und Licht erfüllt, dass ich seine Vollendung beinahe bedauerte. Möge Sie als Leser das umwälzende Gedankengut, das den Kern dieses Werkes ausmacht, ebenso inspirieren, wie dies bei mir der Fall war. Ich meine damit nicht meine eigenen Gedanken, die nur als Brücke zu Aïvanhovs Lehre dienen, sondern jene überzeugenden Gedanken und Bilder, die eine universelle Wahrheit zum Ausdruck bringen, und die einer der herausragendsten Vertreter einer immer gültigen Philosophie in konkrete Form gebracht hat.

Omraam Mikhaël Aïvanhov war ein einfacher und direkter Mensch. Manchmal sind Einfachheit und Direktheit auf mangelnde Differenziertheit zurückzuführen. Bei Aïvanhov sind sie jedoch die Frucht wunderbarer geistiger Klarheit und großer persönlicher Integrität. Selbst äußerst komplexe Gedankengänge vermittelte er klar und lebendig und ohne dabei etwas Falsches vorzuspiegeln.

Unsere Zeit hat eine Vorliebe für komplizierte Dinge. Wir sind stolz auf unser differenziertes Denken, und wir gehen allgemein davon aus, dass tiefschürfende Gedanken eine komplexe Ausdrucksweise verlangen. Wir fragen uns immer, ob ein unverständlicher Denker nicht vielleicht doch unglaublich tiefgreifende Gedanken zum Ausdruck bringt. Aïvanhov machte radikal Schluss mit all dieser Spiegelfechterei und Verwirrung. Seine zahllosen Vorträge – er hat keine Bücher geschrieben – sind durchweg einfach, klar und gehen in die Tiefe.

Viele, die Aïvanhov während seiner beinahe fünfzigjährigen Lehrtätigkeit zuhörten, fanden, dass er zu einfach sei und wandten sich Lehren und Philosophien zu, die komplizierter klangen. Wir entdecken die Tiefe seiner Gedankengänge nur, wenn wir uns mit seiner Lehre vorurteilslos und ohne intellektuellen Snobismus befassen. Wie der amerikanische Arzt und Schriftsteller Larry Dossey, M.D. bemerkte:

— *Einleitung* —

In einer Zeit, in der Tiefsinnigkeit mit undurchschaubarer Esoterik verwechselt wird, ist Aïvanhov eine erfrischende Entdeckung. Es ist das Kennzeichen eines großen geistigen Lehrers, dass er die Weisheit in leuchtender Klarheit vermittelt, sodass sie ungekünstelt und einfach wirkt – so, als sei sie uns schon lange vertraut, als sei sie jedem von uns von Natur aus schon gegeben. Omraam Mikhaël Aïvanhov ist so ein Lehrer. Seine Worte haben den Klang der Vertrautheit und Weisheit.

In einer Anekdote ist die Rede von einem etwas überheblichen Kandidaten, der zu einem berühmten geistigen Lehrer kam, um sich von ihm unterweisen zu lassen. Als der Lehrer ihn bat, den Boden zu fegen, zögerte der junge Mann. Als der Lehrer ihm versicherte, dass dies genau genommen seine Lehre sei, lächelte der Neuling höhnisch und ging. Er hatte den Kern der Unterweisung überhaupt nicht erfasst, und folglich nahm er nicht einmal einen flüchtigen Schimmer der Lehre wahr, die ihn höchstwahrscheinlich verändert hätte.

In mancher Hinsicht ist die Lektüre von Aïvanhovs veröffentlichten Reden vergleichbar mit alltäglicher Hausarbeit. Viele seiner Gedanken klingen so vertraut, dass wir vorschnell zu dem Schluss kommen, dass wir schon einen Schritt voraus sind. Aber es ist ein gewaltiger Unterschied, ob man nur etwas theoretisch weiß oder auch danach lebt. Aïvanhovs Vorträge und sein beispielhaftes Leben erinnern uns ständig an diesen entscheidenden Unterschied.

Wenn wir uns in Aïvanhovs aufgezeichnete Vorträge vertiefen, erfüllt uns sein außerordentlich tiefgreifendes Verständnis mit Demut. Wenn wir seinen Gedankengängen aufmerksam folgen und allmählich ihre Tiefe und Schönheit entdecken, werden sie uns innerlich berühren und verändern.

In der vorliegenden Veröffentlichung habe ich versucht, mich so einfach wie möglich auszudrücken. Mit Aïvanhovs reicher bildhafter Sprache könnte ich ohnehin nie erfolgreich wetteifern. Um meine eigene Unzulänglichkeit auszugleichen, habe ich meinen Kommentar mit ausführlichen Zitaten aus seinen lebendigen Vorträgen ergänzt. Der Zweck der deutschen Fassung dieses Buches ist es, Aïvanhov und seine Lehre im deutschsprachigen Raum bekannt zu machen und die nötigen Grundlagen zum Verständnis beider zu schaffen.

Ich habe das Hauptaugenmerk auf die meiner Meinung nach herausragenden Aspekte seiner Lehre gerichtet. Ich bin nicht näher auf das kulturelle und zeremonielle Leben seiner weltweiten Schülerschaft eingegangen. Dafür gibt es zwei Gründe. Erstens: Ich bringe Omraam Mikhaël Aïvanhov meine größte Hochachtung entgegen, und ich schätze seine Lehre, dennoch war ich formell nie weder sein Schüler noch Mitglied in seiner Gemeinschaft. Mein eigener Weg kommt aus einer anderen Tradition. Ich habe jahrelang nach der Yoga– und Vedanta–Tradition meditiert, aber seit einiger Zeit befasse ich mich mit der praktischen Heilkunde des Tibetischen Buddhismus. Zweitens: Ich habe das Empfinden, dass es am besten ist, wenn diejenigen, die seine Lehre noch weiter erforschen wollen, ihre Erfahrungen in der Gemeinschaft persönlich machen. Mehr als meine anderen Bücher ist das vorliegende Werk ein Spiegel meiner tiefen praktischen Verbundenheit mit dem spirituellen Leben. Ich habe es als Pilger für andere geschrieben, die auf einem Pfad in ähnlicher Richtung unterwegs sind.

Möge dieses kleine Buch in Ihnen als Leser den Wunsch erwecken, Ihr ganzes Wesen direkt am reinen Brunnen der Weisheit zu erfrischen – der Weisheit, die so überreich aus Aïvanhovs zahlreichen veröffentlichten Vorträgen hervorsprudelt.

TEIL 1

DER LEHRER

1
DIE FRÜHEN JAHRE VON OMRAAM MIKHAËL AÏVANHOV

DIE PROPHEZEIUNG

In eine arme Familie wird ein reines Kind hineingeboren. Dieser Adler wird aus einem Land des Balkan in das Land des Hahnes fliegen. Und sich dort niederlassen. Sein Name gleicht dem meinen und wird der Welt lange in Erinnerung bleiben. Die Völker der Erde werden seine Stimme hören. Und auf Unheil und Verderben wird ein Neues Zeitalter folgen.

So lautet ein Vers von Nostradamus, dem großen Astrologen und Propheten des sechzehnten Jahrhunderts. Dieser Vers wurde 1957 auf einem alten Pergament in Südfrankreich entdeckt. Mehr als dreihundert Jahre nach Nostradamus wurde Mikhaël Aïvanhov in Bulgarien, einem Land auf dem Balkan, geboren. Das »Land des Hahnes« ist kein anderes als Frankreich, dessen Emblem einen Hahn aufweist. Aïvanhov war es, der 1937 nach Frankreich entsandt wurde, um dort die geistige Lehre zu verbreiten, in die ihn der ehrwürdige Peter Deunov eingeweiht hatte. Der Hahn ist ein Symbol für die aufgehende Sonne, für ständige Wachsamkeit, und sowohl die Sonne als auch die Wachsamkeit spielen eine zentrale Rolle in Aïvanhovs Lehre.

Der Adler in der Prophezeiung versinnbildlicht auch die hochstehende Sonne – ein passendes Symbol für Meister Aïvanhov, der kühn in die Dimension des göttlichen Geistes

Omraam Mikhaël Aïvanhov

emporschwebte, in die Nähe der Quelle allen Lichts.
Und schließlich lautete der volle Name von Nostradamus ›Mikaelis de Nostradamus‹, wie auf seinem Grabstein in der Kirche von Saint-Rémy in Salon-de-Provence geschrieben steht.[1] Auf einer Tafel an der Wand des Hauses, in dem er am 2. Juli 1566 verstarb, steht sein Name: Michel Nostradamus. Der französische Name Michel lautet auf Englisch Michael, und auf Bulgarisch Mikhaël.
Ist das alles Zufall? Vielleicht. Aber wenn man davon ausgeht, dass Nostradamus nicht nur ein Verrückter war, sondern tatsächlich in die Zukunft blicken konnte, und man ferner die Möglichkeit einräumt, dass Mikhaël Aïvanhovs Name eines Tages bekannter sein könnte als heute, scheint es nicht zu weit hergeholt zu sein, wenn man den Vers von Nostradamus mit ihm in Verbindung bringt.

Wie dies auch immer sei, die historische Bedeutung von Mikhaël Aïvanhov und seiner spirituellen Lehre hängt nicht von unseren Mutmaßungen über den möglichen Sinn solcher Prophezeiungen ab. Aïvanhovs Leben und vor allem sein Werk sprechen für sich selbst.

Aïvanhov selbst hat nie daran gezweifelt, dass seine Lehre des Lichts, die uralte Wurzeln hat, eines Tages weltweit anerkannt würde. Aber um diese Vorhersage richtig zu verstehen, müssen wir auch verstehen, dass er seine Lehre als Verkündung universeller spiritueller Prinzipien ansah. Er war keineswegs so anmaßend, dass er eine weltweite Bewegung erwartete, die auf der besonderen Form aufbaute, die er diesen Prinzipien gegeben hatte. Es ist vielmehr so, dass er mit dieser Vorhersage seinen persönlichen Glauben in die Weisheit der menschlichen Evolution zum Ausdruck bringen wollte, die die Menschheit eines Tages zu einer universellen Spiritualität führen würde.

Wie viele spirituelle Persönlichkeiten, war Aïvanhov wenig geneigt, über sich selbst zu sprechen. Er wollte erreichen, dass die Menschen ihre Aufmerksamkeit auf seine Lehre richten, anstatt an seiner Person zu hängen. Sein eigenes Leben war nur insofern von Bedeutung, als es die Gültigkeit der Lehre bewies, die er vertrat. Lehrer, so bemerkte er einmal, schaffen sich sozusagen selbst als Kunstwerke. Er führte diesen Gedanken so aus:

> Ich bewundere Kathedralen, Symphonien und Statuen, aber das wahre Ideal für den Menschen besteht darin, all diese herrlichen Werke in seinem Inneren zu schaffen. Man soll selber Gemälde und Statue, Dichtung, Musik und Tanz sein... Ein Mensch, der sich selbst als Kunstwerk gestaltet, ist für die Menschheit wertvoller als alle Bibliotheken, Museen und Kunstwerke zusammen genommen, denn diese sind tot, während er lebendig ist.[2]

Glücklicherweise hat Aïvanhov über die Jahre hinweg in seinen Vorträgen und privaten Gesprächen gerade so viel von sich selbst mitgeteilt, dass seine Schüler Vertrauen fassen und ihm glauben konnten. Was er hierbei verschiedentlich offenbarte, lässt für uns den Schluss zu, dass er ein recht außergewöhnliches Leben führte, das er schon früh nach höheren Idealen ausrichtete, das reich an Erfahrung und Einsichten war und spirituelle Vollkommenheit ausstrahlte.

KINDHEITSJAHRE IN BULGARIEN

Bulgariens historische Wurzeln reichen zurück bis ins frühe Neolithikum. Zu dieser Zeit hatte die Religion der ›Großen Göttin‹ die Herzen und die Vorstellung der Menschen beherrscht, wie die amerikanische Archäologin Marija Gimbutas in ihrem epochalen Werk »The Goddesses and Gods of Old Europe«[3] aufgezeigt hat.
Archäologische Spuren, die auf über 9000 Jahre zu-

rückreichen, weisen auf eine komplexe und mannigfaltige Religionskultur in Osteuropa hin. Diese Kultur kannte Heiligtümer, Rituale, kultische Utensilien, Festgewänder, heilige Zeichen, Musik, Kunst und Mythologie. An oberster Stelle standen die Göttin der Vegetation (oft als Vogel oder Schlange abgebildet) und der Gott der Vegetation, ein Vorläufer des späteren Dionysos. Gott und Göttin ergänzten sich gegenseitig, wobei der Göttin-Mutter die symbolische und rituelle Hauptrolle zukam.

Diese alteuropäische Kultur stand Pate für die minoische Zivilisation. Sehr wahrscheinlich erfuhren diese großen Kulturen eine radikale Veränderung, als die indo-europäischen Stämme im Mittelmeerraum auftauchten. Sie wurden jedoch nicht völlig zerstört, sondern bildeten ein reiches Substrat in der neu entstehenden Kultur. Viele der alten Symbole galten weiterhin und wurden von der weiblichen Bevölkerung am Leben erhalten. Gimbutas stellt fest:

> Die Religion der Göttin verschwand von der Oberfläche. Teile der alten Überlieferung, insbesondere jene, die Geburt, Tod und Fruchtbarkeitsrituale betrafen, leben bis heute fast unverändert in einigen Regionen fort; in anderen Regionen wurde diese Überlieferung mit der indo-europäischen Ideologie verschmolzen.[4]

Gimbutas fährt fort:

> Es steht außer Frage, dass alteuropäische heilige Bilder und Symbole immer noch einen wesentlichen Teil des kulturellen Erbes in Europa ausmachen. Die meisten von uns kamen in ihrer Kindheit mit der Welt der Märchen in Berührung, die viele Bilder enthielten, die aus Alt-Europa stammten. In einigen Ecken Europas, wie in meinem eigenen Heimatland Litauen, fließen immer noch heilige

Flüsse und Quellen mit Zauberkraft: Es wachsen heilige Wälder und Gehölze, Orte blühenden Lebens, wo knorrige, kraftstrotzende Bäume gedeihen, denen man Heilkräfte zuspricht. An Wasserläufen stehen immer noch Menhire – man nennt sie »Göttinnen« – in denen geheimnisvolle Kräfte schlummern. Die alteuropäische Kultur war der Nährboden für wesentlich spätere Glaubenspraktiken. Die Erinnerung an eine lange, gynozentrisch geprägte Vergangenheit kann nicht einfach gelöscht werden...[5]

Aïvanhov, der in dem kleinen mazedonischen Dorf Serbtzi nahe des Berges Pelister am Fuße der Babuna Planina (›Großmutters Gebirge‹) am 31. Januar 1900 das Licht der Welt erblickte, wurde also in eine Kultur eingebettet, die auf sehr weit zurückreichenden und tief verwurzelten Traditionen ruhte, die einstmals von Frauen überliefert wurden und immer noch größtenteils von Frauen mit Bedacht gepflegt werden. Seine Mutter war eine große Heilerin und bewahrte zweifellos alte Lehren in ihrer Heilpraxis. In einem Vortrag, den Aïvanhov 1969 hielt, als seine Mutter noch lebte, enthüllte er Folgendes über sie:

...meine Mutter behandelte viele Leute, indem sie nur auf den Nabel einwirkte. Heute noch, in ihrem Alter, behandelt sie viele Leute. Sie lässt diese sich hinlegen und den Nabel frei machen, wickelt ein Taschentuch um ihren Finger, den sie darauf in etwas Asche taucht und dann auf dem Nabel kreisen lässt. Sie sagt, dass sich im Bauchnabel ein wichtiger Knotenpunkt befindet, und wenn dieser verschoben ist, gerät der ganze Organismus aus dem Gleichgewicht. Also muss dieser Knotenpunkt wieder an seinen Platz gebracht werden, und eben das macht sie. Als ich klein war, hat sie auch mich auf diese Art gesund gemacht.[6]

Mikhaël Aïvanhov sprach auch über die ehrfurchtsvolle Art und Weise, mit der seine Mutter seine Empfängnis Gott widmete:

> Meine Mutter hat mir erzählt, sie habe mich in dem Gedanken empfangen und ausgetragen, dass ich mich dem Dienste Gottes weihen sollte. Man sagt auch, dass selbst der Pope, der mich getauft hat, an dem Tag so glücklich war, dass er sich zum ersten Mal in seinem Leben betrank... normalerweise trank er nie! Er versicherte später, er habe nur deswegen getrunken, weil ich bestimmt ein besonderes Kind wäre, das sich von den anderen unterschied. Er machte auch eine Prophezeiung in Bezug auf mich... aber die brauche ich euch nicht zu verraten![7]

Aïvanhov beeilte sich hinzuzufügen, dass die Weihe seiner Mutter ihn keinesfalls bei seiner Geburt zu einem außergewöhnlichen Wesen gemacht hatte. Aber sie zündete einen Funken, der schließlich zu einer Flamme wurde. In Übereinstimmung mit Aïvanhovs Lehre können wir natürlich auch annehmen, dass ihn in erster Linie die moralische Größe und das geistige Gespür seiner Mutter so anzogen, dass er ihren Mutterleib wählte. Aïvanhov gab unumwunden zu, dass seine Mutter in seinem Leben eine zentrale Rolle spielte. Vor allem lehrte sie ihn, Frauen zu lieben und zu respektieren. Sie zeigte ihm die erhabene Bedeutung der Mutterschaft, die keine Grenzen kennt in Selbstaufopferung, Geduld und Liebe. »Ich habe nie etwas kennen gelernt, das der Großartigkeit des Lebens einer Mutter gleichkäme«, sagte er und fügte hinzu, »mit Ausnahme natürlich des Lebens meines Meisters Peter Deunov.«[8]

Wir wissen wenig über Aïvanhovs Mutter, die 1973 im Alter von 97 Jahren starb, aber wir können ungeachtet dessen sagen, dass sie eine bemerkenswerte Frau gewesen sein muss. Sie war seine erste Lehrerin. Sie schrie ihn nie an, schlug ihn nicht und zwang ihn zu nichts. Stattdessen erklärte sie ihm geduldig und sanft die Wahlmöglichkeiten, die er hatte, und welche Konsequenzen sich jeweils daraus ergeben würden. Dann überließ sie ihm die Wahl seines Weges. Aïvanhovs Haltung gegenüber seinen Schülern war ähnlich geduldig und tolerant. Selbst wenn er es gelegentlich für notwendig befand, einen Schüler zurechtzuweisen, drängte er nie jemanden dazu, einen bestimmten Weg einzuschlagen. Er glaubte unerschütterlich an die Wahlfreiheit eines Menschen. »Worin bestünde die Größe Gottes, wenn wir keinerlei Freiheit besäßen?« fragte Aïvanhov einmal.[9]

In letzter Zeit gab es allzu viele Berichte über charismatische Lehrer, die ihre Schüler in Fesseln legten, anstatt sie frei gewähren zu lassen. Jeder Mensch muss sein eigenes Lied singen, und weise, einfühlsame Lehrer werden alles in ihrer Macht Stehende tun, um ihren Schülern dabei zu helfen, zu ihrem persönlichen Lied, ihrem eigenen einzigartigen Weg in die Gemeinschaft der Höheren Wirklichkeit zu finden.

Aïvanhov erinnerte sich daran, wie seine Mutter immer bereit war, zu helfen und andere zu trösten, und wie sie ohne zu klagen, ihre eigene Bürde auf sich nahm. Er erinnerte sich daran, wie sie manchmal weinte, jedoch nie vor Leuten, nicht einmal vor ihrer eigenen Familie. Sie ahnte nicht, dass der kleine Mikhaël ihren Kummer mitbekam. Er bemerkte auch, wie sie schnell ihre Tränen wegwischte, wenn ein Nachbar Hilfe brauchte, und sie sich geduldig die Probleme des anderen anhörte. »Sie fand immer die richtigen Worte, um anderen Mut zu machen und Vertrauen zu geben,« sagte Aïvanhov.[10] Seine Mutter war auch eine außergewöhnliche Frau, die die Sprache der Natur verstand. Sie war oft meilenweit unterwegs, um

Essen herbeizuschaffen, und im tiefen Winter kämpfte sie sich durch den Wald, wenn man ihre Dienste als Hebamme brauchte. So nimmt es wenig Wunder, dass Aïvanhov den Frauen eine bedeutendere Rolle in der erwachenden neuen spirituellen Kultur zuerkannte als den Männern. In vielen seiner Vorträge wandte er sich insbesondere an die Frauen und übertrug ihnen die Verpflichtung, ihre Kinder mit dem Geist der Liebe und der Harmonie zu erfüllen, damit die Welt zum Besseren gewendet werden könne. »Die Frau,« stellte er einmal fest, »kann große Wunder vollbringen, denn sie besitzt den Schlüssel zu den Kräften des Lebens.«[11]

Aïvanhov spricht den Frauen Kraft zu. Sie müssen jedoch erkennen, dass ihre Kraft – so groß sie im physischen Bereich auch sein mag – noch größer ist in der höheren Welt der Emanationen.[12]

In seiner Hochachtung vor dem weiblichen Geschlecht war Aïvanhov unwissentlich einer Meinung mit einem anderen großen Weisen seiner Zeit – Sri Aurobindo, Mystiker, Philosoph und vielseitig gebildeter Schriftsteller. Aurobindo machte einmal folgende Bemerkung:

> Die mittelalterlichen Asketen hassten die Frauen und dachten, dass sie von Gott erschaffen worden waren, um die Mönche in Versuchung zu führen. Man sollte – mit Verlaub – sowohl Gott als auch den Frauen mehr Respekt erweisen.[13]

Aus Aurobindos weiteren Ausführungen geht deutlich hervor, dass er den Frauen größte Hochachtung entgegenbrachte und ihnen die Fähigkeit zusprach, mit der psychischen Seite des Lebens leichter in Verbindung treten zu können als die Männer. Seine langjährige geistige Partnerin – »die Mutter«, wie sie ehrerbietig genannt wird – ging in ihrer Meinung noch einen Schritt weiter, als sie sagte: »Die Frauen sind eigentlich diejenigen, die die exekutive Gewalt innehaben.«[14]

Durch diese Äußerung wollte sie das weibliche Geschlecht stärken, das über viele Jahrhunderte hinweg von den Männern systematisch geschwächt wurde. Aïvanhov teilte mit ihr diese aufgeklärte Ansicht.

Fraglos hatte Aïvanhovs Vater ebenfalls einen starken Einfluss auf seine Erziehung, aber er starb, noch nicht einmal dreißig Jahre alt, als Aïvanhov erst ein siebenjähriger Junge war. Seines Vaters Tod brachte seine Familie in eine Notlage.

Er erinnerte sich:

> Mein Vater war gestorben als ich noch sehr klein war, und wir waren arm, so arm, dass meine Mutter mir keine Bücher kaufen konnte. Oft verließ ich morgens sogar ohne Frühstück das Haus, um ins Gymnasium zu gehen, und während der Unterrichtsstunden war ich so müde, dass ich beinahe einschlief. In der Pause borgte ich mir von meinen Kameraden die Schulbücher, um schnell etwas von der Lektion zu lernen, und wenn der Lehrer mich fragte, versuchte ich mich an das zu erinnern, was ich während der wenigen Minuten gelesen hatte. Jetzt sehe ich, dass alle diese Schwierigkeiten, mit denen ich zu kämpfen hatte, bestimmte Fähigkeiten in mir weckten, von denen ich später profitierte. Bequemes Leben benebelt.[15]

Zwei Jahre vor seines Vaters Tod hatte Aïvanhov ein Erlebnis, das nicht nur sein spirituelles Gespür offenbarte, sondern auch in seiner Psyche einen starken Eindruck hinterließ. Er war mit seinem Vater und anderen Dorfbewohnern in den Wald gegangen, um Holz für Holzkohle zu schlagen. Er beobachtete mit Begeisterung die hell brennenden Feuer. Damit er keine Dummheiten machte, gab ihm ein Freund seines Vaters das Evangelium des hl. Johannes zu lesen. Nachdem er die Geschichte von Jesus verschlungen hatte, brach der junge Mikhaël in Tränen aus: Er erkannte, dass er im Vergleich zu Jesus ein großer Sünder war, und er gelobte, von nun an ein gutes und aufrechtes Leben zu führen, das den Gefallen Gottes finden würde. Mikhaël war jedoch noch nicht ganz für einen so edlen Weg gerüstet. Der Augenblick der Einsicht und Reue ging bald in seiner jugendlichen Vitalität mit ihren Torheiten und Streichen unter. Aber solche Momente haben immer eine erzieherische Wirkung und gehen nie völlig spurlos vorbei. Sie sind Trittsteine auf dem Weg zu Selbsterkenntnis und Selbstüberwindung.

In jenen Tagen konnte er sich anscheinend für vier Dinge begeistern. Er kletterte gerne auf Bäume – auf hohe Pappeln, soweit die Äste sein Gewicht trugen. Er liebte das Gefühl, hoch oben über allem zu sitzen und einen Überblick über das Leben unter sich zu gewinnen. Darin zeichnete sich bereits ab, wonach er später strebte: Immer das Gesamtbild vor Augen zu haben, das Leben vom Gipfel der Erleuchtung aus zu betrachten, anstatt im Tal egoistischen Daseins zu verharren.

Als Kind beobachtete er auch gerne fließendes Wasser. In der Nähe seines Dorfes entsprang eine Quelle scheinbar aus dem Nichts, und ihr Wasser war wunderbar klar. Er sagte einmal:

> Ich erinnere mich noch an die paar Jahre, die ich in diesem Dorf verbrachte, und dabei blieb mir vor allem ein Erlebnis in Erinnerung: Ich war vier oder fünf Jahre alt, als ich in unmittelbarer Nähe des Hauses eine kleine Quelle entdeckte. Das glasklare Wasser, das aus dem Boden sprudelte, beeindruckte mich so, dass ich stundenlang davor saß und zusah. Dieses Bild hat sich mir sehr tief eingeprägt, und heute noch gibt es Augenblicke, wo dieses Gefühl freudigen Staunens in mir aufsteigt, so wie damals vor dieser kleinen Quelle. Mehrmals habe ich mich gefragt, was das Wasser für mich in so jungen Jahren wohl bedeutet haben mag.[16]

Für Aïvanhov manifestierte sich das weibliche kosmische Prinzip im Wasser, so wie das männliche im Feuer. In späteren Jahren mahnte er oft seine Schüler, so zu sein, wie die klaren Wasser eines Flusses und ernsthaft mit dem Wasserelement zu arbeiten.

Auf Pappeln klettern und ins Wasser starren war ein ziemlich harmloser Zeitvertreib. Aïvanhov war jedoch auch so vom Feuer gefesselt, dass er eines Tages versehentlich die Scheune seiner Eltern in Brand setzte. Er verstand gar nicht, weshalb alle so besorgt waren und hinausrannten, um das Feuer zu löschen, das in seinen Augen so außerordentlich schön war. Die elterliche Scheune war keineswegs die einzige, die Aïvanhovs Leidenschaft für Feuer zum Opfer fiel. Später bedauerte er zutiefst diese Kinderdummheit, die über seine Eltern und das Dorf Unglück und Elend gebracht hatte. Wasser und Feuer übten zeitlebens Faszination auf ihn aus. In reiferen Jahren gewannen jedoch beide eine völlig neue Bedeutung für ihn. Das Wasser wurde zum Wasser des Lebens und versinnbildlichte das weibliche universelle Prinzip, während das Feuer den Geist repräsentierte, das ewige männliche Prinzip. Er setzte seine Faszination für Feuer in geistige Arbeit um, indem er zuerst seine eigene geistige Flamme entzündete und dann die Herzen der Menschen, anstatt ihr Eigentum.

Aïvanhov erinnerte sich noch an einen weiteren Kindheitsstreich, in dem wir ebenfalls eine tiefere Symbolik entdecken können, wie er in einem seiner Vorträge ausführt. Eines Tages sah er sich den Familien-Webstuhl mit den zahlreichen sauber geordneten Wollfäden näher an. Unversehens schnitt er alle Fäden ab. Was er tat, kam ihm völlig normal vor und er konnte kaum verstehen, weshalb er nun wieder anderen Kummer bereitet hatte. Er musste diese Fäden einfach haben, obwohl er gar nicht wusste, wozu er sie hätte brauchen können. Er erklärte dies später:

Ich war auf die Fäden aus, nicht auf die Nadeln, die waren mir einerlei. Es mussten Fäden sein... Wie soll man das interpretieren? Es erklärt sich so, dass ich die Nadeln, das männliche Prinzip, bereits besaß. Aber ich benötigte das weibliche Prinzip, die Materie, die Fäden, um Gewebe herstellen zu können. Schließlich hat mir Gott nach vielen Mühen diese Fäden geschenkt; und die habe ich nun. Aber bei euch fällt mir auf, dass ihr noch nie nach den Fäden gesucht habt, noch nie habt ihr ein ganzes Gewebe zerschnitten so wie ich! Das ist zwar eine Sünde, das gebe ich zu, doch habe ich diesen Fehler wiedergutgemacht, als ich vor ein paar Jahren in meinen Geburtsort zurückgekehrt bin...[17]

»Das Leben besteht aus miteinander verwobenen Fäden«, philosophierte er in späteren Jahren. Alles ist miteinander verknüpft und folgt dem ehernen Gesetz des Karma. Die Menschen sind in ihr selbstgeknüpftes Netz eingebunden, jedoch haben sie den einen lebenswichtigen Faden durchtrennt, ohne den sie im Netz des Lebens verloren sind, und dieser eine ist der Goldene Faden, der sie mit dem Göttlichen verbindet. Aïvanhovs spirituelle Arbeit bestand darin, karmische Fäden zu durchtrennen und Schülern dabei zu helfen, ihre Verbindung zum »Himmel«, jener strahlenden Welt des Lichts und der Glückseligkeit, zu finden und zu stärken. Diese Aufgabe verstand er als wahre Magie, und er betrachtete sich selbst als Brückenbauer zwischen der göttlichen und der physischen Welt.[18]

Aber wir greifen unserer Geschichte vor. In seiner frühen Kindheit konnte niemand die zukünftige Größe Aïvanhovs ahnen. Er war ein nachdenkliches, feinfühliges Kind, aber, wie wir gesehen haben, mit einigen ziemlich seltsamen Neigungen. Er bewegte sich offensichtlich in einer Realität, die sich etwas von der aller anderen unterschied. Das Universum war für ihn ein Ort voller Zauber, und er war eifrig dabei, sich darin zurechtzufinden. Er schätzte ganz besonders jene Gelegenheiten, wenn seine Großmutter oder andere ältere Besucher Geschichten erzählten. Er erinnerte sich vor allem an einen alten Mann, der ebenfalls Mikhaël hieß, und der sehr weise war.

Aïvanhov sagte:

> Wenn er sprach, wägte er jedes Wort und jede Geste ab. Er erzählte mir fabelhafte Geschichten, genau wie es meine Großmutter tat: über Kämpfe zwischen dem Guten und dem Bösen, dem Licht und der Finsternis, dem weißen Magier und den Hexern. Das Gute trug am Ende immer den Sieg davon. Später habe ich mein ganzes Leben lang gefühlt, dass diese Märchen mir einen Impuls zum Guten, zum Licht gegeben haben und in mir den Wunsch erweckten, immer das Licht triumphieren zu lassen.[19]

Aïvanhov erkannte, dass die moralischen Lehren, die er in sich aufnahm, seinen Charakter mehr formten, als alles, was er später aus Büchern lernte. »Die Kindheit«, stellte er fest, »bestimmt das ganze Leben.«[20]

Aïvanhov lauschte den Erzählungen der Älteren und entdeckte dabei seine eigene Begabung fürs Geschichten erzählen. Er machte sich bei einigen seiner Schullehrer dadurch beliebt, dass er es verstand, sein spärliches Wissen auszuschmücken und es so glaubhafter zu machen. In seinem späteren Leben hielt er nur wenige Vorträge, in die er keine lehrreiche Anekdote oder Geschichte einbaute. Er bewunderte Märchenschreiber und erwähnte dabei Grimm, Andersen und Perrault. »Die meiste Zeit verbringe ich am liebsten in der Märchenwelt,« gab er zu, »da bin ich glücklich und in Hochstimmung.«[21] Er riet auch seinen

Schülern, Märchen zu lesen, weil man durch diese Geschichten mit den feinen, unsichtbaren Bereichen des Seins in Berührung kommt. Aïvanhov war fest davon überzeugt, dass diese Bereiche nicht weniger real sind als die Welt der Alltagserfahrung; im Zweifelsfall sind sie realer, denn sie sind älter als die physische Wirklichkeit.

Aïvanhov suchte in allem immer die Schönheit, die Poesie. Das war schon so in seiner Jugend. Deshalb waren Disharmonie, Streit und Aggression für ihn sehr schmerzlich. Aber er blieb davon in seiner Kindheitsumgebung nicht verschont. Sein Land kam über viele Jahrhunderte hinweg nicht zur Ruhe. Nachdem 1907 Griechen ihr Dorf geplündert hatten, zog die Familie Aïvanhov in die Stadt Warna. Warna, das am Schwarzen Meer im äußersten Osten Bulgariens liegt, ist heute eine Stadt von 300 000 Einwohnern, aber damals war sie beträchtlich kleiner. Immerhin war sie die zweitgrößte Stadt hinter Sofia, der Hauptstadt. In Warna durchlief Aïvanhov den Großteil seiner schulischen Ausbildung. Dort starb auch sein Vater. In Vorahnung dessen hatte sein Vater seiner Mutter aufgetragen, einen guten Freund der Familie zu heiraten, falls ihm etwas zustoßen sollte.

Bald nach seinem Tod heiratete seine Mutter tatsächlich wieder, um besser für ihre beiden Söhne, Mikhaël und den jüngeren Bruder Alexander sorgen zu können. Im Laufe der nächsten Jahre vergrößerte sich die Familie noch um zwei Mädchen und einen dritten Jungen. Wie die meisten intelligenten Kinder, fand Aïvanhov den schulischen Rahmen ziemlich eng. Er nutzte diese Jahre, um sein inneres Leben reich zu entwickeln. Im Alter von elf Jahren erlebte er eine zweite Welle spirituellen Interesses, die in ihm den brennenden Wunsch weckte, sich wieder mit dem Göttlichen zu verbinden. Damals führte er mutig eine Gruppe von Freunden zum türkischen Gesandtschaftsgebäude in Warna, um die bulgarische Flagge anstelle der fremden Flagge zu setzen. Bulgarien war mehr als fünf Jahrhunderte lang eine türkische Provinz gewesen, bis sie schließlich 1878 die Autonomie erhielt, obwohl immer noch unter türkischer Oberhoheit. Die Bulgaren waren verständlicherweise verbittert über die fortgesetzte türkische Einmischung in ihr politisches Leben.

Die jungen Revolutionäre wurden von der Polizei ertappt. Während seine Freunde flohen, blieb Aïvanhov tapfer bei seiner Flagge stehen. Die Polizisten nahmen ihn mit zur Polizeiwache, aber da sie selbst gebürtige Bulgaren waren, wurde er nicht angeklagt, ja nicht einmal gerügt. Sie waren stolz auf seinen, wie sie meinten, glühenden Patriotismus.

Aïvanhov hatte jedoch aus einem anderen Motiv heraus gehandelt. Er wollte gegen die Ungerechtigkeit der türkischen Präsenz in seiner Heimat protestieren. Veranlasst zu diesem Akt jugendlicher Herausforderung wurde er, als er über mächtige Geister nachsann, die seiner Meinung nach ihr Zuhause in den Bergen hatten, von wo aus sie die Geschicke der Menschheit lenkten. Er dachte vielleicht, er habe den heroischen Auftrag, ihre Mission, nämlich das Gute auf der Erde zu bewahren, weiterzutragen.

Aïvanhov lernte eifrig. Er verschlang alle Bücher, derer er habhaft werden konnte. Im Alter von dreizehn oder vierzehn Jahren fing er auch an, die Schulferien für erste Einblicke in verschiedene Berufe zu nutzen. Er arbeitete in einer Süßwarenfabrik, wo er schnell lernte, dass man mit Maßhalten in allen Bereichen gut vorankommt. Die Arbeit in einer Fabrik für Pastellfarben gab ihm Gelegenheit, seinen ausgeprägten Sinn für Farben zu entwickeln, der durch seine inneren Visionserfahrungen verfeinert wurde. Er kommentierte dies so:

> Als ich etwa 16 Jahre alt war, beschäftigte ich mich sehr mit den Farben; ich stellte sie mir vor, medi-

> tierte darüber und bestrich die Fenster meines Zimmers damit. Ich malte die Scheiben zuerst rot, dann orange an usw. Und in diesem von farbigem Licht durchfluteten Zimmer meditierte ich und beobachtete einige Tage hindurch, wie die Farbe auf mich wirkte, wusch dann die Scheiben wieder ab und trug eine andere Farbe auf. Ihr könnt euch ja denken, wofür meine Eltern und die Nachbarn mich hielten! Sie dachten, ich sei verrückt geworden! Ich aber fuhr mit dem Studium der Farben unbeirrt fort – und entdeckte damals, dass ich durch das Violett mühelos in jenseitige Welten entschwebte. Ich lud auch Freunde ein, um nachzuprüfen, welche Wirkung diese Farbe auf sie ausübte – sie nickten alle ein![22]

Aïvanhov arbeitete auch in einer Schneiderei, aber er schlief vor lauter Langeweile immer wieder ein, sodass er schließlich zu dem Schluss kam, dass diese Arbeit nichts für ihn sei. Viel später jedoch bemerkte er auf humorvolle Weise, dass er aus dieser Tätigkeit eine wertvolle Lehre gezogen hatte. Wörtlich sagte er:

> Aber einen ganzen Tag mit Nähen verbracht zu haben, hinterlässt doch Spuren. Mein Leben lang habe ich weiter genäht, so ganz unauffällig auf meine Art. Doch habe ich es nicht so weit gebracht, dass ich einen Laden hätte eröffnen können, um Geld damit zu verdienen. Aber ich mache weiterhin meine Kleider selber. Ihr staunt? Ich wähle in mir bekannten Geschäften die besten Stoffe aus und fertige mir die wunderbarsten Jacken und Mäntel an... Äußere Kleider kaufe oder lasse ich anfertigen, aber was die anderen, die inneren Kleider anbelangt, habe ich bemerkt, dass ich allein fähig bin, sie auszusuchen und nach meinem Geschmack anzufertigen. So bin ich mein eigener Schneider.[23]

Der junge Mikhaël versuchte sich auch in der Kunst des Schmiedens und arbeitete mehrere Wochen in der Dorfschmiede. Er stand am Blasebalg, wobei er dem Schmied aufmerksam bei seiner Arbeit zusah. »Der Anblick dieser Funken,« sagte er, »ist mir immer in Erinnerung geblieben, das war wunderschön.«[24] Die Funken flogen auch auf seine Füße, und da er nur Sandalen trug, kam er oft mit Blasen nach Hause. Er bekam sogar ein paar Pfennige für seine Schmerzen. Aber die Freude am Erlebnis war für ihn wichtiger als das Geld. Dies waren Jahre intensiven inneren Experimentierens.

Er entdeckte sogar, dass er beträchtliche psychische Fähigkeiten besaß, und wie jeder begeisterte Neuling, hatte er große Freude daran, sie anzuwenden und auszuprobieren. Der junge Mikhaël bezog auch andere Leute in seine Experimente mit ein. Sie waren eher harmlos und weit entfernt von den allerhöchsten geistigen Idealen, die er erst noch entdecken musste. In einem seiner Vorträge erinnerte sich Aïvanhov daran, dass er allein durch einen Akt der Konzentration einen nichts ahnenden Freund gehunfähig gemacht hatte. Selbstverständlich stellte er die volle Beweglichkeit der Beine seines Freundes sofort wieder her.

Mikhaël konnte der Versuchung nicht widerstehen, seine psychischen Kräfte seinesgleichen gegenüber zur Schau zu stellen, »nur zum Spaß«. So stiegen er und eine Gruppe von Freunden eines Tages auf den Mussala, einen 2925 m hohen Gipfel im Rila-Gebirge. Das Tal und die anderen Gipfel lagen in undurchdringlichem Nebel. Er fragte, welchen See oder Gipfel sie gerne sehen würden und bot an, den Nebel ringsum zum Verschwinden zu bringen. Die Jungen nannten einen der fünf Seen unten im Tal. Mikhaël streckte seine Hand aus, und erstaunt und aufgeregt sahen alle, wie sich der Nebel über dem See lüftete, sodass das Wasser klar zu erkennen war. Dann senkte er seine Hand, und der Nebel legte sich wieder über den See.

Aïvanhov erzählte 1967 von dieser Begebenheit und versicherte seinen Zuhörern feierlich deren Wahrheit. »Ich weiss, die unsichtbare Welt hört mir zu – ich darf euch nichts vortäuschen.«[25]

Offensichtlich hatte der junge Mikhaël – fünfzig Jahre früher – sein magisches Talent noch nicht mit seinem ansonsten bemerkenswerten moralischen Feingefühl in Einklang gebracht.

DER WENDEPUNKT

Aïvanhovs Manipulation anderer Menschen mittels Gedankenkraft hatte zwangsläufig psychische und geistige Auswirkungen. Eines Tages, während er sich in einem halbbewussten Zustand befand, hatte er die Vision von zwei Wesen. Diese wichtige psychische Erfahrung beschreibt er selbst:

> ...das eine war von überwältigendem Wuchs; Kraft und Macht strömten aus ihm heraus; aber sein Gesicht war hart, sein Blick finster und erschreckend. Das andere stand strahlend daneben: es war ein sehr schönes Wesen; an seinem Gesicht konnte ich die Grenzenlosigkeit der göttlichen Liebe ablesen... Es war mir, als sollte ich mich für das eine oder das andere entscheiden. Ich war von der Kraft des ersten tief beeindruckt; jedoch das Fürchterliche, das ich in ihm spürte, erschreckte mich zutiefst in meinem Herzen und in meiner Seele. So wandte ich mich dem anderen zu und wählte das Wesen mit dem Antlitz Christi, dem Spiegelbild der Sanftmut, der Gutmütigkeit, der Aufopferung.[26]

Diese archetypische Vision kam zur rechten Zeit und zeigte Wirkung auf Aïvanhov. Er begann sein angeborenes moralisches Gespür ernsthaft zur Geltung zu bringen, wenn er sich auf psychisches Neuland begab. Er gab zu, dass er sich ohne Einwirken der Vorsehung ebenso gut auch für den Weg der schwarzen Magie hätte entscheiden können. Aïvanhov nahm die Warnung ernst, die seine Vision enthielt. Er handelte in all seinem Tun verantwortlich und war immer darauf bedacht, das Gute in sich selbst zu fördern. Er hatte einen hochentwickelten Sinn für Moral, und es war nur eine Frage der Zeit, bis er seine anfänglichen Machtgelüste abschüttelte. Wie hochentwickelt sein Moralempfinden in anderen Situationen war, kann man einer Geschichte entnehmen, die er aus seiner Zeit an der Oberschule in Warna während des ersten Weltkrieges erzählte. Er erinnerte sich, dass die meisten Lehrer an die Front eingezogen worden waren, und die Schule Hilfslehrer einsetzen musste. Einer der Männer, ein Mathematiker, musste ständig den Spott und Ungehorsam der Schüler über sich ergehen lassen.

Da Aïvanhov großes Mitleid mit dem Lehrer empfand, stellte er sich eines Tages gegen seine Klassenkameraden, verteidigte den Lehrer und forderte jeden dazu auf, diesem Respekt entgegenzubringen. Seine Klassenkameraden hielten sich zumindest einige Tage lang zurück.

Etwa im Alter von sechzehn Jahren war durch seine ständige, intensive Beschäftigung mit der unsichtbaren Wirklichkeit aus dem spirituellen Funken seiner frühen Kindheit ein loderndes Feuer geworden. Er erklärte:

> Ich fühlte... ein Feuer in mir brennen und weinte vor Entzücken, war in Ekstase. Da ich aber in den Büchern nichts darüber gelesen hatte, verstand ich nicht, was es war. Nach einer Reihe beharrlicher Übungen und geistiger Arbeiten war das Feuer entfacht und loderte in mir.[27]

Diese Erfahrung wurde einerseits durch Aïvanhovs intensive meditative Übungen beschleunigt, andererseits, etwas später, durch hinduistische Atemübungen, die er einer Übersetzung von Ramacharakas bekanntem Buch über Yoga entnommen hatte. Ramacharaka war das Pseudonym von William Walker Atkinson, einem amerikanischen Rechtsanwalt, Verleger und Schriftsteller. Er wurde 1862 geboren und schrieb ab 1903 Bücher über Hatha-Yoga. Der Inhalt dieser Bücher stammte durchweg aus anderen Quellen, aber sogar heute noch wird »Swami«Ramacharaka als Hindu-Autorität auf dem Gebiet des Yoga in Indien zitiert.

Ramacharakas Schrifttum machte unbestritten für viele Bewohner der westlichen Welt die Yoga-Tradition zugänglich, mit ihrer Philosophie und in ihrer praktischen Anwendung. Jedoch trotz Ramacharakas Anspruch waren seine Bücher kaum verlässliche Anleitungen, besonders nicht für jemanden vom Format und der Vitalität eines Aïvanhov, der die Übungen mit außerordentlicher Zielstrebigkeit übernahm. Aïvanhov kommentierte diesen Abschnitt seines Lebens folgendermaßen:

> ...ich hatte mich Hals über Kopf in verschiedene Atem- und Konzentrationsübungen aus dem Yoga gestürzt, und man kann sagen, dass ich dadurch meine fünf Sinne nicht mehr ganz beisammen hatte. Die Tage und Nächte waren angefüllt mit Studien, Fasten, Meditationen, Konzentrations- und Atemübungen, und darüber war ich mager geworden, bleich und sehr geschwächt. Meine Mutter war der Verzweiflung nahe, weil ihr Sohn nur ans Meditieren dachte, nicht mehr fortging, weil es mit ihm abwärts ging, und alle sich über ihn lustig machten. Sie wollte sogar meine Bücher verbrennen, da sie meinte, diese seien die Ursache des ganzen Übels. Sie flehte mich an, ein wenig in den Park zu gehen, aber ich war zu vernarrt in meine Übungen![28]

Da Mikhaël noch nichts wusste von der überlieferten Maxime des Sanskrit, dass Yoga mit Ausgewogenheit gleichzusetzen ist, verfiel er der für Anfänger charakteristischen Begeisterung, und seine übertriebenen Übungen machten ihn ernsthaft krank.

> Ich befand mich in einer Art Delirium und war schon halb hinüber... Und das Tollste dabei war, dass ich in meinem Wahn nur nach einem verlangte: Bücher, Bücher, Bücher, und zwar nur die besten. Ich hatte gar nicht einmal den Wunsch, zu leben oder gesund zu werden, nein, ich wollte mich nur durch alle Bibliotheken der Erde hindurchlesen. Ich verlangte nach allen Büchern, die von Philosophie, Religion und Wissenschaft handelten, und meine armen Eltern mussten, um mich zufrieden zu stellen, mengenweise Bücher heranschaffen, die sie neben meinem Kopfkissen aufstapelten, damit ich sie sehen und anfassen konnte. Und diese Bücher haben mich gerettet! Ja, aber als ich dann wieder gesund war, war es mit diesem Bücherwahn vorbei.[29]

Obwohl Aïvanhovs »Verrücktheit« nach Büchern mit seiner Genesung ebenfalls überwunden war, spielten Bücher dennoch eine wichtige Rolle in seinem Leben, bis es ihm gelang, das große Buch der Natur selbst zu lesen. Wie er selbst sagte, war er in seinen frühen Jahren ein ewig Lernender. Lernen hatte für ihn jedoch eine besondere Bedeutung. Die Information, die er suchte, bestand nicht nur aus theoretischem, sondern aus praktischem Wissen, aus der Gnosis, die ihm dabei helfen sollte, sich selbst und das Leben zu verstehen und das große Geheimnis hinter dem äußeren Schein zu enthüllen. »Wirkliches Verstehen schließt jede Zelle unseres Körpers mit ein,« stellte Aïvanhov einmal sinngemäß fest.[30]

In seinen Gesprächen mit Schülern und Studenten betonte er oft, dass er alles, was er an sie weitergab, persönlich überprüft hatte. Er pflegte oft zu sagen:

> Verlasst euch nicht auf das, was ihr hört oder lest, denn dies ist völlig wirkungslos, solange kein Feuer in euch entfacht ist, das euch innerlich vibrieren und erbeben lässt, solange dieses Feuer nicht vorhanden ist, um euch in ein der Sonne gleiches, lebendiges Wesen zu verwandeln.[31]

Aïvanhovs Streben, das ganz auf den spirituellen Weg ausgerichtet war, wurde früh in seinem Leben belohnt. Besonders seine ausgedehnten Atemübungen bereiteten den Weg für einen spirituellen Durchbruch im Alter von siebzehn Jahren. Es war noch vor seiner Krankheit. Er las gerade ein inspirierendes Buch in einem ruhigen Obstgarten außerhalb der Stadt, als er das Gefühl hatte, dass Feuer in seine Lungen drang und von dort aus seinen ganzen Körper, sein ganzes Wesen durchströmte. In einem Vortrag, den er 1968 hielt, schilderte er diese mystische Erfahrung folgendermaßen:

> Ich begriff nicht, was vorging. Aber von da an ereigneten sich seltsame, unglaubliche Dinge. Damals geschah es, dass ich die Sphärenmusik vernahm... Erst viel später wurde mir klar, dass jenes Feuer ein Lichtfunke des Äthers, ein Hauch des Pranas, des kosmischen Geistes war.[32]

In einem weiteren Vortrag, den er 1970 hielt, ging er noch näher darauf ein:

> Ich wurde aus meinem Körper herausgehoben und bekam die Sphärenmusik zu hören. Niemals sonst habe ich derartige Empfindungen erlebt, von einer solchen Fülle, einer solchen Intensität. Es gibt nichts Vergleichbares. Das war so unbeschreiblich,

> beinahe unerträglich, so überwältigend war dieses Gefühl von Erweiterung, von Ausdehnung im Raum. So schön, so göttlich, dass ich es mit der Angst zu tun bekam. Ja, ich bekam Angst vor dieser Pracht; denn ich fühlte, dass mein ganzes Sein derart weit wurde, dass ich Gefahr lief, mich aufzulösen und im unendlichen Raum aufzugehen. Da habe ich den Zustand dieser Ekstase abgebrochen und bin zur Erde zurückgekehrt. Jetzt bedauere ich das. Doch habe ich immerhin einige Augenblicke lang erlebt, gesehen und gehört, wie das gesamte Universum schwingt... Die Sphärenharmonie, die ich gehört habe, war für mich die Krönung all meiner Forschungen, all meiner Arbeit und all meiner außerkörperlichen Erfahrungen. Und seither gilt für mich dies als ein Maßstab, ein Muster, ein Modell, als Anhaltspunkt zum rechten Verstehen und Einordnen aller Dinge.[33]

Für kurze Zeit erfuhr Mikhaël die unvergleichliche Schönheit des höheren Reiches. Er war eingetaucht in einen Ozean des Lichts. 1975 sagte er in einem Vortrag:

> Es war ein unbeschreibliches Erlebnis. Ich dachte, ich würde in Stücke zermahlt, aufgelöst im Raum... es war wunderbar, und es war schrecklich zugleich. Ich bekam Angst! Ich tat alles, um wieder in meinen Körper zurückzukommen. Worte können dieses Gefühl nicht beschreiben, das nur wenigen Menschen, ja selbst wenigen Eingeweihten zuteil wird. Ich betrachte es als großes Privileg...[34]

In einem weiteren Vortrag beschreibt Aïvanhov sein geistiges Erwachen als Erfahrung mit der ›Kundalini‹-Kraft. Er sagte:

> Es war ein schreckliches Gefühl, so als würde mein Gehirn verbrennen, und ich hatte große Angst.

Dann setzte ich meine ganzen Kräfte ein, sie wieder einzuschläfern! Ja, es war eine riesige Anstrengung, aber ich habe es geschafft. (...) Dieses Erlebnis in meiner Jugend hätte für mich das größte Unglück sein können, wenn es mir nicht gelungen wäre, diese Kraft wieder zum Ruhen zu bringen. Zum Glück wachte der Himmel über mich![35]

Der Begriff ›Kundalini‹ stammt aus dem Sanskrit, der heiligen Sprache der Hindus. Wörtlich bedeutet er »die aufgerollt ist« und bezieht sich auf die psycho-spirituelle Energie, die beim normalen Menschen »aufgerollt« im untersten psycho-energetischen Zentrum an der Basis der Wirbelsäule ruht. Wenn diese schlummernde Kraft geweckt wird, sei es absichtlich oder zufällig, schießt sie entlang des Rückgrates nach oben zum Kopf. Im Idealfall belebt die geweckte Kundalini-Kraft das oberste psycho-energetische Zentrum (Chakra bzw. ›cakra‹) am Scheitelpunkt des Kopfes, was einen ekstatischen Zustand hervorruft. Bei denen jedoch, die nicht darauf vorbereitet sind, hat die Kundalini-Kraft eine verheerende Wirkung auf Körper und Geist. Das bestbekannte Beispiel einer spontanen Kundalini-Erfahrung, die gewaltige physiologische und psychische Probleme verursachte, ist das von Gopi Krishna.[36] Krishna brauchte Jahre, bis er die negativen Auswirkungen der Kundalini-Kraft überwunden hatte.

Aïvanhov hatte Glück, dass er den physischen Schmerz und das psychische Trauma einer aus der Kontrolle geratenen Kundalini-Kraft vermeiden konnte. Seine Schilderung dieser Erfahrung ist jedoch zu oberflächlich, um sicher sagen zu können, ob er ein volles Erwachen der Kundalini-Kraft erlebt hatte oder nicht.

Seine verschiedenen Beschreibungen deuten jedenfalls an, dass er schon in jungen Jahren eine seltene mystische

Erfahrung machen durfte. Sie zeigen auch das für Aïvanhov charakteristische tiefe Empfinden und seine Dankbarkeit. Was für jede Erfahrung gilt, gilt auch für mystische Erlebnisse: Man muss sie in sein Wesen und den übrigen Lebensablauf integrieren. Sonst sind sie wenig mehr als faszinierende Bruchstücke unserer Lebenserfahrung. Um sie zu integrieren, müssen wir über sie nachdenken und ihnen gestatten, dass sie unser Leben in jeder Hinsicht durchdringen. Anders ausgedrückt: Selbst die außergewöhnlichsten und höchsten Bewusstseinszustände müssen wir verankern, und mit Hilfe des Gefühls kann uns dies gelingen. »Das Gefühl ist jener Hebel, der fähig ist, auf die Materie einzuwirken«,[37] wie Aïvanhov erklärte.

Es ist ein zuverlässiges Mittel für persönliche Veränderung, was die moderne Psychotherapie für unsere Zeit wiederentdeckt hat. Aïvanhovs Erfahrung dessen, was er die ›Harmonie der Sphären‹ nannte, war in der Ausdrucksweise der Hindus eine sehr hohe Form von ›savikalpa-samadhi‹ oder »Ekstase verbunden mit Ideation«. Während der kurzen Spanne dieser Erfahrung, war Aïvanhov gewissermaßen selbst der Kosmos, in den er sich so intensiv versenkt hatte. Aber das Ich-Bewusstsein, das in der menschlichen Psyche tief verwurzelt ist, ließ diesen Prozess geistiger Einswerdung mit dem Universum nicht zur vollen Entfaltung kommen. Der junge Mikhaël schreckte angesichts seiner drohenden Auflösung als Individuum davor zurück. Und sogleich wurde er in die Begrenztheit seines normalen körpergebundenen Geistes zurückversetzt, jedoch enorm bereichert durch das, was ihm offenbart worden war.

Diese Erfahrung veränderte ihn durch und durch. Er sollte nie wieder der sein, der er vorher war. Er hatte endgültig den Weg hin zu spiritueller Erleuchtung beschritten, und er war nun bereit für den nächsten wichtigen Schritt, das Auftauchen seines äußeren Lehrers.

ANMERKUNGEN

1. siehe P.C. Renard, *La révolution solaire est commencée* (Prosveta France, 1979), S. 219.
2. Omraam Mikhaël Aïvanhov, *Geheimnisse aus dem Buch der Natur* (Izvor 216, Prosveta, 1993), S. 212.
3. Siehe M. Gimbutas, *The Goddesses and Gods of Old Europe* (Berkeley und Los Angeles: Universitiy of California Press, 1982).
4. M. Gimbutas, *The Language of the Goddess* (San Francisco: Harper San Francisco, 1991), S. 318.
5. Ibid., S. 320.
6. Omraam Mikhaël Aïvanhov, *Die Harmonie* (Gesamtwerke, Bd.6, Prosveta, 1993), S. 221.
7. Omraam Mikhaël Aïvanhov, *Die Erziehung beginnt vor der Geburt* (Izvor 203,Prosveta, 1983), S. 28, 29.
8. Omraam Mikhaël Aïvanhov, *L' Alchimie spirituelle* (Oeuvres complètes, Tome 2, Prosveta France,1980), S. 207.
9. Omraam Mikhaël Aïvanhov, *Die Gesetze der kosmischen Moral* (Gesamtwerke, Bd. 12, Prosveta, 1995), S. 226.
10. Omraam Mikhaël Aïvanhov, *Die geistige Galvanoplastik und die Zukunft der Menschheit* (Izvor 214, Prosveta, 1984), S. 198.
11. Omraam Mikhaël Aïvanhov, *Die Erziehung beginnt vor der Geburt* (Izvor 203, Prosveta, 1983), S. 28.
12. Omraam Mikhaël Aïvanhov, *Die geistige Galvanoplastik und die Zukunft der Menschheit* (Izvor 214, Prosveta, 1984), S. 211.
13. *On Women:* Compiled from the Writings of Aurobindo and the Mother (Pondicherry, India: Sri Aurobindo Society, 1978), S. 1.
14. Ibid., S. 46.
15. Omraam Mikhaël Aïvanhov, *Die Erziehung beginnt vor der Geburt* (Izvor 203, Prosveta, 1983), S. 138.
16. Omraam Mikhaël Aïvanhov, *Les révélations du feu et de l'eau* (Izvor 232, Prosveta France, 1990), S. 14.
17. Omraam Mikhaël Aïvanhov, *Die Gesetze der kosmischen Moral* (Gesamtwerke, Bd. 12, Prosveta, 1995), S. 278.
18. Siehe Omraam Mikhaël Aïvanhov, *Die Gesetze der kosmischen Moral* (Gesamtwerke Bd. 12, Prosveta, 1995), S. 280.281.
19. Omraam Mikhaël Aïvanhov, *Die Erziehung beginnt vor der Geburt* (Izvor 203, Prosveta, 1983), S. 112.
20. Ibid., S. 113.
21. Omraam Mikhaël Aïvanhov, *La pédagogie initiatique* (Oeuvres complètes, Tome 29, Prosveta, France, 1980), S. 226.
22. Omraam Mikhaël Aïvanhov, *Surya Yoga, Pracht und Herrlichkeit von Tipheret* (Gesamtwerke, Bd. 10, Prosveta, 1985), S. 113.
23. Omraam Mikhaël Aïvanhov, *Geheimnisse aus dem Buch der Natur* (Izvor 216, Prosveta, 1993), S. 108.
24. Ibid., S. 109.
25. Omraam Mikhaël Aïvanhov, *Surya Yoga, Pracht und Herrlichkeit von*

Tipheret (Gesamtwerke, Bd. 10, Prosveta, 1985), S. 103.
26. Omraam Mikhaël Aïvanhov, *Das Buch der göttlichen Magie* (Izvor 226, Prosveta, 1989), S. 20.
27. Omraam Mikhaël Aïvanhov, *Surya Yoga, Pracht und Herrlichkeit von Tipheret* (Gesamtwerke, Bd. 10, Prosveta, 1985), S. 250.
28. Omraam Mikhaël Aïvanhov, *Die Harmonie* (Gesamtwerke, Bd. 6, Prosveta, 1993), S. 263.
29. Ibid., S. 264.
30. Omraam Mikhaël Aïvanhov, *Harmonie und Gesundheit* (Izvor 225, Prosveta, 1990), S. 46.
31. Omraam Mikhaël Aïvanhov, *Geheimnisse aus dem Buch der Natur* (Izvor 216, Prosveta, 1993), S. 112.
32. Omraam Mikhaël Aïvanhov, *Surya Yoga, Pracht und Herrlichkeit von Tipheret* (Gesamtwerke, Bd. 10, Prosveta, 1985), S. 252.
33. Omraam Mikhaël Aïvanhov, *Die Harmonie* (Gesamtwerke, Bd. 6, Prosveta, 1993), S. 29. Siehe auch: *Harmonie und Gesundheit*, S. 42,44.
34. Omraam Mikhaël Aïvanhov, *La pédagogie initiatique* (Oeuvres complètes, Tome 29, Prosveta France), S. 50.
35. Omraam Mikhaël Aïvanhov, *Was ist ein geistiger Meister?* (Izvor 207, Prosveta, 1984), S. 47,48.
36. Siehe Gopi Krishna, *Kundalini: Erweckung der geistigen Kraft im Menschen* (Weilheim: Barth Verlag, 1990)
37. Omraam Mikhaël Aïvanhov *Die Kraft der Gedanken* (Izvor 224, Prosveta, 1995), S. 86.

2.
SPIRITUELLE LEHRJAHRE

DER EINTRITT IN DEN STROM

Wie aus Omraam Mikhaël Aïvanhovs zahlreichen Bemerkungen über seine ekstatischen Erlebnisse im Alter von sechzehn Jahren und seine damit verbundenen spirituellen Experimente erkennbar ist, war er ein unerschrockener Erforscher der unsichtbaren Dimension. Er praktizierte regelmäßig Astralreisen, wobei er seinen physischen Körper verließ, um die psychischen Höhen menschlicher Existenz zu erkunden.

Astralreisen, bzw. die willentliche Herbeiführung von Erfahrungen außerhalb des Körpers, sind ein Phänomen, das in der spirituellen Tradition überwiegend als Tatsache anerkannt wird. Insbesondere sind sie Teil des paranormalen Repertoires von Yogis, worauf in Patanjalis *Yoga-Sutra* hingewiesen wird, dem Standardwerk des Sanskrit über klassisches Yoga, das wahrscheinlich im Laufe des zweiten oder dritten Jahrhunderts n.Chr. verfasst wurde.[1]

Spontane Körperaustritte sind in der parapsychologischen Literatur ziemlich gut dokumentiert. Den Berichten zufolge traten sie auf während operativer Eingriffe, nach Unfällen, in Augenblicken körperlicher Gefahr, während des Liebesaktes, bei Erschöpfungszuständen oder im Schlaf. Eine umfassende Sammlung solcher Fallstudien findet sich in dem viel gelesenen Buch *The Study and Practice of Astral Projection* des Psychologen Robert Crookall.[2] Die ausführlichsten persönlichen Berichte über kontrollierte Körperaustritte liefert Robert Monroe, ein amerikanischer Geschäftsmann, der seine ersten Erlebnisse dieser Art im Alter von 43 Jahren hatte.[3]

Wie Monroe und andere, nutzte Aïvanhov die natürli-

Peter Deunov (Beinsa Douno),
der Meister von Omraam Mikhaël Aïvanhov

Omraam Mikhaël Aïvanhov, 1937

che Fähigkeit des Geistes, sich vom physischen Körper zu lösen, um seine magischen Experimente durchführen zu können, ohne dabei durch den langsamen, öden Prozess des bruchstückweisen, linearen Wissenserwerbs behindert zu werden. Er hatte einen unstillbaren Wissensdurst. Er wollte die Struktur des Universums bis ins Letzte begreifen, in der Natur wie in einem offenen Buch lesen. All seine frühen esoterischen Forschungen gipfelten in einem ekstatischen Erlebnis, während dessen er, wenn auch nur für einen kurzen Moment, die Sphärenmusik vernahm.

Dieses großartige Miterleben der unendlichen Sinfonie, die im Ozean universeller Energie erklang, bot ihm die Warte, nach der er sich schon immer gesehnt hatte. Er hatte instinktiv erfasst, dass man, um etwas voll zu verstehen, zuerst dessen höchste Entwicklungsform auf der Ebene der Gesetze und Grundprinzipien herausfinden muss. Aber er war wie ein schlecht ausgerüsteter Bergsteiger auf den Gipfel gestiegen, um dann schließlich festzustellen, dass der Abstieg schwieriger und gefährlicher war als der Aufstieg. Sein junger Körper wurde schwach unter der Belastung seiner pausenlosen inneren Arbeit.

Seine Krankheit, die ihn wochenlang mit hohem Fieber ans Bett fesselte, war eine notwendige Krise. Sie machte ihm seine physischen Grenzen deutlich und ebnete den Weg für eine reifere Sinngebung in der Gestaltung seines spirituellen Lebens. Er überstand die Krankheit geschwächt, aber noch mehr bestärkt in seinem Entschluss, den verborgenen Gesetzen unserer Existenz auf die Spur zu kommen und sein Leben danach auszurichten.

Bald nach seiner Genesung traf der junge Aïvanhov seinen geliebten Lehrer. Diese nüchterne Feststellung vermittelt keinen Eindruck von der Tragweite dieses Ereignisses. Vielleicht können Worte einem solch entscheidenden Augenblick im Leben eines Suchenden ohnehin nicht gerecht werden. Wenn wir in den Evangelien lesen, dass

Jesus die Fischer Simon-Petrus und Andreas aufforderte, ihm zu folgen, und dass diese braven Männer sofort einwilligten, können wir den erstaunlichen psychischen Prozess nur erahnen, der sich zwischen ihnen und dem strahlenden Fremden abspielte.

Nur der, der selbst ein geistiger Schüler ist, kann möglicherweise verstehen, was es bedeutet, seinen vorbestimmten geistigen Lehrer zu finden. Aïvanhovs Leben veränderte sich jedenfalls radikal. Er war nun kein einsamer Abenteurer mehr, der sein Leben aufs Spiel setzte und um dessen Gesundheit und körperliches Wohlergehen sich seine Verwandten und Freunde Sorgen machen mussten. Er konnte sich nun von der Weisheit eines erfahrenen Meisters führen lassen. Dieser Meister war Beinsa Duno, im Westen auch bekannt unter dem Namen Peter Deunov.

MEISTER PETER DEUNOV

Peter Konstantinov Deunov wurde am 12. Juli 1864 geboren. Er war das jüngste von drei Kindern. Sein Vater Konstantin Dunovsky war Priester und so etwas wie ein Rebell. Er war der erste, der seine bulgarische Heimatsprache benützte, anstelle der vorgeschriebenen griechischen Sprache, wenn er während der Messfeier aus der Bibel las. Dieser absichtliche Bruch mit der Tradition lag auf einer Linie mit den liturgischen Reformen, die in anderen Teilen Europas ihren Anfang genommen hatten. Diese zeitgleichen Vorgänge anderswo mindern keineswegs die Kühnheit von Konstantin Dunovskys Neuerung. Er war überhaupt ein sehr mutiger Mann, denn er war auch ein führender politischer Aktivist in der bulgarischen nationalen Freiheitsbewegung, die das Joch der Türken abschütteln wollte.

Peter Deunov wurde in Warna und Suishtov erzogen und ging kurze Zeit in einem kleinen Dorf namens Hatantsa zur Schule. Im Alter von 24 Jahren erhielt er ein Stipendium und ging in die Vereinigten Staaten. Sieben Jahre lang studierte er Medizin und Theologie in Boston und New York. Über seine Zeit in den USA ist wenig bekannt. Einigen Berichten zufolge war er jedoch sehr beliebt bei Studienfreunden. Wenn er mit ihnen Ausflüge machte, pflegte er sich immer nach einer Weile zurückzuziehen, und man fand ihn dann an einem ruhigen Ort, wo er meditierte.

1895, nach seiner Rückkehr in seine Heimat, veröffentlichte er seine Doktorarbeit mit dem Thema ›Wissenschaft und Erziehung‹. In den folgenden paar Jahren war er als Lehrer unterwegs und verbrachte auch längere Zeitabschnitte zurückgezogen in den Bergen. 1898 überraschte er seine Landsleute mit der folgenden Ankündigung:

> Die ›Wahrheit des Lebens‹ steigt herab aus der Welt des Ewigen Lichts, um den Geist der ›Kinder der Wahrheit‹ zu erleuchten, ihre Herzen zu beleben, ihre Seelen zu erheben und zu erneuern; denn sie sind als Keimzelle der neuen Menschheit ausersehen, deren Wiege bei den Slawen stehen wird.[4]

Deunov nahm den spirituellen Namen Beinsa Duno an und gründete 1900 die Universelle Weiße Bruderschaft. Die Bruderschaft wurde bei einer Zusammenkunft in Warna am 6. April des Jahres aus der Taufe gehoben. Lediglich drei Leute kamen. Aber Deunov war keineswegs entmutigt und prophezeite, dass es eines Tages Tausende sein würden. Er behielt Recht. Als er 1944 verschied, zählte seine Gefolgschaft etwa 40 000. Dies ist eine hohe Zahl für ein kleines Land von damals vielleicht sechs oder sieben Millionen Einwohnern. Auf die Größenverhältnisse der Vereinigten Staaten übertragen, wäre dies ein Mitgliederanteil von ungefähr sieben Millionen Menschen was beinahe der Größe der Anglikanischen Kirche gleichkommt.

Jahrelang bereiste Deunov heilend und lehrend sein Heimatland. Jedes Jahr versammelten sich mehr Menschen auf seinen Kongressen. Die Kirche beobachtete seine Aktivitäten mit wachsendem Unbehagen und exkommunizierte ihn schließlich.

1914 stand er unter Hausarrest in Warna. Im selben Jahr hatte Deunov eine Erscheinung Christi und widmete ihm fortan sein Leben. Später sagte er: »Was Christus sagte und was ich sage, kommt aus ein und derselben Quelle.«[5]

Laut Deunov fällt auch der Beginn des Wassermann-Zeitalters in das Jahr 1914. Es ist die Zeit, in der der Menschheit das ›Dritte Testament‹ offenbart wird. Deunov sah es als seine Aufgabe an, bei der Geburt dieses neuen geistigen Zeitabschnittes mitzuhelfen.

Vier Jahre später konnte er als freier Mann in die Hauptstadt zurückkehren. 1922 eröffnete er eine esoterische Schule für ernsthaft interessierte Schüler und setzte gleichzeitig seine öffentlichen Vorträge fort. Es gab auch jährliche Sommerlager, außer 1927, als die Behörden alle größeren Versammlungen der Bruderschaft untersagten. Seine Schüler treffen sich auch heute noch in den bulgarischen Bergen, wie sie es schon seit den Zwanzigerjahren tun.

Im Laufe seines Lebens hielt Peter Deunov über 7000 Vorträge. Er war ein äußerst charismatischer und vielseitig begabter Mensch - Mystiker, Theologe, Philosoph, Heiler, Hellseher und nach allem, was man hört, ein begnadeter Musiker. Er verstand seine Lehre als Wiederbelebung des esoterischen Christentums, das, wie er fand, unterdrückt worden und den Menschen verloren gegangen war.

Die Bischöfe der orthodoxen Kirche missverstanden völlig seine Absichten, oder aber sie waren sich nur allzu sehr im Klaren über die Konsequenzen einer stärker werdenden Gemeinschaft, die sich einer esoterischen Weltanschauung verschrieben hatte. Wie schon so oft in der Geschichte der christlichen Kirche, fühlte sich die Obrigkeit bedroht durch diesen unverfälschten und machtvollen Vertreter einer esoterischen Tradition, die ihre Wurzeln im Evangelium des Johannes hatte.

Der Ausbruch des zweiten Weltkrieges im Jahre 1939, als Deutschland Polen angriff, hatte auch seine Auswirkungen auf Bulgarien. Etwa vier Monate vor der Landung der Alliierten, Anfang 1944, wurde Sofia bombardiert. Deunov brachte sich in der Nähe des Berges Vitosha in Sicherheit. Später im gleichen Jahr sagte er zu einem Schüler, dass er seine Aufgabe auf der Erde vollendet habe und Abschied nehmen werde. Er starb um 6 Uhr früh am 27. Dezember des gleichen Jahres mit einem wunderschön erklingenden »aum« auf den Lippen, der heiligen Sanskrit-Silbe ›aum‹ (Om).

Zwei Tage später kamen die kommunistischen Ordnungskräfte, um ihn zu verhaften und vermutlich hinzurichten. Sein Grab in Izgrev (›Sonnenaufgang‹), dem Zentrum der Bruderschaft vor den Toren der bulgarischen Hauptstadt, trägt keinen Namen, aber statt dessen ein Pentagramm mit der Inschrift ›Liebe, Weisheit, Wahrheit, Gerechtigkeit, Tugendhaftigkeit‹: das Vermächtnis einer großen Seele.

DIE LEHRJAHRE

Es war während der Zeit, als er in Warna überwacht wurde, dass Aïvanhov ihm 1917 zum ersten Mal begegnete. Der junge Sucher fühlte, dass er heimgekehrt war, und sein Herz floss über vor Freude. Er beschreibt dies so:

> Wenn ich euch beschreibe, welche Freude, welches Glücksgefühl mich erfüllte, als ich meinem Meister zum ersten Mal begegnete, dann würdet ihr mir nicht glauben. Und dieser Zustand dauert immer

noch an.... Als ich meinem Meister begegnete, hatte ich den Eindruck, dass mein Kopf und mein Herz randvoll waren mit den Schätzen des Universums. Ich fühlte mich reich, unermesslich reich![6]

Aïvanhovs Liebe zu Deunov strahlte auch dann noch in hellem Licht, als er selbst bereits ein Meister geworden war. 1938, in einem Vortrag, sagte er Folgendes über ihn:

> Meister Peter Deunov ist ein Mensch von hoher geistiger Gesinnung, dessen Leben ein Vorbild von Reinheit, Weisheit und Vernunft ist. (...) Die mächtige Ausstrahlung des Meisters, seine Worte, sein lebendiges Beispiel wirken Wunder.[7]

Er hatte in Peter Deunov die menschliche Verkörperung des geistigen Ideals gefunden, nach dem er so leidenschaftlich gesucht hatte. Ihm war unbewusst klar, dass ihm dieser große Mensch den Weg zum Göttlichen zeigen konnte; und so widmete er sich mit ganzem Herzen den verschiedenen Lernbereichen eines Einweihungsschülers. Wie in so vielen anderen Dingen, war er auch in der Hingabe an seinen Lehrer beispielhaft. Aber das Geschenk seiner Hingabe wurde auf vielfältige Art von Peter Deunov erwidert. Wie Aïvanhov rückblickend sagte:

> Ich kann euch hier nicht im Einzelnen von den Wanderungen erzählen, die wir frühmorgens bei Sonnenaufgang auf die Hügel von Warna machten. Unbeschreiblich schön waren die Farben des Morgenhimmels und die Pracht der über dem Schwarzen Meer aufgehenden Sonne. Wie oft verweilten wir, der Meister und ich, unter den liebkosenden Sonnenstrahlen! Wir traten aus unserem Körper heraus, und der Meister nahm mich mit in die jenseitige Welt, damit ich deren Wirklichkeit erfahre.[8]

Deunov heilte auch die Leberprobleme seines jungen Schülers, indem er ihn mehrmals am Tag heißes Wasser in kleinen Schlucken trinken ließ, wobei er sich gedanklich auf das Wasser konzentrieren sollte.[9] Obwohl diese Anweisung keinen Sinn für den noch lernenden Aïvanhov machte, folgte er ihr vorbehaltlos und erntete die Früchte seines Bemühens. Er musste erst noch lernen, dass die Worte eines Meisters Kräfte übertragen: Aus der Wahrheit heraus haben sie ihre magische Wirkung auf das Herz und den Körper eines Schülers.

Als die Behörden einige Monate später, im Jahre 1918, Meister Deunov erlaubten, nach Sofia zurückzukehren, folgte ihm Aïvanhov selbstverständlich. Deunov bemerkte den Eifer, die Hingabe und Liebe seines neuen Schülers und wachte ruhig über sein geistiges Wachstum. Sie tauschten nur wenige Worte aus, aber wann immer Deunov seinen Schüler direkt ansprach, antwortete Aïvanhov schnell und mit großem Eifer. Wenn Deunov auf eine von Aïvanhovs Fragen antwortete, trachtete dieser danach, seinem Lehrer mit uneingeschränkter Aufmerksamkeit zuzuhören und gleichzeitig das Gefühl wahrzunehmen, das er in ihm dabei wachrief.

Manchmal fand es Aïvanhov schwierig, sich alles zu merken, was sein Lehrer ihm gesagt hatte, und dann verbrachte er Stunden damit, falls nötig, um den Verlauf des Gesprächs genau zu rekonstruieren. Es war für ihn undenkbar, die gleiche Frage ein zweites Mal zu stellen. Jedes Wort, jede Geste von Deunov waren für ihn kostbar, und er wollte sicher sein, dass ihm auch nicht das kleinste Detail entging. Auf diese Art und Weise entwickelte er eine beeindruckende Merkfähigkeit.[10]

Meist sah Aïvanhov jedoch voraus, was sein Lehrer von ihm erwartete. Einmal sagte Deunov lobend zu ihm: »Dir genügt ein Blick.«[11] Aïvanhov war überrascht von dieser Bemerkung, aber er beobachtete sich selbst genauer

— *Spirituelle Lehrjahre* — 57

und fand, dass Deunov mit seiner Bemerkung Recht hatte. »Der Meister,« stellte er fest, »sah in den Tiefen meiner Seele die Wurzeln und die Struktur meines eigentlichen Wesens.«[12] Aïvanhov brauchte wirklich nur einen einzigen Blick von seinem Lehrer. Später lernte er, diesen speziellen Blick zu verfeinern, um damit das Leben anderer Menschen zu heiligen.

Die Augen sind sehr wichtige Kanäle für die Lebenskraft. Dies gilt in noch höherem Masse für einen Meister, dessen menschlicher Geist zudem noch aufgeladen ist mit spiritueller Lebenskraft. Dies ist die Kehrseite des sogenannten ›bösen Blicks‹. Das Auge reinigt und heiligt stattdessen. In einem seiner frühesten Vorträge, sagte Aïvanhov: »Die Augen stehen mit der Wahrheit in Verbindung.«[13] Mehr darüber in Kapitel 3.

Aïvanhov erinnerte sich immer sehr gerne an jene Tage in Izgrev. In einem seiner ersten Vorträge, als die Erinnerung an seinen Lehrer und die Mitschüler zu Hause in Bulgarien noch frisch und lebendig war, sagte er zu seinen französischen Zuhörern:

> Wir freuen uns innig über die Gnade, in dem Kraftfeld eines so strahlenden und gütigen Menschen leben zu dürfen, seine Weisungen zu hören, ihn bei den einfachsten Begebenheiten des Alltags zu beobachten. Es ist eine unschätzbare Segnung, einen Meister zu haben, der über die verborgensten Geheimnisse der Seele und der übersinnlichen Welten mit ihren Bewohnern Bescheid weiss.[14]

Immer noch aus der Sicht eines Schülers fügte er hinzu:

> Wenn der Meister in Izgrev weilt (er wohnt dort inmitten der Bruderschaft), merkt man dies sofort. Es ist, als vibrierte die Luft ganz anders. (...) Dreimal in der Woche hält er Vorträge und zwar auf völlig ungewohnte Art. Er liest sie nämlich weder ab,

noch zitiert er irgendwelche Autoren, wie es die meisten Redner tun, sondern spricht völlig frei, indem er sich von seiner Eingebung leiten lässt. Da er alles fühlt, was die Zuhörer bewegt, antwortet er auf ihre unausgesprochenen Fragen und hilft ihnen, die Lösung ihrer Probleme zu finden. Beim Heimgehen haben viele den Eindruck, der Meister habe eigens für sie gesprochen.[15]

Viele Jahre später sollten Aïvanhovs eigene Schüler dasselbe über ihn sagen. Aber damals, Ende der Dreißigerjahre, war er für alle noch ›Bruder Mikhaël‹, ein inspirierender Schüler des großen Peter Deunov.

Während seiner ersten Schülerjahre war Aïvanhov ziemlich arm. Er besaß ein Bett, einige Bücher, eine Geige und ein paar abgetragene Kleider. Er machte sich nichts aus Besitz oder seinem Aussehen. Er arbeitete hart an der Reinigung seines inneren Wesens. Er schätzte jedoch die Geige, die ihm Deunov gegeben hatte. Dieses Geschenk bedeutete für Aïvanhov umso mehr, als er wusste, dass Deunov ein phantastischer Musiker und Komponist war. Das Geschenk war ein Zeichen seiner Zuneigung Aïvanhov gegenüber und hatte zweifellos auch eine tiefe symbolische Bedeutung. Vielleicht verlieh Deunov auf diese Art und Weise seinem Wunsch Ausdruck, Aïvanhov möge das Spiel des Lebens genauso gut spielen wie er selbst und sich auf das Göttliche genauso einstimmen wie der Meister selbst.

Aïvanhov verbrachte die meiste Zeit zurückgezogen in den Bergen, wo er geistig arbeitete und meditierte. Manchmal übernahm er Gelegenheitsarbeiten, um sich seinen Lebensunterhalt zu verdienen. Dennoch betrachtete er sich als »unglaublich reich.«

Gelegentlich gewinnen wir in Aïvanhovs Vorträgen Einblicke in die intensive, liebevolle Beziehung zwischen Meister und Schüler. Deunov stellte eines Tages Aïvanhovs

Kenntnisse in der Handlesekunst auf die Probe. Vor der gesamten Bruderschaft fragte er seinen Schüler, welche Handlinie im Leben zuerst und welche als nächste erscheine.[16] Aïvanhov nannte korrekt die Lebenslinie, die Herzlinie und schließlich die Kopflinie. Deunov schien sich über die Antwort zu freuen, denn die Antwort stand in keinem Buch. Daraus schloss er, dass Aïvanhov sein Wissen aus genauer Beobachtung der Lebensvorgänge und aus dem Verständnis der Grundmuster geschöpft hatte.

Peter Deunov unterstützte die Neigung seines Schülers zu Kontemplation und esoterischen Studien. Er veranlasste ihn jedoch auch, sein konventionelles Wissen durch Studien an der Universität von Warna zu erweitern. Aïvanhov schrieb sich ein in Vorlesungen über Psychologie, Pädagogik, Philosophie, Physik, Mathematik, Chemie, Astronomie und Medizin. Er lernte gerade soviel, dass er die erforderlichen Zertifikate schaffte und fehlte oft. Er verbrachte seine Zeit nämlich lieber damit, andere Bücher zu lesen und zu meditieren. »Ich machte halbe halbe,« wie er sich ausdrückte.[17]

Anderen schien es so, als sei er ein ›ewiger Student‹. Aïvanhov wollte soviel wie möglich in sich aufnehmen, jedoch gleichzeitig darauf achten, dass er sein inneres Leben nicht durch zu viel akademisches Denken lähmte. Als er die Universität verließ, war er in spiritueller Hinsicht höchst lebendig und gefestigt. Sein nächster Schritt bestand darin, viel von dem Gelernten absichtlich zu ›vergessen‹, denn er merkte, wie er sagte, »dass sich das angelernte Wissen wie ein Schleier trennend zwischen mein inneres Sein und die Wirklichkeit schob.«[18] Stattdessen widmete er sich der Lektüre im Buch der Natur unter Einsatz psychischer Mittel, wobei er sein ›Drittes Auge‹ entwickelte, von dem die Bibel spricht.

Deunov prüfte seinen jungen Schüler auf vielerlei Art. Aïvanhov erinnerte sich im Beisein seiner eigenen Schüler an eine besonders schwierige Prüfung. Eines Tages eröffnete ihm Deunov, er solle mitten in einer mondlosen Nacht auf den Gipfel des Mussala steigen. Er sagte nur:« Durch diese Erfahrung wird dir manches klar werden.«[19]

Aïvanhov wartete auf eine mondlose Nacht und machte sich dann auf den Weg zum Gipfel. Er hatte etwas Verpflegung dabei, einen Wanderstab, aber keine Lampe. Er musste einen Wald durchqueren und war bald von bleierner Stille umgeben. Er konnte kaum die Hand vor Augen sehen. Nicht genug damit, dass der Wald von Bären, Wölfen, Wildschweinen und anderen wilden Tieren wimmelte, der Pfad fiel auch noch an einer Seite steil ab ins Nichts. Aïvanhov wusste, dass ihn sein Lehrer nie im Stich lassen würde, aber die lastende Stille und totale Dunkelheit ließen sein Herz dennoch kräftiger schlagen. Er hielt inne, um zu beten.

> Ich versichere euch, in derartigen Augenblicken betet man mit besonderer Inbrunst. Ich fühlte, dass ich nie zuvor so gebetet hatte. Kurz nach diesem innigen Gebet leuchtete ein Licht auf, das den Weg auf etwa zwei Meter erhellte. Von da an marschierte ich voller Freude im Schein des Lichts. Ich begann zu singen und fühlte eine Regung in mir, als würde ich von neuen Strömen durchflutet.[20]

Aïvanhov dachte wahrscheinlich, dass seine Prüfung vorüber war, aber dann hörte er das Bellen zweier großer Hunde. Er nahm an, dass sie wild und gefährlich waren. Er wusste auch, dass ihm ein Rückzug nicht helfen würde, da ihr Bellen näher kam und sie ihm sicherlich folgen und ihn anfallen würden. So setzte er tapfer seinen Weg bergan fort und vertraute auf die Anwesenheit seines Lehrers. Was dann geschah, erzählt man am besten mit Aïvanhovs eigenen Worten:

Es begann schon zu tagen, und nun waren die Hunde so nahe, dass sie mich sehen konnten. Mit entsetzlichem Gebell stürzten sie auf mich zu (...) zwei, drei Meter vor mir hielten sie plötzlich und setzten zum Sprung an (...) Groß wie Kälber waren sie, der eine weiss, der andere grau. Nun verlief alles sehr schnell, in Worten kaum zu fassen. Bedrohlich, mit weit geöffnetem Rachen wollten sie sich gerade auf mich stürzen, aber da ich voller Licht und Gottvertrauen war, schleuderte ich mit unbeschreiblicher Wucht meine rechte Hand in ihre Richtung. Es war ein entscheidender Augenblick. Ich spürte die Anwesenheit unsichtbarer Wesen und die des Meisters. Auch wenn ich noch nie andere Beweise erhalten hätte, dieses Erlebnis allein hätte genügt, um mich von der Existenz der göttlichen Welt zu überzeugen. Als ich meine Hand vorwärts schleuderte, ertönte ein herzzerreißendes Geheul. Die Hunde wurden von unsichtbarer Macht emporgehoben und einige Meter von mir weg auf den Boden geworfen. Dort blieben sie, vor Angst erstarrt, unbeweglich und stumm mit abgewendetem Blick liegen.[21]

Als er sich vom ersten Schock der Begegnung und der Überraschung über die unerwartete Wende erholt hatte, entschuldigte sich Aïvanhov bei den Hunden, erklärte ihnen aber, dass sie hätten wissen müssen, dass er ein geistiger Schüler war und deshalb unter besonderem Schutz stand. Einige Stunden später erreichte er den Gipfel, gerade rechtzeitig zum Sonnenaufgang. Freude und Dankbarkeit erfüllten ihn ob dieses Erlebnisses. Deunov kommentierte einmal diese Prüfung:

> Wenn ihr es nicht schafft, den Mussala hinauf- und hinunterzusteigen... könnt ihr keine geistigen Schüler sein. Die Besteigung des Mussala ist eine schwierige Prüfung, besonders am Abend oder in

einer verschneiten Winternacht... Derjenige der sich auf diesen Versuch einlässt, veredelt seinen Charakter... Menschen wachsen, wenn sie sich unter widrigen Bedingungen zurechtfinden müssen. Auf diese Weise lernen sie sich selbst und das Große und Erhabene in der Welt kennen... Die Gipfel, die ein Mensch im Laufe seines Lebens besteigt, sind ein Maß für seine Leistungen.[22]

Deunov liebte die Berge über alles. Für ihn waren sie riesige Energiespeicher und als solche nutzbar für das spirituelle Leben. Aïvanhov teilte diese Liebe, so wie er auch viele andere Charakterzüge seines Lehrers teilte. »Berge,« bemerkte er einmal, »gleichen riesigen Antennen, mit deren Hilfe die Erde mit dem Himmel in Verbindung tritt.«[23]

Er führte weiter aus:

Während der zwanzig Jahre, die ich mit Meister Peter Deunov in Bulgarien verbrachte, nahmen die Berge einen herausragenden Platz in meinem Leben ein. Jeden Sommer versammelte der Meister die gesamte Bruderschaft im Rila-Gebirge. Wir blieben dort oben mehrere Wochen lang, manchmal zwei Monate, je nach der Wetterlage. Während der übrigen Zeit des Jahres wohnten der Meister und viele der Brüder und Schwestern in Sofia, aber selbst dann verbrachten wir beinahe regelmäßig jedes Wochenende in den Bergen, denn der Vitosha liegt nur wenige Kilometer von der Stadt entfernt. Manchmal blieben wir mehrere Tage oben, und dank des Meisters kehrten wir beladen mit himmlischen Gaben von diesen Tagen in den Bergen zurück; denn er war es, der uns die richtige Einstellung lehrte, die wir gegenüber der Natur, den Gebirgsflüssen und Felsen, den Seen, Wasserfällen und Berggipfeln annehmen sollten. Vom Augenblick unseres Abmarsches an bis zu seiner Rückkehr nutzte er jede Gelegenheit, um uns anhand der Naturphänomene etwas zu lehren.[24]

Aïvanhov arbeitete ständig an seinem inneren Wesen und an Wegen, die unsichtbaren Reiche zu verstehen und mit ihnen in Verbindung zu treten. Er duldete sich selbst gegenüber keine Schwäche. Zuvor hatte er seine ausgeprägte Schüchternheit mittels Autosuggestion überwunden. Nun setzte er seine große Willensstärke für andere Bereiche seines Lebens ein, wobei er sogar den Schlaf dazu benutzte, sein Gehirn mit spirituell gesunden Mustern neu zu programmieren. Er trieb sich selbst dazu an, einen Berggipfel nach dem anderen zu bezwingen - jene inneren Höhen, die nur durch Selbsterkenntnis und Beharrlichkeit erklommen werden können. Einmal, während er im Rila-Gebirge meditierte, erlebte er die allen Dingen innewohnende Lebendigkeit:

> ... Plötzlich dachte ich, ich müsse wohl Halluzinationen haben, denn alles um mich her schien lebendig zu werden; die Steine, das Gras und die Bäume begannen plötzlich zu schwingen und zu leuchten wie durch Zauberhand. Das Phänomen dauerte längere Zeit an, und meine Begeisterung und mein Erstaunen waren so groß, dass ich mich von dem Schauspiel nicht losreißen konnte. In dem Augenblick wurde mir klar, wie schrecklich unwissend wir sind, was das wirkliche Wesen der Natur betrifft. Hinter ihrer sichtbaren Fassade verbirgt die Natur eine Wirklichkeit, von der die Menschen noch nicht einmal träumen.[25]

Eines Tages sagte Deunov, dass er, Aïvanhov, seine Haut verändert habe.[26] Erst viel später entdeckte Aïvanhov, was sein Lehrer gemeint hatte. Er sagte:

> Das Schicksal des Menschen hängt von seiner Haut ab, da alle Beziehung zu den Mitmenschen und der äußeren Welt allgemein über die Haut bestimmt werden. (...) Jedes Detail der Haut ist bedeutsam. Sogar ihr Oberflächenzustand (ob sie glatt, geschmeidig, hart, schlaff oder weich ist) weist auf grundlegende Eigenschaften und Merkmale eines Menschen hin, auf seine Widerstandsfähigkeit, Willensstärke, Aktivität oder im Gegenteil seine Schwäche, Trägheit und sonstigen Mängel.[27]

Aïvanhov hatte verschiedene Stadien durchlaufen, von der Raupe im Kokon bis zum Schmetterling, der jetzt bereit war, der Sonne entgegenzueilen. Er hatte die großartigen Ideale seines Lehrers in seine eigene Seele eingraviert und war für die schwierige Aufgabe, die vor ihm lag, gerüstet: Er sollte die Fackel der Weisheit in anderen entflammen. In seinem ganzen Wesen brannte das göttliche Feuer. Seine Seele hatte die Geburt Christi erfahren, und nach vielen Lehrjahren war Aïvanhov nun bereit, die Verantwortung eines geistigen Lehrers selbst zu übernehmen.

1937, ein Jahr bevor Deutschland Österreich annektierte und zwei Jahre vor dem Ausbruch des zweiten Weltkrieges, las Deunov die Zeichen der Zeit und beauftragte seinen Schüler, die Fackel seiner Lehre nach Frankreich zu tragen. Unter Deunovs vierzigtausend Schülern war Aïvanhov der Einzige, den er für würdig befand, diese große Verantwortung zu übernehmen.

ANMERKUNGEN

1. Englische Übersetzung dieser Yoga-Schrift siehe G. Feuerstein, *The Yoga-Sutra of Patanjali: A New Translation and Commentary* (Rochester, Vt: Inner Traditions International, 1989).
2. Siehe R. Crookall, *The Study and Practice of Astral Projection* (London: Aquarian Press, 1961). Siehe auch D.Black, Ekstasy:

Out-of-the-Body-Experiences (Indianapolis/ New York: Bobbs-Merrill Company, 1975).
3. Siehe R. Monroe, *Journeys out of the Body* (Garden City, N.Y.: Doubleday, 1971). *Fahr Journeys* (Garden City, N.Y.: Doubleday, 1985).
4. Übersetzt bzw. zitiert nach D. Lorrimer, *The Circle of Sacred Dance: Peter Deunov's Paneurythmie* (Shaftesbury, England: Element Books, 1991), S. 2.
5. Siehe D. Lorimer op.cit., S. 8.
6. Omraam Mikhaël Aïvanhov, *Liebe und Sexualität* (Gesamtwerke, Doppelband 14/15, Prosveta)
7. Omraam Mikhaël Aïvanhov, *Das geistige Erwachen* (Gesamtwerke, Bd. 1, Prosveta), S. 135.
8. Ibid., S. 142.
9. Siehe Omraam Mikhaël Aïvanhov, *Harmonie und Gesundheit* (Izvor 225, Prosveta, 1990), S. 130.
10. Omraam Mikhaël Aïvanhov, *La pédagogie initiatique* (Oeuvres complètes, Tome 29, Prosveta, France, 1980), S. 255.
11. Omraam Mikhaël Aïvanhov, *Liebe und Sexualität* (Gesamtwerke, Bd. 14, Prosveta, 1982), S. 160.
12. Ibid., S. 160.
13. Omraam Mikhaël Aïvanhov, *Das geistige Erwachen* (Gesamtwerke, Bd. 1, Prosveta), S. 53.
14. Ibid., S. 143.
15. Ibid., S. 143.
16. Siehe Omraam Mikhaël Aïvanhov, *Die Kräfte des Lebens* (Gesamtwerke, Bd. 5, Prosveta, 1994), S. 13.
17. Omraam Mikhaël Aïvanhov, *Die Harmonie* (Gesamtwerke, Bd. 6, Prosveta, 1993), S. 252.
18. Omraam Mikhaël Aïvanhov, *Das geistige Erwachen* (Gesamtwerke, Bd. 1, Prosveta), S. 145.
19. Ibid., S. 162.
20. Ibid., S. 162-163.
21. Ibid., S. 163.
22. D. Lorimer, op.cit., S. 181.
23. Omraam Mikhaël Aïvanhov, *Les révélations du feu et de l' eau* (Izvor 232, Prosveta, France, 1990), S. 63.
24. Ibid., S. 63 -64.
25. Ibid., S. 68.
26. Omraam Mikhaël Aïvanhov, *Die Harmonie* (Gesamtwerke, Bd. 6, Prosveta, 1993), S. 265.
27. Ibid., S. 265.

3.
AÏVANHOV: SEHER, LEHRER UND HEILER

DIE ERSTE ZEIT IN FRANKREICH

Als Aïvanhov von seinem Lehrer den Auftrag bekam, seine Lehre in Frankreich zu verbreiten, war er nicht sonderlich überrascht. Anscheinend war die Saat für seine Arbeit außerhalb seines Heimatlandes schon lange vorher ausgebracht worden. Zu seinen Schülern sagte er einmal:

> Ich war erst siebzehn oder achtzehn Jahre alt, als ich den Mussala zum ersten Mal bestieg. Und schon damals dachte ich an Frankreich und stellte mir vor, dass ich die Lehre des Meisters dorthin tragen würde. Jahre später wurde meine Vorstellung Wirklichkeit; mein Schicksal führte mich nach Frankreich. Jedoch lange bevor ich hier ankam, hatte ich von den Gipfeln des Rila Gebirges aus eure Seelen berührt.[1]

Aïvanhov kam am 22. Juli 1937 nach Frankreich, ohne einen Pfennig in der Tasche und ohne Kenntnis der französischen Sprache. Sein Visum erlaubte ihm einen Aufenthalt in Frankreich nur für die Dauer der Weltausstellung. Er hatte eine Rückfahrkarte nach Bulgarien und eine einzige Kontaktperson in Frankreich – eine Frau namens Stella Bellemin, die später als Svezda (bedeutet ›Stern‹ auf Bulgarisch) in der Bruderschaft bekannt war. Einige Monate nach dieser Begegnung wurde sie Aïvanhovs erste Sekretärin.

Sie war als Astronom am Observatorium tätig und gehörte zu einer kleinen Gruppe bulgarischer Auswanderer, die in Paris lebten und Schüler von Peter Deunov waren. Im Juli 1937 las Svezda das Buch *Der Meister spricht* von Peter Deunov und fuhr sofort nach Bulgarien, um mit Deunov zu sprechen. Er sagte ihr, dass man sie nach ihrer Rückkehr nach Frankreich bitten werde, mit jemandem zusammenzuarbeiten. Er nannte jedoch keine Namen. Er sagte ihr auch, dass sie diesem Menschen für den Rest ihres Lebens dienen werde.

Es war natürlich Aïvanhov, den sie in Empfang nehmen und dem sie dienen sollte. Sie war gut vorbereitet worden. Denn in ihrer Jugend hatte sie mental eine geistige Lehre aufgenommen, die, wie sich später herausstellte, identisch mit der Deunovs war. Sie erkannte sofort in Aïvanhov einen würdigen und strahlenden Schüler Deunovs, und sie hieß ihn von ganzem Herzen willkommen. Sie erinnerte sich:

> Bei unserem ersten Zusammentreffen war es vor allem seine intensive, lichtvolle Ausstrahlung, die mich tief berührte, eine Ausstrahlung voller Güte und reiner, unpersönlicher Liebe, die sich wie geweihtes Wasser auf Menschen und Dinge ergoss. Sein Blick war wie ein Geschenk seines Inneren, ein uneingeschränktes Geben, das nur Heiligen und Meistern eigen ist. Wenn man Bruder Mikhaël zusah, gewann man den Eindruck, dass er einzig und allein darauf bedacht war, das göttliche Geschenk der Liebe vorbehaltlos allen und jedem zu geben. Dies war umso bemerkenswerter, als er der französischen Sprache nicht mächtig war: Den Menschen wurde dadurch eher bewusst, welche Ausstrahlung er hatte. Seine strahlende spirituelle Liebe, die ihren Ausdruck in seiner ungewöhnlichen Schönheit fand, berührte jeden, der mit ihm in Kontakt kam.[2]

Aïvanhov hatte in Bulgarien seine Familie, Freunde, Studenten zurückgelassen (er war dort Leiter eines Kollegs gewesen). Sie waren zu seiner Verabschiedung zum Bahnhof gekommen und winkten ihm nach mit Tränen in den Augen. Nun war er in einem neuen, fremden Land, wo er unbekannt war, wo ihn viele Leute als Kuriosität ansahen, wo er aber eine gewaltige Aufgabe zu erfüllen hatte. Sein umfassendes Wissen, seine offensichtliche Weisheit, seine Güte und Ausstrahlung gewannen ihm bald Bewunderer und Anhänger. Sie nannten ihn liebevoll Bruder Mikhaël, so wie er sie auch als Brüder und Schwestern ansprach. Einer seiner Schüler ließ dies in seiner Erinnerung aufleben:

> Bei seiner Ankunft in Frankreich zeigte der Meister nicht, wer er in Wirklichkeit war. Er stellte sich nie in den Vordergrund, war anspruchslos, nahm einfach und bescheiden Platz in der hintersten Reihe. Er nannte sich Bruder Mikhaël. Er offenbarte nicht sein ganzes Wissen. Er traf sich mit Astrologen, Alchimisten, Schriftstellern, und aufgrund seiner Haltung dachten sie alle, dass er wenig wisse, und sie gaben ihm viele Ratschläge, die er sich immer anhörte... er war immer freundlich zuvorkommend und lächelte. Aber als er mit seinen öffentlichen Vorträgen begann, waren seine Freunde unter den Astrologen und Okkultisten, die kamen, um ihn zu unterstützen und zu ermutigen, erstaunt über das, was er darlegte. Es war so neu, so unverfälscht, tiefgreifend und vor allem wahr.[3]

Aïvanhov hielt seine ersten Vorträge in Svezdas Pariser Wohnung vor kleinen Gruppen von etwa zwanzig Leuten. Er hatte soviel Französisch gelernt, dass er sich an seine Zuhörer in deren Muttersprache wenden konnte; und so hielt er am 29. Januar 1938 seinen allerersten großen Vortrag, auf den buchstäblich noch Tausende folgen sollten. Aïvanhov unterhielt sich gerne mit den Menschen in ihrer Landessprache. Noch in hohem Alter bewies er sein Sprachtalent anlässlich eines Besuches in England, wo er sich innerhalb weniger Wochen soviel Englisch aneignete, dass er sich mit dortigen Schülern unterhalten konnte.

An jenem wichtigen Tag im Jahre 1938 gab es in Svezdas Wohnung ein unerklärliches Problem mit der Wasserversorgung. Aïvanhov war sehr besorgt und probierte alle Wasserhähne, aber ohne Erfolg. Dann verließen er und Svezda die Wohnung. Als sie zurückkehrten, stand die ganze Wohnung unter Wasser. Während alle entsetzt über dieses Missgeschick waren, nahm Aïvanhov dies als gutes Omen, als Zeichen des Überflusses und sagte, dass sein erster Vortrag erfolgreich verlaufen würde. Er behielt recht.

Als der Freundeskreis in Frankreich zu groß für die Wohnung wurde, mietete man einen Vortragssaal. Es wurden keine Eintrittsgelder erhoben. Übrigens verlangte Aïvanhov in seiner fast fünfzigjährigen Lehrtätigkeit niemals auch nur einen Pfennig von seinen Schülern. Es gab jedoch eine Ausnahme. Als er 1984 durch Amerika reiste, bestand er plötzlich darauf, ein ziemlich hohes Eintrittsgeld zu erheben. Seine Schüler waren überrascht, vielleicht sogar schockiert. Seine Vorträge waren erfolgreich, und es kam eine ansehnliche Summe Geldes zusammen. Er ließ eine seiner Schülerinnen das Geld auf ein Sonderkonto bei einer Bank einzahlen. Später sagte er ihr, dass sie das Geld verwalten solle; sie wisse schon, wofür sie es verwenden werde, wenn es an der Zeit sei. Viele Jahre vergingen, und die Schülerin hatte das Konto schon fast vergessen. Als dann das vorliegende Buchprojekt geplant wurde, wusste sie instinktiv, dass dafür das Geld Jahre zuvor angelegt worden war.

Aïvanhov handelte oft auf unvorhersehbare Weise, wobei er seiner Intuition folgte. Als Magier war er immer in Verbindung mit den unsichtbaren Reichen der Wirklichkeit und gab zu, dass er manchmal den Rat und die Anweisungen der ›anderen Seite‹ befolgte. Dann unternahm er anscheinend sinnlose Aktionen, aber über kurz oder lang stellte sich heraus, dass sein exzentrisches Verhalten von großer Weisheit gelenkt worden war.

So waren nicht wenige Besucher schockiert und verblüfft, wenn Aïvanhov während der ganzen Zeit ihres Besuches über Geld, ihr Haus oder ihre Sexualität sprach. Nicht alle erkannten, dass er einfach nur darauf einging, womit sie sich vor allem selbst gedanklich beschäftigten.

Eines Tages brachte eine Schülerin einen Freund mit zu Aïvanhov. Aïvanhov erkannte sofort, dass der Mann geistig ziemlich unreif war und bot ihm freundlich ein Glas Raki an. Die Schülerin war platt vor Staunen, erst recht, als ihr geliebter Lehrer ihr ebenfalls ein Glas anbot. Zuerst lehnte sie ab und fühlte sich elend, weil sie nie scharfen Schnaps anrührte. Aber Aïvanhov ermutigte sie, doch davon zu trinken. Als sie seinem freundlichen Drängen nachgab, fand sie zu ihrer Überraschung, dass der Raki genauso gut einfaches Wasser hätte sein können, denn er schmeckte genauso und hatte keinerlei Wirkung auf sie.

Die andere Seite dieses Prinzips der Spiegelung konnte man erleben, wenn spirituell orientierte Schüler oder Schülerinnen zu ihm zu Besuch kamen. Denn da sprach er ernsthaft mit ihnen über ihr geistiges Leben und ließ ihnen seine große Weisheit zugutekommen. Obwohl er sehr humorvoll war, führte er die Leute nicht an der Nase herum, was von einigen anderen Lehrern durchaus bekannt ist. Er stellte sich vielmehr voll und ganz auf sein Gegenüber ein und reflektierte genau die Geisteshaltung seiner Besucher.

Da er selbst ein beispielhafter Schüler war, nahm Aïvanhov an, dass seine Zuhörer ebenso in der Lage waren, die tiefgreifenden metaphysischen Ideen, die er darlegte, in die tägliche Praxis umzusetzen. Er fand jedoch bald heraus, dass die meisten Menschen, die zu seinen öffentlichen Vorträgen kamen, zwar von dem, was sie hörten, sehr angetan waren, jedoch kaum bereit waren, die weisen Gedanken, die er mit ihnen teilte, praktisch umzusetzen. Er war gekommen, um die Menschen in die höchsten Geheimnisse seines esoterischen Wissens einzuweihen, aber er erkannte schnell, dass er langsamer vorgehen musste, um in ihnen die Fundamente zu legen, auf die sie jene wertvollen Tugenden bauen konnten, durch die sich qualifizierte Schüler von Stümpern unterscheiden.

Glücklicherweise begann sich ein Kreis ernsthafter Schüler um ihn herum zu bilden. Sie versammelten sich in Gruppen in Sèvres, einem Vorort von Paris. Sowohl Deunov als auch Aïvanhov waren von Beginn an daran interessiert, ihre Lehre einer größtmöglichen Zahl von Menschen zugänglich zu machen und eine Bruderschaft zu gründen, die jeden offen aufnehmen würde, der an einem Leben im Geiste interessiert war. Keiner der beiden Lehrer gab sich damit zufrieden, jene Art von Schule zu gründen, die in Indien als ›ashrama‹ bekannt ist. Dies ist ein Begriff aus dem Sanskrit, und er bedeutet Einsiedelei bzw. bezeichnet einen heiligen Ort, der von der Kraft eines Eingeweihten geprägt ist und an dem eine kleine Gruppe von Schülern lebt, die sich individuell bemühen, die höchsten Ideale zu verwirklichen.

Sowohl Deunov als auch Aïvanhov strebten nach etwas weit Umfassenderem, das länderübergreifend sein sollte. Die beiden Hauptzentren der Bruderschaft, Izgrev und Bonfin, waren in erster Linie heilige Orte der Begegnung für Schüler, die dorthin kamen, um in Aïvanhovs Nähe zu sein und ihm zuzuhören, wenn er seine Lehre darlegte. Sie sind auch heute noch Zentren, zu denen die geistigen Schüler pilgern.

Izgrev in Sèvres, westlich von Paris, wurde 1947 erworben. Abgesehen von seiner Rolle als Ort der Begegnung für Schüler, ist es auch das Verwaltungszentrum der weltweiten geistigen Bruderschaft, die Aïvanhov gründete. Wie bereits erwähnt, bedeutet der Name Izgrev ›Sonnenaufgang‹ auf Bulgarisch. Aïvanhov übernahm diesen Namen vom bulgarischen Hauptzentrum, das Deunov gegründet hatte, um die starke Verbindung mit seinem Meister zu betonen.

Aïvanhov bemerkte einmal, dass es nicht von ungefähr käme, dass Sèvres das Staatsinstitut für Maße und Gewichte beherberge. Erklärend fügte er hinzu, dass Materialisten einräumen, dass die Menschen einen festen Bezugspunkt in der Welt brauchen; in ähnlicher Weise brauchen wir sozusagen einen magnetischen Nordpol für geistige Belange. Izgrev war für geistige Schüler genau dazu ausersehen.

Von diesem Zentrum aus verbreiteten sich Gruppen über ganz Frankreich und bildeten sich Ableger in anderen Ländern. 1953 wurde ein Teil der 32 Hektar des Bonfin (›Le Domaine du Bonfin‹) erworben, der an der Côte d' Azur, in der Nähe von Fréjus liegt. Bruder Jehan, Autor des Buches *Qui est le Maître Omraam Mikhaël Aïvanhov?*, ermöglichte durch eine großzügige Schenkung diesen Landerwerb. Als die erste Gruppe von Schülern auf diesem abgelegenen Gelände ihre Zelte aufschlug, gab es nicht einmal Toiletten. Über Jahre hinweg diente es als Sommerlager, aber Ende der sechziger Jahre zogen mehrere Schüler mit ihren Familien auf Dauer in den Bonfin und bildeten eine kleine, aber sehr aktive Gemeinschaft. Als Geld zur Verfügung stand, errichteten sie Gebäude, Werkstätten, Lagerhäuser, einen Laden, Gästehäuser, private Wohnungen und nicht zu vergessen den großen Saal, in dem 800 Leute Platz finden.

Der Bonfin grenzt an ein Militärgelände und einen Zoo – vielleicht kein Zufall, wenn man in Betracht zieht, dass beide Lebensbereiche etwas darstellen, was der spirituellen Reinigung bedarf: In beiden Fällen läuft das Prinzip der Gewaltfreiheit (›ahimsa‹) laufend Gefahr, missachtet zu werden.

Obwohl Aïvanhov einen anderen Platz lieber gehabt hätte, weil es auf dem Gelände kein Wasser gab, empfahl er den Ort als Zentrum, denn in der Nähe gab es eine idyllische Erhebung mit Blick aufs Meer, bekannt als ›Le Rocher‹ (der Felsen).

Jahrelang traf er sich hier mit seinen Schülern im Frühling und im Sommer, um sich mit ihnen meditativ auf den Sonnenaufgang zu konzentrieren. Er pflegte seinen Platz oben auf dem Hügel einzunehmen, umgeben von Hunderten seiner Schüler. Jeder blickte nach Osten, um still die Sonne zu grüßen, sobald sie am Horizont erschien. Dabei hatten sie ihre Hände auf ihre Knie gelegt, mit den Handflächen nach oben, um die Energien der Sonne aufzunehmen.

Oftmals hielt Aïvanhov bei dieser Gelegenheit einen kurzen Vortrag, der meist von der selbstlosen Natur der Sonne handelte, und wie wir ihre Gaben und ihre Güte mit unserem Leben verknüpfen können. Dann machte er sich auf den Rückweg hinunter zur ›Domaine‹, grüsste und segnete dabei die Schüler mit seiner erhobenen rechten Hand. Fast immer verteilte er Bonbons an die Kinder.

Aïvanhov war der Ansicht, dass im ersten Jahrhundert n.Chr. der berühmte griechische Philosoph und Magus Apollonius von Tyana den Felsen besucht hatte. Der Überlieferung zufolge konnte Apollonius Wunder wirken und wie Jesus, sein berühmter Zeitgenosse, Tote auferwecken. Er gehörte zur Schule des Pythagoras, was vielleicht das Interesse Aïvanhovs an ihm erklärt.

In den beiden Zentren Izgrev und Bonfin werden jährlich Kongresse abgehalten. Dort sprach Aïvanhov jedes Mal vor Hunderten von Schülern. Sie führten für einige Zeit ein gemeinschaftliches Leben, sonnten sich im selben geistigen Licht, lernten, anderen zu dienen und ihre Alltagsprobleme zu vergessen und ließen das Ego hinter sich, das für die meisten von ihnen noch Gültigkeit hatte. Sie saßen zusammen, sangen, tanzten, musizierten, machten Körperübungen, beteten und meditierten zusammen bei Sonnenaufgang. Das alles spielte sich genauso ab, wie es Aïvanhov und Peter Deunov in den fernen Bergen Bulgariens praktiziert hatten. Aïvanhov sagte einmal über die Zusammenkünfte im Bonfin:

> Der Bonfin ist vergleichbar mit einem Ort, an dem ihr euch einer Entschlackungskur unterzieht. Das ganze Jahr über habt ihr unter Bedingungen gelebt, die eurer Gesundheit nicht besonders zuträglich waren: Euer physischer Körper und insbesondere euer Ätherkörper, euer Astralkörper und euer Mentalkörper sind voller Unreinheiten, von denen ihr euch befreien müsst, um dann mit neuen Kräften die Arbeit, die Gott von euch verlangt, wieder aufzunehmen. Hier nehmt ihr reine Nahrung zu euch, die von liebevollen und aufmerksamen Menschen zubereitet wird. Hier atmet ihr reine Luft und jeden Morgen taucht ihr ein in die Reinheit der Sonnenstrahlen. Es liegt nun an euch, die nötigen Anstrengungen zu machen, damit diese Reinheit in euer Denken und Fühlen, eure Wünsche und Pläne einfließt. Nutzt die angenehmen Bedingungen, die ihr hier vorfindet, das herrliche Wetter, den Frieden, die Stille des Waldes zum Meditieren und dazu, euer ganzes Leben zu überdenken, und fasst endlich den Entschluss, Diener Gottes zu werden.[4]

Diese heilige Tradition regelmäßiger Zusammenkünfte setzt sich bis auf den heutigen Tag fort, sowohl in der Schule, die Aïvanhov gründete, als auch in der, die Anfang dieses Jahrhunderts von Deunov begründet wurde.

DIE UNIVERSELLE WEIßE BRUDERSCHAFT

Jahr für Jahr versammelte Aïvanhov seine Schüler um sich, lehrte und inspirierte sie, und heilte ihren Körper und Geist. Heute hat die Gemeinschaft weltweit einige tausend Mitglieder – eine relativ kleine Zahl, aber sie wächst stetig. Seit 1938 wurden Aïvanhovs Vorträge aufgezeichnet, zuerst per Kurzschrift und später, ab 1961, per Tonband. Von 1981 bis September 1985 wurden sie per Video aufgezeichnet. Bis jetzt wurden über sechzig Bände in französischer Sprache herausgegeben, und jedes Jahr kommen mehrere neue hinzu. Diese Werke werden zunehmend auch in andere Sprachen übersetzt, vor allem ins Englische.

Als Aïvanhov in Frankreich zu lehren begann, nannte er seine Schule ›L'Ecole divine‹ (die ›Göttliche Schule‹), und er sah seine Anhängerschaft immer unter diesem Aspekt. Für ihn gehörte die ›Göttliche Schule‹ zur Universellen Weißen Bruderschaft, jener unsichtbaren Gemeinschaft höherer Wesen, die sich der geistigen Weiterentwicklung der Menschheit annehmen. Als die Anhängerschaft an Größe zunahm und sich als juristische Person etablierte, wurde der Name, ›Fraternité Blanche Universelle‹ (Universelle Weiße Bruderschaft) gewählt.

In Westeuropa und besonders in Amerika hat dieser Name gelegentlich Bestürzung und Missverständnis hervorgerufen, da die Bezeichnung ›weiß‹ verbreitet mit Rassismus in Verbindung gebracht wird. Für Aïvanhov und seine Anhänger, die übrigens auch Nicht-Weiße mit einschließt, ist dieser Name jedoch mit völlig anderen Assoziationen verbunden. ›Weiß‹ steht für all jene positiven Eigenschaften, die das Leben eines rechtschaffenen Menschen in der Welt kennzeichnen, der im strahlenden Licht einer höheren spirituellen Wirklichkeit steht. Aïvanhov bedauerte, dass sich einige Menschen nur wegen des Namens um die Vorzüge seiner Bruderschaft brachten.

Aïvanhov stellte immer deutlich heraus, dass die Universelle Weiße Bruderschaft kein exklusiver Verein ist, der nur für wenige Privilegierte zugänglich ist. Sie ist vielmehr eine Gemeinschaft, die offen ist für Menschen, die die gleiche Auffassung über die menschliche Existenz teilen oder die die gleiche Schwingung haben, weil sie sich uneingeschränkt den höchsten geistigen Idealen verschrieben haben. Und diese Gemeinschaft beschränkt sich nicht nur auf diejenigen, die sich auf Erden seine Schüler nennen. Er erklärte dies so:

> Die Universelle Weiße Bruderschaft ist eine Macht, die sich über das ganze Planetensystem und noch weiter hinaus ausdehnt. Man darf sie aber nicht nach der Bruderschaft beurteilen, die es hier auf Erden gibt: eine Handvoll Menschen, die nicht immer weise oder besonders erleuchtet sind. Die wahre Universelle Weiße Bruderschaft befindet sich in der höheren Welt und umfasst alle höchstentwickelten Wesen. Wir sind hier auf der Erde nur Werkzeuge und versuchen, das Licht und die Hilfe dieser Wesen zu nutzen, um ihre Pläne auszuführen. Aber die Universelle Weiße Bruderschaft, die hier unten existiert, muss eine getreue Wiedergabe von jener werden, die oben ist. Und deshalb müssen sich ihre Mitglieder immer mehr bewusst werden, welch ein Vorzug es ist, dieser göttlichen Gemeinschaft anzugehören.[5]

In einer anderen Rede sagte Aïvanhov:

> Das Ideal der Universellen Weißen Bruderschaft besteht darin, die Menschen zu lehren, nicht mehr ausschließlich für sich, sondern für die gesamte Welt zu arbeiten.[6]

Aïvanhov, ebenso wie Deunov setzte sich unermüdlich für das Ideal der Bruderschaft zwischen allen Menschen ein, ungeachtet ihrer Rasse, Nationalität, Konfession, Erziehung oder Lebenslage. Er bemerkte einmal, dass er bei vielen Versammlungen anderer religiöser und spiritueller Vereinigungen zugegen gewesen war und dabei immer entsetzt war über den Mangel an Liebe und Wärme einerseits und das arrogante und elitäre Gehabe andererseits. Er forderte seine Schüler immer dazu auf, die Bereitschaft zu brüderlicher (oder schwesterlicher) Liebe nicht nur untereinander zu pflegen, sondern auch die ganze Welt einzubeziehen. Er wusste, dass Friede und Harmonie beim Einzelnen und in der Gesamtheit nur dann entstehen können, wenn die Liebe die Mauern wegschmelzen lässt, die die Menschen so gerne um sich herum aufbauen. »Die Harmonie bringt alles zum Erblühen.«[7]

Aïvanhov, der nie verheiratet war, betrachtete die Bruderschaft als seine Verlobte und Frau. Nichts störte ihn mehr als Streit oder Spannungen zwischen seinen Schülern. Und für ihn gab es nichts Kostbareres als jene Augenblicke, wenn er mit seinen Schülern in tiefer meditativer Stille und Harmonie zusammensitzen konnte, um die aufgehende Sonne zu begrüßen. Er liebte den leuchtenden Ausdruck ihrer Gesichter, der ein sicheres Zeichen dafür war, dass sie mit ihrem inneren Licht in Verbindung standen.

Aïvanhov widmete seine Kräfte unermüdlich dem Wohlergehen seiner wachsenden Gemeinschaft. Getreu seinem Ideal von Gleichgewicht und Harmonie, verbrachte er die Hälfte seiner Zeit allein in der Zurückgezogenheit, wo er seine innere Arbeit verrichtete; die andere Hälfte verbrachte er in Gesellschaft von Schülern und Besuchern. Wenn er allein war, verbrachte er die Zeit mit Arbeiten, Beten, Meditieren und der Pflege seines üppigen Gartens. Er erklärte diese sorgfältige Tageseinteilung folgendermaßen:

Wenn man immer allein ist, ohne je anderen von sich etwas zu geben, fühlt man sich elend und verlassen, es fehlt etwas; und wenn man immerzu mit anderen zusammen ist, wird man innerlich leer, bis schließlich kein Tropfen mehr im Tank ist und man nichts mehr hat, das man hergeben könnte.[8]

Drei Viertel seines Lebens war Aïvanhov ziemlich arm. Erst ab Mitte der siebziger Jahre verfügte er über ein gewisses Einkommen durch die Tantiemen seiner Bücher. Damals erwarb er auch ein Stück Land mit einem kleinen Haus in den Pyrenäen, wohin er sich zurückzog, wenn er Abstand vom Zentrum brauchte. Er besaß auch ein kleines Grundstück im Bonfin. Schüler hatten ihm dort ein kleines Haus gebaut, das er zehn Jahre vor seinem Tod der Bruderschaft übereignete.

Aïvanhov lebte immer sehr bescheiden und war seinen Schülern immer ein Beispiel für elegante Einfachheit und disziplinierten Fleiß. In seinem Tagespensum gab es keinen Leerlauf. Während der Kongresszeiten – von Anfang Juli bis Ende September – kam er zur Meditation bei Sonnenaufgang. Nach der Rückkehr in sein Haus erledigte er seine Post und widmete sich seiner spirituellen Arbeit, worüber er selten sprach. Er machte klar, dass er während dieser Zeit nicht gestört werden wollte. Zur Mittagszeit leitete er dann die täglichen Körperübungen für seine Schüler und schritt anschließend mit ihnen zum Mittagsmahl, das schweigend eingenommen wurde.[9] Darauf folgte ein Vortrag, der manchmal kurz war, aber auch Stunden dauern konnte. Der Rest des Nachmittags war vorgesehen für Besuche von einzelnen Schülern und Gästen. Spät am Abend erledigte er überwiegend seine Korrespondenz und sah sich im Fernsehen die Nachrichten an. Er dachte, dass es für ihn sehr wichtig sei, über die Vorgänge in der Welt informiert zu sein.

Aïvanhov war sehr unabhängig, und anders als viele östliche Lehrer, erwartete er von seinen Schülern nicht, dass sie ihn rundherum bedienten. Er kümmerte sich sogar selbst um seine Wäsche. Er sagte einmal:

> Weisheit heißt, sich auf nichts außerhalb seiner selbst zu verlassen, weder auf Eltern noch auf Freunde oder Besitztümer, sondern am göttlichen Funken, den jeder in sich trägt, zu arbeiten, um eines Tages die wahre Beständigkeit, das wahre Glück zu erlangen.[10]

DER KAMPF GEGEN DIE MÄCHTE DER FINSTERNIS

Aïvanhov hatte in Frankreich zehn Jahre lang mit Erfolg gearbeitet, als das scheinbar Unvermeidliche eintrat. Einer esoterischen Grundannahme zufolge, sammeln sich die Mächte der Finsternis zum Gegenschlag und versuchen, das bisher Erreichte zu unterminieren, wann immer große Meister das Licht in die Welt bringen. So wurde Aïvanhov 1947 der Spionage angeklagt, vor Gericht gebracht, und zu vier Jahren Gefängnis verurteilt. Diese Episode in Aïvanhovs Leben liest sich wie ein Hollywood-Drama oder die Geschichten vom Kampf des Guten gegen das Böse aus seiner Kindheit. Dennoch war es eine historische Tatsache, eine, die für ihn große Entbehrungen brachte und seinen Schülern großen Kummer bereitete. Aber wie in den Geschichten, triumphierte auch hier der Held. Aïvanhov wurde nach 18 Monaten Haft entlassen, wo sein Verhalten nicht nur mustergültig gewesen war, sondern auch auf seine Mithäftlinge einen günstigen Einfluss ausgeübt hatte.

Der Vorfall machte in Frankreich Schlagzeilen und die Ausgabe der *Continental Daily Mail* vom 17. Februar 1950 brachte einen Artikel mit der Überschrift: »Spionage unter dem Deckmantel der Spiritualität.« Der Artikel berichtete, dass die französische Spionageabwehr einen Sowjet-Plan aufgedeckt hatte, der die Unterwanderung von Mikhaël Aïvanhovs spiritueller Vereinigung vorsah mit dem Ziel, eine Spionagebasis zu schaffen.

Der Plan drehte sich um die Person eines gewissen Cherenzi Lind, einen Kubaner, der von sich behauptete, der König der Welt und ein Nachkomme des bekannten Dschinghis Khan zu sein. Mit vollem Namen nannte er sich Prinz Cherenzi Lind Kut Humi Maha Chohan. Angeblich stammte er aus dem unterirdischen Reich Agartha, das irgendwo in Tibet liegen soll, und angeblich hatte er die Niederlage Hitlers durch okkulte Mittel herbeigeführt. Der viel gereiste russische Künstler und Seher Nicholas Roerich schrieb in seinem Buch *Shambhala:*

> Der Glaube an das Königreich der Unterirdischen ist weit verbreitet. Quer durch ganz Asien, durch Steppen und Wüsten, vom Pazifik bis zum Ural kann man die wundersame Geschichte vom verschwundenen heiligen Volk hören. Und das Echo dieser Geschichte reicht sogar bis weit jenseits des Urals.[11]

In der tibetanischen Legende heißt es, dass das Königreich Agartha vom ›König der Welt‹ beherrscht wird, der der Menschheit in einem letzten Kampf des Guten gegen das Böse erscheinen wird. Diese Legende wurde populär durch den polnischen Schriftsteller Ferdinand Ossendowski (1876-1945), in dessen Buch *Beasts, Men and Gods* (Tiere, Menschen und Götter).[12] Ossendowski unternahm in den zwanziger Jahren weite Reisen in Zentralasien.

Der Mythos von Agartha wurde auch weiterverbreitet durch Robert Ernst Dickhoff in seinem Buch *Agartha*. Er behauptete, dass dieses unterirdische Reich vor etwa 80.000 Jahren von Marsbewohnern gegründet worden sei. Die unterirdischen Tunnel sollen sich von der Antarktis nach Tibet, Brasilien und bis zu den Inseln des Pazifik erstrecken. Es gebe vermutlich auch einen geheimen unterirdischen Stützpunkt für UFOs, ›Rainbow City‹ genannt.

Interessanterweise erzählte der indische Weise Ramana Maharshi Paul Brunton, dass er Visionen von Städten unter dem heiligen Berg Arunachala habe, wo er als Erwachsener seinen ständigen Wohnsitz hatte. Er fügte jedoch geflissentlich hinzu, dass diese Städte auch nicht realer seien als die überirdischen, die das universelle Selbst sich konstruiert.[13]

Der oben erwähnte Zeitungsartikel berichtete ferner, dass die Kommunisten mit einer ähnlichen Unterwanderung in Bulgarien Erfolg gehabt hatten, wo sie nach Peter Deunovs Tod im Jahre 1944 dessen spirituelle Bewegung übernommen hatten. Dann schickten sie 47 ›Emissäre‹ nach Paris, um sich Aïvanhovs Ableger der Bewegung zu bemächtigen. Dieser taktische Schachzug scheiterte jedoch, weil Aïvanhov und seine getreuen Schüler der Unterwanderung tapfer widerstanden.

Dann kam Lind persönlich aus den Vereinigten Staaten, um Aïvanhov aus seiner Position zu vertreiben. Als auch er auf entschlossenen Widerstand stieß, initiierte er eine Verleumdungskampagne, indem er unter der Hand verbreiten ließ, dass Aïvanhov sich jungen Frauen gegenüber unsittlich verhalten habe. Mehrere Frauen erstatteten sogar Anzeige bei der Polizei. Dies führte zu Aïvanhovs Verhaftung und Verurteilung. Im Artikel hieß es ferner: »Die französische Polizei ist nun überzeugt, dass die Zeugenaussagen, aufgrund derer er verurteilt worden war, von kommunistischen Agenten fingiert worden waren, um Ivanoff [Aïvanhov] aus dem Weg zu schaffen. Die Polizei sucht nun fieberhaft den ›König der Welt‹, um ihm einige Fragen zu stellen.« Lind starb und war bald vergessen. Aïvanhovs Werk überlebte nicht nur den Anschlag, sondern wuchs und gedieh in den folgenden Jahren.

1960 wurde sein Fall noch einmal gerichtlich aufgerollt und sein Name wurde rehabilitiert. Seine früheren Rechte wurden ihm wieder zugesprochen, aber die französische Staatsbürgerschaft, um die er nachgesucht hatte, wurde ihm immer noch nicht erteilt. Tatsächlich kam die Staatsbürgerurkunde erst nach seinem Tod an seine Adresse. Er sollte wohl zu Lebzeiten keinem Land angehören; er sah sich ja selbst auch immer als Kosmopolit.

EINE REISE NACH INDIEN

Im März 1959 machte sich Aïvanhov auf den Weg in den Osten. Er reiste über Japan, Taiwan, Hongkong, Thailand und Sri Lanka nach Indien, wo er ein Jahr verbrachte. Dies war jedoch keine Sightseeing Tour zu seinem persönlichen Vergnügen, sondern eine Pilgerreise, ein wesentlicher Abschnitt seiner geistigen Arbeit.

In Indien suchte er das ›ashrama‹ von Sri Ramana Maharshi auf, wo er von Ramanas Schülern als Meister der westlichen Welt anerkannt und willkommen geheißen wurde. Ohne Zögern wurde ihm das seltene Privileg gewährt, in Ramanas Raum, der nun als Tempel angesehen wurde, zu meditieren. Ramana Maharshi – Maharshi bedeutet ›großer Prophet‹ – war einer der größten Weisen im modernen Indien. Obwohl Ramana Maharshi 1950 im Alter von 71 Jahren verstarb, kann man seine geistige Gegenwart in seiner Einsiedelei immer noch spüren, vor allem in seinem Raum, der regelmäßig von seinen Schülern gepflegt wird. Aïvanhov erwähnte, dass er dort die Gegenwart Ramanas gespürt habe.

Ramana wurde bei uns bekannt durch Paul Brunton, einem frühen Pionier des Ost-West-Dialoges. Aïvanhov und Brunton begegneten sich übrigens, und Brunton war glücklich darüber, dass er einige Zeit mit Aïvanhov in dessen Garten im Bonfin hatte zubringen können. Brunton äußerte die Absicht, über Aïvanhov zu schreiben, aber er starb bald nach ihrer Begegnung im Jahre 1981.

Eine denkwürdige Begegnung war jene mit Neemkaroli Baba. Dieser lebte damals zurückgezogen, sandte aber einen Schüler zu Aïvanhov und ließ ihm ausrichten, dass er ihn besuchen werde. Sie verbrachten schließlich mehrere Tage miteinander. Zum Zeichen, dass er Aïvanhov als Meister anerkannte, verlieh Neemkaroli ihm ehrenhalber den Namen Omraam. Dieser Name besteht aus zwei berühmten Sanskrit Mantras: ›Om‹ und ›Ram‹. Das Erstere ist das heiligste Mantra der Hindus. Es bezeichnet das Absolute oder Göttliche. Die Silbe ›Ram‹, die um der korrekten Aussprache willen auf Französisch ›Raam‹ geschrieben wird, ist das Mantra für das Feuerelement.

Wir haben bereits über Aïvanhovs Verbindung zum Feuer gesprochen. Seine Verbindung zur Sonne wird mit der Silbe ›Om‹ unterstrichen, welche das alles durchdringende spirituelle Licht bezeichnet, das seine physische Entsprechung in der Sonne als Symbol hat. Aïvanhov erklärte seinen Einweihungsnamen folgendermaßen:

> Der Name OMRAAM, der mir in Indien gegeben wurde, entspricht den beiden Prozessen ›Solve‹ (Auflösung) und ›Coagula‹ (Gerinnung): OM löst alle Dinge auf, macht sie subtil und fein, und RAAM materialisiert sie. Der Name OMRAAM ist also das Symbol für den Prozess der Verfestigung, das Symbol für die nicht sichtbare, nicht greifbare Idee, die sich auf der Erde inkarnieren muss, so dass die ganze Welt sie sehen und mit ihr in Berührung kommen kann.[14]

Aïvanhov traf außerdem mit Ananda Mayi Ma zusammen, einer bemerkenswerten, weisen Frau. Sie wird von Zehntausenden von Hindus als Inkarnation (oder ›avatara‹) des Göttlichen verehrt. Aïvanhov traf auch den berühmten Swami Shivananda von Rishikesh, ein ehemaliger Arzt, der seinen Beruf aufgab und seine Heilkraft für die Herzen der Menschen einsetzte. Leider wissen wir nichts Näheres über diese Begegnungen.

Aïvanhov besuchte auch Swami Nityananda, den Lehrer des weltbekannten Swami Muktananda, der 1983 starb. Nityananda saß da, umgeben von seinen Schülern, nur mit einem Lendentuch bekleidet. Als er Aïvanhov erblickte, schloss er seine Augen und versank in eine lange Meditation. Als er seine Augen wieder öffnete, richtete er an Aïvanhov in gutem Englisch folgende Worte: »Ihm wurde ein reines Herz, Frieden in seiner Seele und alle Macht gegeben.« Dann nannte Nityananda den Namen eines alten Hindu-Weisen und erklärte, dass Aïvanhov eine Reinkarnation dieses großen Yogi sei. Vermutlich war es eben dieser Weise, der mehrere Sanskrit-Bücher geschrieben hat. Peter Deunov erwähnte seinem Schüler gegenüber einmal, dass er, Aïvanhov, vor langer Zeit Bücher in Indien verfasst habe, die er wiederentdecken würde. Aïvanhov gab nie den Namen des Weisen preis.

Viel von seiner Zeit in Indien verbrachte Aïvanhov allein in Meditation in der Ruhe abgeschiedener Orte oder Tempel. So konnte er sich ungestört mit der unsichtbaren Wirklichkeit verbinden.

Das Leben der großen Magier hat seinen Sinn nicht nur darin, ihr eigenes Karma zu bearbeiten, sondern sich für das geistige Wohlergehen aller Menschen dieses Planeten einzusetzen. Für uns, die wir immer in unseren eigenen Sorgen und unserem hektischen Treiben gefangen sind, ist so ein Seinszustand schwer vorstellbar. Wir haben wenig Ahnung von der Art der Arbeit, die die Weisen schweigend leisten. Wir neigen dazu, nur auf ihr äußeres Tun zu achten und fällen dann schnell ein Urteil über sie.

So sind die Weisen Indiens typischerweise von Bewohnern des Westens und von Indern, die eine Erziehung westlicher Prägung durchlaufen hatten, kritisiert worden. Ihre scheinbare Untätigkeit und ihr Schweigen wurden als Ausdruck von Gleichgültigkeit und vielleicht sogar Trägheit angesehen, was als unentschuldbar gilt angesichts der großen wirtschaftlichen Not in Indien. Solche Kritiker vergessen jedoch, dass die Weisen ihre eigenen individuellen Aufgaben zu erfüllen haben. Nicht jeder Weise ist ein politischer Aktivist wie Mahatma Gandhi oder ein Philosoph wie Sri Aurobindo. Einige, wie Ramana Maharshi, haben die Aufgabe, einfach nur da zu sein – ein kraftvolles Symbol der spirituellen Wirksamkeit von Stille und ein starker Kanal für das göttliche Licht. Nicht jeder erleuchtete Adept ist zum Lehrer berufen. Wenige sind dazu ausersehen, als Adept die Verantwortung für das Leben Tausender zu übernehmen, wie das bei Omraam Mikhaël Aïvanhov der Fall war.

Aïvanhovs bedeutendste Begegnung war zweifellos die mit dem legendären Adepten Babaji im Himalaya. Zuerst traf er einen Schüler dieses großen Meisters namens Hanuman Baba. Er war der Priester von Babajis Tempel in Nainital. Auf Geheiß seines Gurus hatte Hanuman ein Schweigegelübde für mehrere Jahre abgelegt, und so kommunizierte er mit Aïvanhov auf einer Schiefertafel in englischer Sprache. Sie verbrachten mehrere Tage miteinander, manchmal bis zwei oder drei Uhr morgens. In der Folgezeit besuchte Aïvanhov zweimal Babaji persönlich; was sich jedoch zwischen ihnen abspielte, wird nie bekannt werden. Er traf Babaji am 17. Juni 1959, in den Bergen von Almora, wo Aïvanhov im Hause eines amerikanischen Auswanderers weilte. In Almora traf er auch den in Deutschland geborenen tibetanischen Lama Anagarika Govinda, der 1985 verstarb. Zwischen Aïvanhov und dem Lama entwickelte sich eine enge Freundschaft. Anscheinend hielt Govinda sogar eine magische Zeremonie für seinen neu gewonnenen Freund ab.

Als Aïvanhov im Februar 1960 aus Indien zurückkehrte, war er ein anderer Mensch. Die Wandlung war so tiefgreifend, dass sogar seine Gesichtszüge deutlich davon betroffen waren. Mehrere Schüler waren nach Orly gekommen, um ihn bei der Ankunft zu begrüßen. Seine Veränderung war ein Schock für sie. Einer seiner Schüler beschrieb nicht ganz ohne Pathos diesen Augenblick:

> Er ist da. Große Verblüffung. Wir sind sprachlos und starr vor Staunen in diesem historischen Moment. Er ist nicht mehr der Gleiche! Sogar seine Nase ist anders! Es gab keinen Zweifel, er war das Abbild seines Meisters Peter Deunov. Er sah so aus, wie wir uns die großen Eingeweihten der Welt vorstellen und bewies, dass sie alle das gleiche Vorbild hatten. Das Kind, das ich in meinen Armen hielt, rief: »Das ist Moses.« Er war Moses.[15]

Aïvanhov sah bei seiner Rückkehr aus wie der archetypische Prophet, ein Spiegelbild seines eigenen Lehrers. Von da an war er nicht mehr Bruder Mikhaël sondern Omraam Mikhaël Aïvanhov. Seine Schüler fühlten eher seine tiefe Wandlung als dass sie sie verstanden und erkannten ihn als Meister an, als Mittler des Göttlichen, dem man größten Respekt zollen musste.

Er hatte es die ganze Zeit über immer abgelehnt, von seinen Schülern als Meister tituliert zu werden. Er hatte sich immer als ihr Mitschüler seines eigenen Lehrers betrachtet. Nun war alles anders. Seine Schüler bestanden darauf, ihm gebührenden Respekt zu erweisen, und schließlich akzeptierte er es, dass sie ihn Meister nannten. Er erklärte sein Widerstreben folgendermaßen:

> In Wirklichkeit wird ein wahrer Meister euch nie sagen, dass er ein Meister ist; er wird es euch fühlen

und begreifen lassen, denn er hat es nicht eilig, erkannt zu werden. Ein falscher Meister dagegen hat, sobald er sich als solcher ausgibt, nichts anderes im Sinn, als sich den anderen aufzudrängen.[16]

Ein wahrer Meister, so erklärte er, ist einer, der die Wahrheit kennt, mit den Gesetzen und Prinzipien der Existenz durch und durch vertraut ist und sie aufrecht erhält. Er hat auch den Willen und die Fähigkeit, sein Innenleben zu kontrollieren und setzt dies nur dazu ein, »alle guten Eigenschaften und Tugenden selbstloser Liebe zu offenbaren.«[17] Kurzum, ein wahrer Meister ist an seiner Selbstlosigkeit zu erkennen.

Selbstlosigkeit ist selbstlose Liebe, die, innerhalb des bekannten Universums, für Aïvanhov ihre Krönung in der Sonne findet. »Das Licht,« bemerkte er einmal, »ist deshalb so schnell, weil es selbstlos ist.«[18]

Und so sagte er auch:

> Der Einweihungsschüler strebt als Ideal an, sich von allen Beschränkungen zu befreien, alle Fesseln abzustreifen, um zu werden wie das Licht.[19]

Die Beschränkungen, an die Aïvanhov dachte, sind die Grenzen, die von der Personalität, dem Ego, gesetzt werden und die es dem normalen Menschen praktisch unmöglich machen, die Dinge so zu sehen wie sie wirklich sind und in harmonischem Gleichklang mit der absoluten Wirklichkeit zu denken, zu fühlen und zu handeln.

Ein Meister, der sein Ego unter Kontrolle hat, harmoniert mit dem Göttlichen. Deshalb wird sein Handeln grundsätzlich durch selbstlose Liebe bestimmt. Seine Selbstlosigkeit ist so makellos wie nur irgend möglich in der Schöpfung. Es gibt nur einen Teilbereich, in dem sich Egoismus zeigt, nämlich darin, dass der Meister Wert darauf legt, den göttlichen Willen zu erfüllen und die spirituelle Entwicklung von Menschen zu fördern. Aber, wie Aïvanhov in einem Vortrag im Juli 1973 anmerkte, kann man dieses Interesse kaum als Egoismus bezeichnen.

Auf Einladung einer Hindufamilie kehrte Aïvanhov im Frühjahr 1982 für drei Monate nach Indien zurück. Durch ihre Vermittlung traf er den ›kleinen Babaji‹, einen Heiligen, der Aïvanhov als Meister würdigte und, wie berichtet, die Göttinnen Durga und Lakshmi zu seiner Rechten und Linken sah, die ihm ein ›Geschenk‹ für alle Frauen überreichten. Er erwähnte nie, worin dieses Geschenk bestand.

EIN MEISTER UND SEINE SCHÜLER

Was ist eigentlich ein geistiger Meister? Aïvanhov stellte diese unvermeidliche Frage in einem Vortrag im Juli 1947. Er sagte, dass die wirklich großen Meister die Welt erneuern durch ihre Lehre der Liebe und des Friedens. Er sprach von ihrer Macht, Naturkräfte zu entfesseln, die die Erde verwüsten, obwohl es ihr Ziel ist, den Einzelnen und die gesamte Menschheit durch Liebe und Geduld zu verändern.

Aïvanhov antwortete auf die gleiche Frage noch eingehender kurz nach seiner Rückkehr aus Indien. Er betonte in diesem Zusammenhang, dass ein Meister, bis auf einen Punkt, ein Mensch ist wie jeder andere: Er fühlt Hunger und Durst und blutet, wenn er sich schneidet. Was ihn jedoch als Meister unterscheidet, ist die Tatsache, dass »er vollkommene Selbstbeherrschung erreicht.«[20] Er ist in erster Linie ein Meister seiner Personalität.

Eine von Aïvanhovs ersten Schülerinnen, Frida Théodosy, erinnerte sich daran, wie sie einigen ihrer Mitschüler regelmäßig im Garten des Meisters Gesangsunterricht gab. Eines Tages war sie früher dran als sonst und erblickte Aïvanhov, wie er an einem Tisch im Garten saß und mit einigen Schülern das Mittagessen einnahm. Das Bild ihres Lehrers, der sich mit einer so profanen Tätigkeit abgab, überraschte sie, und sie hing eine Weile dem Gedanken nach, dass sogar ein Meister nicht ohne Essen auskommt.

Kurz darauf kam Aïvanhov in ihr Zimmer und sagte freundlich zu ihr: »Ein Meister muss essen, trinken und schlafen wie jeder andere auch. Der Unterschied liegt darin, dass er seine Zellen unter Kontrolle hat, dass er die Anweisungen gibt; sein Bewusstsein ist viel weiter. Das ist alles.«[21]

Aïvanhovs nüchterne Worte sollten die verbreitete stereotype Auffassung korrigieren, dass große Adepten nahezu körperlose Wesen seien, die von Luft allein leben, und die weder die Bedürfnisse noch die Versuchungen ihrer Mitmenschen kennen. Während ihr inneres Leben zwangsläufig verfeinert ist, so sind sie nichtsdestoweniger Menschen und sind somit dem Einfluss der Körperlichkeit ausgesetzt.

Jedoch ihre Meisterschaft zeigt sich darin, wie sie mit diesen Regungen umgehen. Sie sind Meister der Selbstüberwindung, was bedeutet, dass sie den gröberen inneren Wünschen nicht erliegen und auch selten den feineren Regungen der Personalität, wie zum Beispiel Stolz und Eigensinn, nachgeben. Sie sind wirklich zentriert, und körperlich bedingte Reize spielen nur eine periphere Rolle in ihrem Leben.

Ein Meister kennt die Gesetze der unsichtbaren Welt und befolgt sie. Er hält sich an die höheren Prinzipien der Existenz. Seine Gedanken, Worte und Handlungen werden durch seine freiwillige Unterwerfung unter das Göttliche geprägt. Ob Aïvanhov redete, spazieren ging, lächelte, aß, schlief, meditierte oder einer anderen der zahlreichen menschlichen Beschäftigungen nachging, er tat dies mit einer Ausschließlichkeit und Konsequenz, die aus dem Alltäglichen das Besondere machte. Seine Schüler erinnern sich daran, dass er immer voll bei der Sache war, egal womit er sich beschäftigte, und dass dies seiner Tätigkeit eine ungewöhnliche Kraft und Anmut verlieh.

Etwas von dieser eleganten Einfachheit kommt auch in den Videoaufnahmen von Aïvanhov zum Ausdruck. Er betritt den Vorlesungssaal mit entschlossenen Schritten, greift seinen Stab mit fester Hand. Sein Gesichtsausdruck ist ernst und gefasst. Er hebt seine rechte Hand und segnet jeden feierlich und bewusst. Seine Rede fließt und vermittelt das Wissen, das er durch seine eigene geistige Arbeit und sein überpersönliches Engagement erworben hat. Seine von seinem Charisma geprägten Worte faszinieren seine Schüler. Er lächelt und strahlt dabei eine große Güte aus, die den ganzen Saal zu füllen scheint. Oder er bricht in ein ansteckendes, dröhnendes Lachen aus. Er sammelt wieder seine Energien. Seine Augen scheinen in die Unendlichkeit zu blicken, und eine körperlich spürbare Stille senkt sich auf alle herab, eine Stille, die sogar im Videofilm authentisch vermittelt wird.

Zen-Schüler werden ohne Schwierigkeit vor sich einen vollkommenen Zen-Meister sehen. Yoga-Schüler werden in Aïvanhov ohne Zweifel einen großen ›siddha‹, einen Adepten des Yoga erkennen. Schüler der Magie werden in ihm einen Magus ersten Ranges sehen. Aber hinter all der Kraft und dem Charisma spüren wir eine wunderbare, kindliche Einfachheit, spüren wir Güte, Ehrlichkeit und Ehrfurcht vor Gott. Diese Eigenschaften Aïvanhovs sind es, die den sensiblen Menschen besonders ansprechen. Man denkt unwillkürlich an den Ausspruch des Sufi-Adepten Abu Sa'id Ibn Abi'l Khayr:

> Der wahre Heilige geht ein und aus unter den Leuten und isst und schläft mit ihnen, kauft und verkauft Dinge auf dem Markt, heiratet und nimmt am Sozialleben teil und vergisst Gott dabei keinen einzigen Augenblick.[22]

»Wahre Mystiker,« bemerkte Aïvanhov, »sind vernünftige, normale Menschen, deren Verhalten, Gestik und Aussehen gesittet und harmonisch ist.«[23] Anders als manche Lehrer, die sich in abgelegenen Zufluchtsorten verbergen oder die sich mit einem geheimnisvollen Schleier umgeben, war Aïvanhov für seine Schüler immer erreichbar.

Er handelte mit himmlischen Gütern und hoffte immer, dass einige seiner Schüler in seinem göttlichen Laden tüchtig einkaufen würden. Er arbeitete hart, um wenigstens ein paar Menschen dafür zu gewinnen, sich dem spirituellen Prozess voll und ganz zu widmen, so wie er es getan hatte. Einmal stellte er folgenden Vergleich an:

> Ja, meine lieben Brüder und Schwestern, ihr könnt mich mit Stradivari vergleichen: auch ich will Geigen bauen, aber dafür kann ich nicht jedes Holz und jeden Lack verwenden, denn ich will Geigen schaffen, auf denen der Himmel seine Melodien spielen kann, das heißt Brüder und Schwestern, die gleichermaßen empfindsam und standhaft sind, sonst verliere ich nur meine Zeit. Jeder hat ein Ziel in seinem Leben, und mein Ziel ist nicht, alle Welt hier anzuziehen, sondern Arbeiter für das Reich Gottes auszubilden.[24]

Aïvanhov scheute keine Mühe, eine solche Veränderung in seinen Schülern zu bewirken. Seine Geduld war anscheinend unerschöpflich. Obwohl seine Lehre auf Liebe und Mitgefühl aufbaute, so konnte er dennoch zaudernde Schüler hart herannehmen. Dazu erklärte er:

> Ein Meister hat nicht nur die Aufgabe, viel Liebe und Sanftmut zu zeigen, er muss auch streng sein und seinen Schülern gewisse Wahrheiten sagen, damit sie vorankommen und Fortschritte machen. Egal ob es den Schülern gefällt oder nicht! Wenn ich mich auch noch um eure Reaktionen und eure Mei-

> nungen von mir kümmern müsste, würde ich nie irgendetwas ausrichten. Einige haben mir gestanden, dass sie mich hassten, als ich ihnen ihre Schwächen aufzeigte. Sie können mich ruhig hassen, das macht nichts, ich habe einen Schutzpanzer. Aber wenn ich ihnen helfen will, muss ich sie durchrütteln.[25]

Und er fuhr fort:

> Von mir aus würde ich euch gerne angenehm sein, aber ich habe auch meine Pflichten und meine Verantwortung. Außerdem ist ein Meister, der beide Augen zudrückt, nicht nützlich.[26]

Der typische Schüler möchte von seinem Lehrer immer Nettigkeiten hören, möchte geschmeichelt und umworben werden und wünscht sich eine Sonderbehandlung. Auf diese Weise zeigt sich im Normalfall die noch nicht erleuchtete, eigennützige Personalität. Es ist des Meisters heilige Verpflichtung, solchen Erwartungen entgegenzuwirken, und seine Schüler immer daran zu erinnern, dass es im spirituellen Leben darum geht, das Ego zu überwinden, anstatt es zu streicheln und zu hätscheln. Damit die Lehrer-Schüler Beziehung Früchte trägt, muss sich sowohl der Meister als auch der Schüler in gleicher Weise der Wahrheit verpflichtet fühlen.

Aïvanhov verglich seine Rolle mit der eines Zahnarztes, der manchmal einem Patienten wehtun muss, um bohrende Zahnschmerzen zu beseitigen. Er sah es als seine Pflicht an, die Schüler nicht sich selbst zu überlassen, sondern sie wachzurütteln und sie an ihr höheres Ziel zu erinnern.[27] Es war seine Aufgabe, seinen Schülern so ›auf die Nerven zu gehen‹, dass sie sich veranlasst sehen, an ihrem Charakter zu arbeiten und ein anderes Leben zu führen.[28] Er sagte:

Ich werde eure Personalität ganz gewiss nicht befriedigen. Ihr seid deswegen verärgert und unzufrieden mit mir, nicht wahr? Das ist sehr bedauerlich. Ich möchte nämlich dem Geist in euch Nahrung geben, dem Göttlichen, das halbtot in einer Ecke liegt, weil sich niemand seiner annimmt.[29]

In unserer westlichen Gesellschaft, in der das Ego den höchsten Stellenwert besitzt, ist die Aufgabe eines geistigen Lehrers überaus schwierig. Aïvanhov war sich dessen wohl bewusst. Er stellte einmal fest:

Ich weiß, dass ich jedes Mal, wenn ich jemanden zurechtweise, ein großes Risiko eingehe. Wenn er beim Rundfunk arbeitet, bringt er eine Sendung gegen mich. Ist er Journalist, schreibt er einen Artikel, um mich schlecht zu machen. Ist er Maler, wird er mich karikieren. Ich bin mir dessen völlig bewusst, aber ich nehme alles in Kauf, wenn ich ihm nur zur Klarheit verhelfen kann. Ich selbst zähle dabei nicht: ganz egal, ob er mein Feind wird. Ich tue es nur zu seinem Besten, das ist alles. Wenn die Ereignisse mir nach Jahren Recht geben, wird er sich daran erinnern und einsehen, dass ich sein Bestes wollte.[30]

Aïvanhovs geschickte Verknüpfung von konstruktiver Kritik und Einfühlungsvermögen lässt sich am besten an folgendem Beispiel aufzeigen. Während seines Aufenthalts in Los Angeles bat er eine langjährige Schülerin, eine Gruppe von Leuten auf ihre erste Zusammenkunft mit ihm vorzubereiten. In der Gruppe befand sich auch ein bekannter Schauspieler. Da sie beim Vorbereitungstreffen möglichst gut aussehen wollte, kleidete sie sich nach Hollywood-Art. Als sie zurückkam und freudig erregt Aïvanhov berichtete, dass die Neuen sehr aufgeschlossen gewesen seien und dem Treffen mit ihm gespannt entgegensähen, erhielt sie statt Lob eine herbe Zurechtweisung von ihrem Lehrer. Aïvanhov war regelrecht wütend. Er machte ihr ihre überspannte Kleidung zum Vorwurf, die für diese Gelegenheit absolut unpassend sei. Er meinte, die asymmetrische Bluse und die Fransen an ihrer Hose machten einen unharmonischen Eindruck und würden nicht zur Hebung ihres Bewusstseins beitragen.

Aïvanhov sagte der Frau, er habe bemerkt, dass sie häufig Kleidung trage, die völlig unharmonisch sei und zu einer Einweihungsschülerin nicht passe. Dann änderte er plötzlich seinen Tonfall und fragte: »Sagen Sie mir, weshalb tun Sie das?« Die Schülerin antwortete: »Weil es mir Spaß macht, Meister.« Aïvanhov entgegnete: »Sie haben die einmalige Gabe, den Menschen Freude zu bereiten. Falls Ihnen dezentere Kleidung diesen Spaß verderben sollte, dann lassen sie sie so wie sie ist.« Er drehte sich um und verließ den Raum.

Die Schülerin geriet durch diese unerwartete Attacke und die anscheinend widersprüchlichen Botschaften ins Wanken. Sie sah ihre Garderobe durch und fand, dass sie nur sehr wenige Kleider besaß, die den Kriterien ihres Lehrers entsprachen. Obwohl Aïvanhov ihr klar erlaubt hatte, sich so zu kleiden wie sie wollte, vorausgesetzt sie würde ihre Fröhlichkeit nicht verlieren, fand sie jetzt, dass sie ihren Kleiderfimmel eigentlich aufgeben sollte. Dennoch war sie nicht im Geringsten verärgert, denn sie fühlte, dass sie die freie Wahl hatte. So hatte Aïvanhov es in seiner Weisheit erreicht, dass sie sich in passender Weise kleidete und dabei weiterhin ihre Lebensfreude zum Ausdruck brachte.

Während Aïvanhov bei langjährigen Schülern kein Blatt vor den Mund nahm, ging er mit Neuankömmlingen sehr taktvoll und gütig um. Er erkannte, dass sie einen schützenden Arm brauchten, damit sie sich sicher fühlten, bis sie schließlich verstanden, welche Rolle er in ihrem Leben spielte.

Menschen kommen aus allen möglichen Gründen zu geistigen Meistern. Es gibt jedoch nur einen Grund, der einen solchen Besuch rechtfertigt: Es ist der Wunsch, die Zugbrücke der Burg, in der sich das Ego verschanzt hat, herunterzulassen und der Höheren Wirklichkeit oder dem Göttlichen Einlass zu gewähren. Die Aufgabe des Lehrers besteht darin, den Schülern dabei zu helfen, ihre Abwehrhaltung gegen den Geist abzubauen und sie mit seinem Segen regelrecht zu überschütten. Der Segen eines wahren Meisters ist von unschätzbarem Wert.

Unsere postmoderne Gesellschaft hat seit langem die Kraft und Bedeutung des Segens vergessen. Das alte »helf Gott« und das moderne »Gesundheit«, das wir zu jemandem sagen, wenn er niest, ist ein bedeutungsloses Ritual geworden, eine bloße Parodie authentischer Segnung, welche immer eine Übertragung von Kraft bedeutet.

Wenn Aïvanhov seine Schüler mit erhobener Hand segnend grüsste, beging er eine heilige Handlung. Nur ein anderer Meister oder ein Hellseher hätte sehen können, dass diese symbolische Geste wirklich mit einer Übertragung geistiger Energie einher ging. Es war, was man in Sanskrit als ›mudra‹ (Siegel) bezeichnet, wodurch er die Ebene seiner Beziehung zu den Anwesenden zum Ausdruck brachte und wodurch er sein Gefühl bruderschaftlicher Verbundenheit unterstrich.

Aïvanhovs Blick diente einem ähnlichen Zweck und der Übertragung von Einweihungsenergie. Eine Schülerin erinnert sich daran, wie entmutigt sie war durch ihre eigene Unzulänglichkeit angesichts der harmonischen und friedlichen Atmosphäre, die bei ihrem ersten Besuch im Bonfin deutlich spürbar war. Dann vermittelte ihr der Blick des Meisters eine andere Perspektive:

> Als wir vom Gebet aufstanden, um Meister Aïvanhov zu grüßen, blieb er unmittelbar vor mir stehen, blickte mich direkt an, bzw. sah direkt in mich hinein. Dann geschah etwas – jenseits von Raum und Zeit. Ich hörte mich sagen: »Ja, ja, ich mache mich wieder an die Arbeit.« Einen Augenblick lang fragte ich mich, ob ich laut gesprochen hatte. Frage und Antwort schienen sich zu überlagern.[31]

Diese Schülerin verstand die Botschaft des Lehrers und, anstatt in Lethargie zu verfallen, machte sie sich verstärkt an die innere Arbeit. Mehrere Tage darauf, nach der morgendlichen Meditation auf dem Felsen, blieb Aïvanhov kurz vor ihr stehen, quittierte ihre geistigen Anstrengungen mit einem leichten Nicken. Er vermied jedoch mit Bedacht jeglichen Augenkontakt mit ihr, der nur ihrem Ego, das auf Anerkennung wartete, geschmeichelt hätte. Eine weitere nützliche Lektion.

Wir sprechen vom Auge als dem Spiegel der Seele. In einem seiner frühesten Vorträge erklärte Aïvanhov: »An den Augen lassen sich Weisheit und Güte eines Menschen, all das in seiner Seele Verborgene ablesen.«[32] Wir werden von der äußeren Erscheinung der Dinge beeinflusst. Ob wir es wahrhaben oder nicht, wir reagieren instinktiv auf Bilder der Gewalt ebenso wie auf Bilder der Schönheit. Die Augen von Eingeweihten vermitteln die absolute Wahrheit, und Adepten haben die Urkraft des Blickes schon immer eingesetzt, um Schüler einzuweihen oder sie zu ermutigen oder zu warnen.

Ein Blick eines Meisters genügt, um die Schleusen der Tränen der Reue zu öffnen, tiefe Freude im Herzen eines Schülers auszulösen oder die üblen Absichten einer Person zu blockieren, bevor sie in die Tat umgesetzt werden. Ein Blick kann auch genügen, um die Gesundheit eines kränkelnden Schülers wiederherzustellen.

HEILER DER HERZEN

Es gibt Berichte über Heilungen durch viele, wenn nicht sogar durch die meisten geistigen Lehrer. Aïvanhov ist keine Ausnahme. Wie sein Lehrer Peter Deunov bewirkte er viele wundersame Heilungen, immer aus Liebe und Mitgefühl. Er beschrieb diese Arbeit einmal auf humorvolle Weise:

> Ihr wollt wissen, was ein Eingeweihter mit seinem Gold macht? Nehmen wir ein Beispiel: Wenn jemand krank ist, beweist dies, dass er Fehler begangen hat, für die er bezahlen muss. Wenn ich nun den himmlischen Wesen sage: »Ich schätze diese Person, weil sie Gutes für die Bruderschaft getan hat. Wie viel ist sie schuldig?« Und dann bezahle ich, und die betreffende Person ist geheilt. Ja, das sind Tatsachen. Mit diesem Gold kann man für einen anderen bezahlen und ihn heilen.[33]

Er wollte dabei nicht seine Fähigkeiten als Heiler herausstellen, sondern die geistige Symbolik von Gold. Wir müssen alle bezahlen für unsere tadelnswerten Absichten und Handlungen, aber wenn wir genügend geistiges Gold angehäuft haben, überstehen wir dies mit geringem Schaden für unser physisches und mentales Wohlergehen. Ein Meister hat ein geistiges Bankkonto, das groß genug ist, um für die Vergehen einiger Schüler bezahlen zu können.

Eine Schülerin hatte sich einmal schlimm den Knöchel verstaucht und musste nach Hause getragen werden. Sie stellte sich auf mehrere Tage Bettruhe ein. Um zehn Uhr abends verschwanden ihre Schmerzen plötzlich. Ihr Knöchel war vollkommen geheilt. Sie war sich sicher, dass Aïvanhov die Heilung aus der Ferne herbeigeführt hatte, denn er hatte von ihrem Unglück erfahren. Als sie ihn am nächsten Tag sah, dankte sie ihm für seine Einflussnahme. Aïvanhov erwiderte: »Es tut mir leid, dass ich nicht vor zehn Uhr dazu kam. Ich war bis dahin mit etwas anderem beschäftigt.«[34]

Aïvanhovs Heilkraft erstreckte sich sogar auf den Bereich der Mechanik. Eines Tages waren er und einige Schüler mit dem Auto in den Pyrenäen unterwegs. Sie trafen auf einen Lastwagen, der wegen einer Panne eine enge Straße versperrte. Anscheinend war das Schaltgetriebe defekt. Aïvanhov stieg aus und besah sich das defekte Teil, obwohl es jedem klar war, dass er nichts von Motoren oder vom Schaltgestänge verstand. Dann meinte er plötzlich, der LKW-Fahrer solle es doch noch einmal versuchen. Der Mann wehrte frustriert ab und sagte, dass er das Gestänge schon zerlegt habe und es nicht habe reparieren können. Aïvanhov überredete den Fahrer sanft. Der Mann kletterte hinters Steuerrad, startete den Motor, und zu seinem großen Erstaunen bewegte sich der Lastwagen. Er fuhr gerade so weit an den Straßenrand, dass Aïvanhovs Wagen vorbeifahren konnte.[35]

Renards Buch berichtet von weiteren wundersamen Begebenheiten dieser Art. Sie zeigen, dass Aïvanhov ein Magus ersten Ranges war. Selbst wenn einige dieser Berichte über Aïvanhov Übertreibungen und Verfälschungen enthalten mögen, können wir ihnen im Prinzip doch Glauben schenken. Wunder sind aus dem Leben der meisten Heiligen nicht wegzudenken.

Aus der Yogatradition zum Beispiel sind eine ganze Reihe von paranormalen Kräften (›siddhis‹) bekannt. Viele davon sind im Yoga-Sutra von Pantanjali aufgeführt, dem Standardtext des Raja-Yoga. Einige dieser Wundertaten sind recht spektakulär, während andere auf der physischen Ebene unserer Existenz gar nicht möglich sind und den höheren Bereichen unserer Existenz zuzurechnen sind. Die Macht zu unendlicher Ausdehnung oder zur Schrumpfung auf die Größe eines Atoms, zum Beispiel, kann sich nicht auf den physischen Körper beziehen. Aber dies macht solche Fähigkeiten nicht weniger atemberaubend. Die moderne Parapsychologie hat gerade erst begonnen, an der Oberfläche dessen zu kratzen, was die esoterische Überlieferung für möglich hält und als normale Erfahrung unter Eingeweihten ansieht.

Von jeher haben die indischen Dorfbewohner den Yogis großen Respekt entgegengebracht, denn sie gelten nicht nur als geistige Persönlichkeiten, sondern auch als machtvolle Magier. Zeitweise konnte ihre geistige Reinheit jedoch nicht mit ihrem magischen Geschick mithalten. In solchen Fällen machten die Dorfbewohner einen großen Bogen um sie herum aus Angst, der durchdringende Blick des Adepten könnte Unglück über sie bringen.

Im Falle von Aïvanhov bestand kein Anlass zu solcher Angst. Er war ein weißer Magier. Nichts hätte ihm ferner liegen können, als einem anderen Wesen absichtlich Leid zuzufügen. Er war vielmehr stets darum bemüht, das Gute in sich selbst und in anderen zu wecken.

Obwohl über viele Wunder Aïvanhovs berichtet wird, hat er ihnen selbst keinen großen Wert beigemessen. In einem Vortrag sagte er einmal:

> Man kann die Leute heilen, man kann die Toten auferwecken... aber dann beginnen sie nur wieder von vorn mit den gleichen Fehlern, den gleichen Krankheiten. Das wahre Wunder besteht darin, eine Seele zu retten, indem man sie mit Licht erfüllt, so dass sie nicht mehr sündigt; das wahre Wunder besteht darin, die Menschen zu lehren, wie sie Hass in Liebe verwandeln können.[36]

Aïvanhov war ein großartiger Heiler der Herzen, einer, der Licht in die menschlichen Seelen trug. Er war immer darauf bedacht, diejenigen, mit denen er in Kontakt kam, spirituell wieder aufzurichten, sie wieder mit dem Göttlichen zu verbinden. Aber er war, wie bereits erwähnt, auch ein Heiler im konventionellen Sinn. Renard beschrieb noch folgende Begebenheit.[37]

1958 wurde einem Schüler geraten, sich seinen brandigen Finger amputieren zu lassen. Keine medizinische Behandlung hatte angesprochen. Als Aïvanhov davon erfuhr, begab er sich in eine kurze Meditation. Dann begann er, dem Mann Fragen zu stellen, und dabei gab der Mann zu, dass er vor seiner gegenwärtigen Ehe mit einer anderen jungen Frau zusammengelebt und ihr die Ehe versprochen hatte. Der Mann brach weinend zusammen. Aïvanhov sagte, dass er ihn nicht verurteile.

Als der Schüler fragte, was er denn tun solle, riet ihm Aïvanhov, Wiedergutmachung zu leisten. Er wies auch darauf hin, dass das Mädchen nicht mehr hatte heiraten können, weil sie ein Kind von dem Mann hatte und dass sie beide krank waren und dringend Hilfe benötigten. Er sagte ferner zu dem Mann, dass mit der Hilfe keine Zeit zu verlieren sei und dass sein Finger geheilt werde.

Ein anwesender Arzt intervenierte und meinte, dass der Finger nicht gerettet werden könne. Aber Aïvanhov blieb dabei, dass der Finger heilen würde. Voller Erleichterung und Dankbarkeit fiel der Mann vor Aïvanhov auf die Knie, küsste seine Hände und machte sich dann sofort auf den Weg zu seiner ehemaligen Geliebten, um den Schaden wiedergutzumachen. Sein Finger heilte, wie Aïvanhov versprochen hatte. Noch wichtiger war jedoch, dass es Aïvanhov gelungen war, das Herz des Mannes zu heilen.

Jetzt, da Aïvanhov nicht mehr in der physischen Welt weilt, und obwohl er gelobte, auf den höheren Ebenen der Existenz an der Seite seiner Schüler zu bleiben, liegt seine Heilkraft in seinen Worten. Oftmals trug Mikhaël Aïvanhov seinen Schülern auf: »Tut alles, um die Lehre zu verbreiten, damit die ganze Erde glücklich werde.«[38] Er wusste, dass eine wahre Lehre immer den Lehrer überdauert, aber dass sie auch, gleich einer jungen Pflanze, liebevolle Zuwendung braucht.

Heute wird Omraam Mikhaël Aïvanhovs Lehre von der Einweihungsschule, die er gründete, weitergetragen. Jedes Jahr werden weitere seiner inspirierenden Vorträge in Buchform herausgebracht. So lebt seine leidenschaftliche Vision einer positiven Zukunft fort, in der die Menschheit mit allen anderen Lebensformen in Harmonie zusammenlebt. Seine Lehre, die von ihm in so täuschender Einfachheit dargelegt wurde, ist ein kraftvolles Werkzeug zur Veränderung des Menschen. Ihre Stärke kommt daher, dass durch sie die Kraft eines außergewöhnlichen geistigen Lehrers wirksam wird, der aus der Wahrheit und für die Wahrheit lebte – einer Wahrheit, die sich in der Verbindung von Weisheit und Liebe, von ›Gnosis‹ und ›Agape‹ offenbart.

EIN WEISER AUF REISEN

Aïvanhov war viel gereist und sagte einmal mit leichter Übertreibung: »Ich habe fast jedes Land der Erde besucht.« Seine Reisen dienten jedoch nicht zu seinem persönlichen Vergnügen. Seiner eigenen Aussage nach war er immer an der Arbeit, wobei er immerzu versuchte, das göttliche Licht herunter in diese Welt zu bringen. Unbeeindruckt von Rückschlägen und der schwerfälligen Reaktion von Schülern und der Welt, widmete er sich unermüdlich der geistigen Gesundung der Menschheit. Was er seine Arbeit nannte, erstreckte sich auch auf die unsichtbaren Welten, wie er gelegentlich verlauten ließ.

Eine Schülerin erinnert sich: »Was mich am meisten beeindruckte war, dass er jeden Augenblick und jede Gelegenheit für seine Arbeit nutzte. Dabei tat er alles, was er als notwendig erachtete, um jemandem bei dessen geistigem Wachstum zu helfen. Manchmal tat er dies sogar auf Kosten seiner eigenen Person und seiner Gesundheit. Ich muss zugeben, dass ich zeitweise seine Bereitschaft zur Selbstaufopferung als ziemlich verrückt ansah. Ich machte einmal ihm gegenüber sogar meinem Ärger Luft. Darauf sagte er nur: »Iss, trinke, schlafe und tanze – lebe! Das ist alles, was von dir verlangt wird.«

Aïvanhovs Antwort mag für den Außenstehenden rätselhaft erscheinen. Es war jedoch eine klare Botschaft an seine Schülerin, sie solle sich nicht um seine Angelegenheiten kümmern. Er tat, was er zu tun hatte, und sie sollte das genauso handhaben, nämlich das Leben so zu leben, wie es sich ihr darbot: und mit, ›tanzen‹ meinte er, fröhlich sein anstatt sich Sorgen machen.

Wenn man mit Aïvanhov Reisen unternahm, war die Zeit, wie nicht anders zu erwarten, immer ausgefüllt mit Lehrstunden. Die Erinnerungen einer seiner Schülerinnen in England vermitteln uns einen Eindruck sowohl von der Freude als auch der Schwierigkeit in Begleitung eines geistigen Meisters zu sein, der unentwegt Lehren erteilt und das Los des Schülers zu verbessern sucht. Wie Cherry Frizzell in einem persönlichen Gespräch sagte: »Er überraschte uns immer. Es kam immer etwas Unerwartetes von ihm. Er brachte uns immer zum Lachen. Mit ihm war es alles andere als langweilig.«

Aïvanhov besuchte seine britischen Schüler im November 1982 und wohnte während dieser Zeit im Hause der Frizzells. Der Unterricht begann noch am Tage der Ankunft. Bevor sich Aïvanhov zur Ruhe zurückzog, machte er einen Rundgang durchs Haus und machte alle Lichter aus, sogar die elektrischen Uhren stellte er ab. Er erklärte, dass man so Strom spare und ließ auch eine Bemerkung über die Wärme im Haus fallen. Seine Gastgeber hatten in jedem Zimmer ein Feuer angeschürt und zusätzlich die Zentralheizung aufgedreht, damit ihr Gast es warm habe. Sie merkten, dass alles, was sie über die Vorlieben und Abneigungen ihres Meisters erfahren hatten, durch sein Verhalten schnell widerlegt wurde. »Wir durften nie von einer Annahme ausgehen,« sagte Cherry Frizzell. »Wir mussten jederzeit absolut flexibel sein, und unsere Intuition maximal einsetzen. Am ersten Tag sagte er zu uns: ›Ihr müsst alles akzeptieren, was ich tue.‹ Das war unsere erste Lehrstunde.«

Sie war äußerst nervös, als sie am nächsten Tag ihrem Lehrer das erste Mal sein Essen servierte. Er bemerkte ihre innere Anspannung und streichelte daraufhin an den folgenden Tagen sanft und wortlos ihre Hand. Listig wie er war, beauftragte er eine andere Schülerin, die sich eigentlich um die Zubereitung des Essens kümmern sollte, statt dessen einige seiner Bücher zu übersetzen. Somit übertrug er die Küchenpflichten auf seine ängstliche Gastgeberin.

Am folgenden Tag servierte sie ihm eine prächtige Mahlzeit mit vier Gängen, und er häufte prompt alles auf einen Teller – Salat, Fischsuppe, Salatsoße und Croutons. Von da an ging es bei den Mahlzeiten weniger förmlich zu.

Abgesehen von der kurzen Essenszeit und manchmal ein paar Minuten am späten Nachmittag, blieb Aïvanhov allein für sich. Tag und Nacht schien er sich auf das Erlernen der englischen Sprache zu konzentrieren, wobei er sich lange Wortlisten einprägte und fernsah. Nach nur drei Wochen verkündete er, dass der Augenblick gekommen sei für seinen ersten öffentlichen Vortrag. Ein großer Saal wurde gemietet und war besetzt bis auf den letzten Platz, als er seine Eröffnungsrede hielt. Sein Englisch war langsam und überlegt, aber offensichtlich nahezu perfekt.

Ein paar Monate später, im Januar 1983, brachte Aïvanhov während des üblichen Mittagessens die Frage auf: »Wie wär's mit einer Reise nach Ägypten?« Als seine Frage begeistert aufgenommen wurde, erläuterte er sofort seine geplante Reiseroute. Er wollte entlang des Suezkanals reisen und dann mit einem Boot in ein abgelegenes

Dorf namens Quesir am Ufer des Roten Meeres fahren. Binnen einer Woche war Aïvanhov mit einer kleinen Gruppe Schüler unterwegs nach Kairo. Er wollte rechtzeitig zu seinem Geburtstag in Quesir sein.

Da keine Reiseagentur jemals von Quesir gehört hatte und sogar das Hotel in Kairo keine Hilfe für den Transfer zum Dorf bieten konnte, musste die Gruppe per Taxi über Land reisen. Vor der Abfahrt lud Aïvanhov seine Schüler ein, sein Hotelzimmer in Augenschein zu nehmen. Zu ihrer Überraschung hatte er das Zimmer gesäubert und sogar sein Bett gemacht – eine einfache aber wirkungsvolle Lektion. Es gibt viele sogar ganz normale Wege, die edle Aufgabe der Umwandlung der Materie in die Tat umzusetzen.

Nachdem sie in dem Dorf angekommen waren, ging Aïvanhov jeden Morgen zu einer felsigen Erhebung an der Küste, von wo aus man einen Blick auf das Rote Meer hat, und begrüßte von dort still die aufgehende Sonne. Nach dem Frühstück begab er sich in die Wüste, um dort seine geistige Arbeit zu verrichten. Die Dorfbewohner behandelten ihn mit großem Respekt; sie fühlten, dass er ein Mann Gottes war.

Ein junger Nubier, der für eine Bootsfahrt auf dem Nil angeheuert worden war, lauschte aufmerksam den Erklärungen Aïvanhovs über seine Lehre und seine Schüler. Am Ende der Fahrt war er drauf und dran, alles hinter sich zu lassen und dem Meister nach Frankreich zu folgen. Später am gleichen Tag gab es eine rührende Szene, als der Nubier mit seinem kleinen Boot am größeren Boot längsseits ging, das gerade mit Aïvanhov und seinen Schülern zu einer Nil-Kreuzfahrt ablegen wollte. Der junge Mann reckte sich hinauf zur Reling, während Aïvanhov niederkniete und sich hinauslehnte, um dem Nubier möglichst nahe zu sein. Er gab ihm offensichtlich Anweisungen, denn der Mann, dessen Kopf sich in der Nähe der Füße seines neugewonnenen Lehrers befand, hörte ganz hingerissen zu. Als er schließlich mit seinem Boot ablegte, paarte sich in seinen Augen Trauer und strahlende Freude.

»ICH WERDE IMMER BEI IHNEN SEIN«

Geleitet vom Impuls eines ›bodhisattva‹, der aus der Tiefe seiner Seele aufstieg, war es Aïvanhovs ganzes Bestreben, als Erwachsener anderen dabei zu helfen, den Weg zurück zum Göttlichen zu finden. Dennoch blieb er jemand, der großen Wert auf seinen eigenen privaten Bereich legte und die Stunden der Einsamkeit sehr schätzte, in denen er seine Arbeit in der nicht-physischen Welt verrichten konnte. Und so verstarb er auch: allein und ungestört durch andere. Wie ein langjähriger Schüler in einem Gespräch sagte: »Er arbeitete bis zum Ende für das Wohl der Menschheit. Er nahm alle wichtigen Dinge wahr, die für die Brüder und Schwestern, für die Menschen in Frankreich, für den ganzen Planeten und wahrscheinlich das Universum von Belang waren.«

Wir wissen von anderen großen Lehrern, dass sie sich wunderbar auf das Leben um sie herum einstimmen können, besonders auf das Leben derjenigen, die mit ihnen in geistiger und emotionaler Verbundenheit leben wollen.

So geschah es, dass Aïvanhov eines Tages eine seiner Schülerinnen bat, einen Rundgang durch den Bonfin zu machen, um sicherzugehen, dass alle mit dem Nötigen versorgt waren. Sie traf ›zufällig‹ auf eine junge Schwester, die ziemlich durcheinander und niedergeschlagen war. Die Schülerin sprach ihr gut zu, und es gelang ihr nach einer Weile, die dunklen Wolken aus ihrem Gemüt zu vertreiben. Um den Stimmungsumschwung zu festigen, ließ sie die junge Schwester feierlich den Satz wiederholen: »La vie est belle« (das Leben ist schön).

Kurz darauf kehrte die Schülerin zum Haus ihres Lehrers zurück, um noch andere Aufgaben zu erledigen. Aïvanhov saß da und meditierte mit einem unglaublich ekstatischen Ausdruck in seinem Gesicht. Sie ging ihrer Arbeit so leise wie möglich nach, als er seine Augen leicht öffnete und mit einer Stimme, die ihr ganzes Wesen in Schwingung zu versetzen schien, sagte: »La vie est belle.«

Aïvanhov verschied in seinem geliebten Bonfin am Weihnachtsabend des Jahres 1986 gegen 21.25 Uhr. Nur eine eng vertraute Schülerin, Schwester Blagost, war anwesend. Aïvanhovs letzte Worte, sein Vermächtnis, entsprachen seiner ›bodhisattva‹-Mission: »Wenn Sie wüssten, wie viele Gedanken der Liebe ich von allen empfange. Sagen Sie den Brüdern und Schwestern, dass ich immer bei ihnen sein werde, dass sie Einheit und Harmonie bewahren mögen und die Lehre in der ganzen Welt weiterverbreiten sollen.«

Dem Wunsch des Meisters folgend wartete Schwester Blagost drei Tage, bis sie das Ableben ihres Lehrers bekannt gab, so dass sein Übergang in die höhere Ebene des Seins sanft und ruhig erfolgen konnte.

Einige Stunden nach seinem Ableben sah sein Gesicht anscheinend genauso aus wie damals, als er vor vielen Jahren das erste Mal nach Frankreich gekommen war, und im Zimmer duftete es wunderbar nach Sandelholz.

Einige tausend Kilometer entfernt hatten zwei von Aïvanhovs Schülerinnen bedeutsame visionäre Träume.

In der Nacht auf den 25. Dezember träumte eine von ihnen, dass ihr Lehrer sich vom Bett erhob, ein paar entschlossene Schritte machte, als ob er auf jemanden zuginge, und dann seine Lippen kreisrund öffnete und mit aller Kraft seinen letzten Atemzug machte. Am folgenden Morgen sagte sie zu ihrer Freundin, dass der Meister sie verlassen habe.

In dieser Nacht träumte ihre Freundin, dass sie zur Rechten Aïvanhovs bei einem riesigen Bankett saß. Alles lag in gleißendem Licht, und der große Tisch war beladen mit Köstlichkeiten. Es war schon gegen Ende des Festmahles, und es war an der Zeit, dass jemand für alle geladenen Gäste die Rechnung beglich. Neben sich sah sie einen Korb voller Goldstücke und Edelsteine. Sie häufte eine Handvoll des Schatzes auf ihren Schoß, um die nötige Summe abzuzählen. Da fühlte sie Aïvanhovs Hand auf ihrem Arm. Er sagte: »Nein, nein – ich muss das selbst übernehmen!« Sie protestierte: »Aber Meister, es gehört ohnehin alles Ihnen!« Er hielt sanft aber fest ihren Arm mit seiner rechten Hand und indem er sagte: »Wollen Sie wissen, was ein Meister ist?« durchfloss ein mächtiger Strom ihr ganzes Wesen und sie fühlte sich vergehen. Es war Aïvanhovs letzter Opfergang. Der Tod, sagte Euripides vor langer Zeit, ist eine Schuld, die wir alle selbst begleichen müssen.

Nach seinem Weggang bekamen Schüler Gelegenheit, an den darauf folgenden drei Tagen Aïvanhov die letzte Ehre zu erweisen. Während der ganzen Zeit veränderte sich sein Körper nicht und behielt einen wunderschönen Gesichtsausdruck. Nur die großen Weisen, die auf den Grund aller Dinge gesehen haben, können dem Tod in Demut, aber ohne Angst entgegensehen. Denn sie wissen, dass der Tod nur die andere Seite des Lebens ist und dass jedem Ende ein neuer Anfang innewohnt.

ANMERKUNGEN

1. Omraam Mikhaël Aïvanhov, *Les révélations du feu et de l'eau* (Izvor 232, Prosveta, France, 1990), S. 72.
2. P. C. Renard, *La révolution solaire est commencée* (Prosveta, France, 1979), S. 69.
3. Bruder Jehan, *Qui est le Maître Omraam Mikhaël Aïvanhov?* (Les Monts-de-Corsier, Prosveta Suisse, 1975), S. 30, 31.

4. Omraam Mikhaël Aïvanhov, *Eine universelle Philosophie* (Izvor 206, Prosveta, 1984), S.164.
5. Omraam Mikhaël Aïvanhov, *Eine universelle Philosophie* (Izvor 206, Prosveta, 1984), S. 93,94.
6. Ibid. S. 137, 138.
7. Omraam Mikhaël Aïvanhov, *Die Harmonie* (Gesamtwerke, Bd. 6, Prosveta, 1993), S. 35.
8. Omraam Mikhaël Aïvanhov, *Le verseau et l'avènement de l'Age d'Or* (Oeuvres complètes, Tome 25, Prosveta, France, 1979), S. 134.
9. Die Übungen, die langsam und rhythmisch ausgeführt werden, sind beschrieben am Ende von Omraam Mikhaël Aïvanhovs Buch *Die neue Erde: Anleitungen, Übungen, Sprüche, Gebete* (Gesamtwerke, Bd. 13, Prosveta, 1985).
10. Omraam Mikhaël Aïvanhov, *Struktureller Aufbau und Schichten der Psyche* (Izvor 222, Prosveta, 1992), S. 134.
11. N. Roerich, *Shambhala: In Search of the New Era* (Rochester, Vt: Inner Traditions International, 1990), S. 215. Dieses Buch wurde zuerst 1930 veröffentlicht. Nach den Worten von Ex-Präsident Mikhail Gorbatschow war Roerich »eine der kulturellen Stützen Russlands.«
12. F. Ossendowski, *Beasts, Men and Gods* (New York: E.P. Dutton, 1922).
13. Siehe *Talks with Sri Ramana Maharshi* (Tiruvannamalai, India: Sri Ramanasramam, 1957), Bd. l.
14. Omraam Mikhaël Aïvanhov, *Le verseau et l'avènement de l'Age d'Or* (Oeuvres complètes, Tome 25, Prosveta, France, 1979), S. 132.
15. Renard, op.cit. S. 50, 51.
16. Omraam Mikhaël Aïvanhov, *Was ist ein geistiger Meister?* (Izvor 207, Prosveta, 1984), S.18.
17. Ibid., S. 16.
18. Siehe Aïvanhov, *Das Licht, lebendiger Geist*, S. 118.
19. Omraam Mikhaël Aïvanhov, *Das Licht, lebendiger Geist* (Izvor 212, Prosveta, 1987), S. 118.
20. Omraam Mikhaël Aïvanhov, *Was ist ein geistiger Meister?* (Izvor 207, Prosveta, 1984), S. 12.
21. Nach Renard, op.cit. S. 57.
22. R.A. Nicholson, *Studies in Islamic Mysticism* (London: Cambridge University Press, 1921), S 55.
23. Omraam Mikhaël Aïvanhov, *La pédagogie initiatique* (Oeuvres complètes, Tome 29, Prosveta, France, 1980), S. 205.
24. Omraam Mikhaël Aïvanhov, *Die Harmonie* (Gesamtwerke, Bd. 6, Prosveta, 1993), S. 32.
25. Omraam Mikhaël Aïvanhov, *Was ist ein geistiger Meister?* (Izvor 207, Prosveta, 1984),S. 79,80.
26. Ibid., S. 81.
27. Siehe Omraam Mikhaël Aïvanhov, *Der Schlüssel zur Lösung der Lebensprobleme* (Gesamtwerke, Bd. 11, Prosveta, 1980), S. 83
28. Ibid., S. 162.

29. Omraam Mikhaël Aïvanhov, *La clef essentielle pour résoudre les problèmes de l'existence* (Oeuvres complètes, Tome 11, Prosveta, France, 1979), S.184.
30. Omraam Mikhaël Aïvanhov, *Was ist ein geistiger Meister?* (Izvor 207, Prosveta, 1984), S. 87, 88.
31. Circle of Light, no.2 (Prosveta, USA, 1991), S. 2.
32. Omraam Mikhaël Aïvanhov, *Das geistige Erwachen* (Gesamtwerke, Bd. 1, Prosveta), S. 48.
33. Omraam Mikhaël Aïvanhov, *Das Egregore der Taube oder das Reich des Friedens* (Izvor 208, Prosveta, 1984), S. 71.
34. Nach Renard, op.cit. S. 73.
35. Ibid., S.51, 52.
36. Ibid., S. 71; Renard zitiert hier die Sängerin Frida Théodosy.
37. Ibid., S. 54, 55.
38. Omraam Mikhaël Aïvanhov, *Le verseau et l'avènement de l'Age d'Or* (Oeuvres complètes, Tome 25, Prosveta, France, 1979), S. 38.

TEIL 2

DIE LEHRE

4.
DIE PHILOSOPHIE UND DAS GEHEIMNIS DES MENSCHSEINS

DIE GRUNDFRAGEN DER EXISTENZ

Wer bin ich? Früher oder später stellen wir uns alle diese Frage, oftmals in Krisenzeiten. Aber wir müssen nicht warten, bis uns ein Schicksalsschlag trifft, um über das Geheimnis unserer eigenen Existenz nachzusinnen. Wir müssen diese Frage auch nicht hinausschieben bis zum Beginn unserer unvermeidlichen Midlife-Krise, oder gar bis zu unserer Todesstunde, falls es uns gelungen sein sollte, diese Frage bis dahin zu umgehen.

Wir können uns vielmehr diese Frage nicht früh genug in unserem Leben stellen, denn ob wir nun eine Antwort finden oder nicht, unser Schicksal hängt davon ab.»Das Schicksal des Menschen steht geschrieben in den vorgeprägten Merkmalen, die er mitbringt, wenn er auf dieser Erde geboren wird,« sagte Aïvanhov.[1]

Zu diesen vorgeprägten Merkmalen gehören auch unsere tief verwurzelte Lebensauffassung, unsere Einstellung und unsere Sehnsüchte. Sie sind unsere Antworten auf das Leben, durch die wir immer wieder unser Schicksal formen und neue Wege finden, um zu überleben.

Wenn wir unser Schicksal ändern wollen, müssen wir jene vorgeprägten Muster verändern; wir müssen das mentale Muster verändern, nach dem unser gegenwärtiges Leben abläuft. Schicksal ist eine Gewohnheit, und Gewohnheiten kann man ändern. Dies erfordert einen enormen Aufwand an psychischer Kraft. Aber genau darum geht es in der spirituellen Praxis, nämlich die Personalität umzuwandeln, indem man ihre destruktiven Verhaltens-

*Omraam Mikhaël Aïvanhov hatte immer ausgezeichnete
Beziehungen zu Kindern*

muster in solche umwandelt, die das Leben fördern.

Es ist schon tragisch, dass uns unsere Zivilisation nicht dazu ermutigt, mehr über unser Leben nachzudenken. Wenn sich heutzutage jemand philosophischen Gedanken hingibt, wird er als Griesgram abgestempelt. In früheren Zeiten galt die Philosophie jedoch als das, was das Wort besagt: das Streben nach Weisheit (Sophia). Und unter Weisheit verstand man die reife Frucht der Selbsterkenntnis. Über dem Apollotempel in Delphi im alten Griechenland waren die unsterblichen Worte eingraviert: ›gnothi seauton‹, ›erkenne dich selbst!‹ Viele Jahrhunderte später wiederholte sie der lateinische Schriftsteller Cicero in seiner eigenen Sprache: ›nosce te‹; und lange vor ihm riefen die Weisen Indiens in der Sprache des Sanskrit: ›atmanam viddhi‹.

Wer bin ich? Das war die Frage, die Sri Ramana Maharshi, der Weise von Tiruvannamalai in Südindien, spirituellen Suchern nahe legte. Er meinte damit, ›wer bin ich wirklich?‹ Wer bin ich jenseits der Rollen, die ich im Leben spiele, jenseits der Stimmungen, denen ich mich immer hingebe, jenseits der Ideen, die ich so gerne vertrete?

Diese Frage führt zu einer weiteren: Weshalb bin ich hier? Und diese löst eine dritte Frage aus: Wohin führt mein Weg? Die Einfachheit dieser Fragen steht im Gegensatz zur Schwierigkeit, darauf eine Antwort zu finden. Antworten gibt es zwar immer, wobei einige mehr überzeugen als andere.

Unsere Antworten auf die großen Fragen sind nur so gut, wie wir letztere verstehen. In jeder Frage liegt bereits eine Antwort. Aber wir müssen wissen, wie wir an die Frage herangehen, um die bestmögliche Antwort zu erhalten. Wenn man herausfinden will, warum das Auto nicht mehr fährt, überprüft man zunächst die bekannten Teile. Wenn man das Problem immer noch nicht lösen kann, schlägt man in einem Reparaturhandbuch nach oder man ruft einen Mechaniker. Wenn man jedoch vom Mechaniker nichts lernt, wird man das gleiche Problem beim nächsten Mal wieder nicht lösen können.

Aber Autopannen sind ein etwas grober Vergleich. Wenn man plötzlich seltsames Herzklopfen feststellt, kann man nicht einfach den Brustkorb öffnen um nachzusehen. Statt dessen sucht man sich einen Facharzt, möglicherweise sogar mehr als einen. Auf dem Gebiet der Philosophie ist es ähnlich. Wir wären dumm, wenn wir uns nicht den bestmöglichen Rat holen würden. Dazu müssen wir nicht gleich in ein anderes Glaubenssystem konvertieren, was ohnehin töricht wäre. Aber wir müssen uns kundig machen, was die subtilen philosophischen Antworten auf die großen Fragen betrifft, die über viele Jahrtausende hinweg entwickelt wurden.

Die schockierende Wahrheit ist, dass unsere Zivilisation in Unkenntnis der großen Fragen existiert; unser Erziehungssystem macht uns zu philosophischen Analphabeten. Was in unseren höheren Schulen und Universitäten als Philosophie gelehrt wird, ist nur ein Schatten des echten Wissens, das in der Einweihungstradition vermittelt wird.

Wenn wir den Mut aufbringen, uns den vier Großen Fragen zu stellen, sind wir glücklicherweise auch nicht mehr auf uns allein gestellt. Seit altersher gab es für den philosophisch aufgeschlossenen Menschen Hilfe durch die überlieferten großen spirituellen Lehren beziehungsweise die Einweihungslehren. Diese überlieferten Lehren nehmen in der Tat für sich in Anspruch, eine weitgreifende Antwort auf eben jene Fragen geben zu können. Ihre Antworten sind am umfassendsten, am vollständigsten.

Dies ist so aus dem einfachen Grund, dass diese Überlieferung die Weisheit und das Wissen unzähliger Generationen von Weisen birgt, die tiefe Einblicke in das Geheimnis der Existenz hatten, die die Tiefen der menschlichen Psyche ausgelotet haben und die auf dem Weg des Wissens um ein Vielfaches weiter vorgedrungen sind als der normale Mensch und sogar wesentlich weiter als es der Blickwinkel der konventionellen Wissenschaft gestattet.

Die Weisen sind die wahren Philosophen, denn sie haben ihr Wissen im Alltag angewandt und erprobt. Sie sind nicht nur Intellektuelle, die die Dinge abstrakt abhandeln. Ihr Verständnis ist in erster Linie praktisch orientiert. Sie besitzen Einweihungswissen und sind nicht nur Theoretiker. Darauf beruht auch ihre eigene tiefgreifende Wandlung. Wie Aïvanhov feststellte:

> Ihr werdet keine besseren Menschen, ihr wandelt euch nicht, wenn ihr in eurem Kopf Wissen anhäuft. Dadurch könnt ihr zwar euren Horizont erweitern und euch über ein Thema auslassen, aber das spielt sich an der Oberfläche ab; in Wirklichkeit bleibt ihr, wie ihr seid: gewiss, großartig bezüglich eurer Kenntnisse, ein wandelndes Auskunftsbüro!... nur hinsichtlich eures Charakters, eurer Tugenden und Qualitäten, da tut sich nichts, ihr bleibt genauso ängstlich, schwach, sinnlich und elend wie zuvor. Mit dem geistigen, dem göttlichen Wissen jedoch könnt ihr nicht dieselben bleiben, es bringt euch dazu, in die Tiefe hinabzutauchen und in die Höhe zu streben.[2]

Aïvanhov stand bloßem intellektuellem Lernen sehr kritisch gegenüber, und an anderer Stelle sagte er:

> Wenn ihr trotzdem die Bücherkenntnisse vorzieht, habe ich nichts dagegen, aber dabei vertrocknet ihr und strahlt weder Liebe noch Güte aus; dann findet man nur einen kalten, verdorrten Intellekt bei euch, der diskutiert, kritisiert und alles analysiert, aber selbst unfähig ist, sich aus seiner inneren Unordnung zu befreien. So ergeht es oft den Philosophiestudenten. Wenn sie ihre Studien an der Universität beendet haben, sind sie durch die vielen verschie-

denen und widersprüchlichen Ideen und Systeme, die sie erlernt haben, völlig orientierungslos. Das ist normal, denn auf diesem Gebiet findet man alles außer der wahren Philosophie.[3]

Aïvanhov nahm kein Blatt vor den Mund, was die Mängel der konventionellen Philosophie betrifft, so wie sie im akademischen Lehrplan steht, der wiederum eher auf materialistischen Prinzipien als auf geistigen beruht. Er sprach von der »Verrohung« der Studenten, und, wie wir hinzufügen könnten, der Lehrer selbst.[4] So hart diese Kritik auch ist, so scheint sie doch auf die meisten Lehrsituationen zuzutreffen, und sie gilt auch für andere Fachgebiete, wie sie in höheren Schulen und Universitäten gelehrt werden. In den letzten Jahren haben sensible Akademiker mutig ihre eigenen Reihen verlassen und das bestehende Erziehungswesen wegen seiner mangelnden visionären Kraft kritisiert. So sorgte der amerikanische Sozialphilosoph Allan Bloom vor einigen Jahren mit seinem Buch *The Closing of the American Mind* für beträchtliches Aufsehen. Er nahm zeitweise sogar den ersten Platz auf der Bestsellerliste ein.[5]

In diesem Buch beklagte Bloom die tragische Tatsache, dass die moderne Erziehung die Seelen der Studenten verkümmern lässt. Er prangerte auch die falsche Offenheit an, die vom modernen liberalen Lehrplan aufgezwungen wird, welcher nicht Originalität und Redlichkeit, sondern, wie Bloom behauptet, lediglich den Konformismus fördert sowie den Irrglauben, dass Werte relativ sind und dass wir uns einfach jene aussuchen können, die uns am meisten zusagen. Bloom stellte fest:

> Die liberale Erziehung hatte ihre Blütezeit, als sie den Weg frei machte für die Diskussion über eine einheitliche Sichtweise der Natur und den Platz des Menschen in ihr. Eine Diskussion, die von den

klügsten Köpfen auf höchster Ebene geführt wurde. Die Bedeutung dieses Erziehungsstils schwand, als dieser sich in Spitzfindigkeiten erschöpfte, deren Vorgaben der ursprünglichen Vision in keiner Weise gerecht wurden.[6]

Bloom machte den Vorschlag, der Problemlage durch die Wiedereinführung des Studiums der Klassik in den Lehrplan abzuhelfen. Anstatt sich ihrem lockeren Lebenswandel hinzugeben, sollen sich Schüler und Studenten an Plato und Shakespeare erfreuen, denn deren Werke gestatten ihnen, am »Wesenskern des Seins«, wie er dies nennt, teilzuhaben. Es spricht einiges für Blooms Vorschlag, aber er ist zu begrenzt, denn er zieht nicht einmal die großen Klassiker anderer Kulturen als der der griechischen und römischen in Betracht. Auch scheinen ihm die esoterischen Überlieferungen gänzlich unbekannt zu sein. Somit stellt sich die Frage, inwieweit jemand durch das Studium der Klassik zu jenem vertieften Verständnis gelangen kann, das ihn an den ›Wesenskern des Seins‹ heranführt.

In jüngerer Zeit übte der Psychologe Ron Miller eine noch weit radikalere Kritik am westlichen Erziehungswesen in seinem Buch *What Are Schools for? (Wozu dienen die Schulen?)* Miller vertritt einen ganzheitlichen Ansatz in der Erziehung und im Leben:

> Eine Grundannahme ganzheitlicher Erziehung ist, dass Sinn und Ziel unseres Lebens höher anzusetzen ist als die mechanistischen Gesetze der Wissenschaft und höher als das ›Allgemeinbewusstsein‹ irgendeines Kulturkreises. Dieses überweltliche Ziel stellt eine schöpferische, sich selbst lenkende Kraft dar, deren Unterdrückung wir eigentlich vermeiden sollten.[7]

Millers Erziehungsmodell beruht ausdrücklich auf spirituellen Prinzipien und ist eines der vielversprechenden und ermutigenden Beispiele für die neuen Leitbilder, die nicht nur in der Erziehung und den Wissenschaften erkennbar werden, sondern innerhalb unserer gesamten westlichen Zivilisation.

Für Miller bedeutet ganzheitliche Erziehung mehr als nur das Verschlingen einiger ausgewählter Hauptwerke oder das Erlernen einiger Grundfertigkeiten. Ihr Schwerpunkt liegt vielmehr auf der Lebenserfahrung. Dies ist ein weiterer wichtiger Aspekt, den sein Modell mit der esoterischen Überlieferung gemein hat. Einweihungswissen ist immer gelebtes Wissen oder Wissen, das aus persönlicher Erfahrung erwächst oder in diese einfließt. Aïvanhov hat dies sehr anschaulich dargelegt:

> Wenn ihr euer Wissen lebt, wenn ihr es ausprobiert, in der Praxis überprüft, bis ihr spürt, dass es in euren Adern fließt und Bestandteil eures Wesens geworden ist, dann ist dieses Wissen wirklich euer Eigentum, nichts und niemand kann es euch dann mehr nehmen.[8]

Nur durch die Feuerprobe des gelebten Wissens wachsen und reifen wir und werden eines Tages zu Philosophen. Aïvanhov war so ein weiser Philosoph. Er sagte einmal über sich selbst: »Schon von Jugend auf wollte ich mir eine andere Lebensanschauung als die meine aneignen, mich ihr anpassen und nach ihr bilden: die Philosophie der Eingeweihten.«[9]

Er arbeitete hart, um Zugang zu dieser Philosophie zu finden und sie sich zu eigen zu machen. Er erreichte dies nicht nur dadurch, dass er den Lehren der großen Eingeweihten genau zuhörte, sondern auch durch scharfe Selbstbeobachtung. Wie er sagte: »Mein Leben lang habe ich mich selbst beobachtet, habe meine Grenzen gesucht und erfahren, beim Essen, beim Schlafen, bei allem.«[10]

So konnte Aïvanhov in ganz sachlichem Ton feststellen: »Alles was ich glaube, was ich hoffe und tue, basiert auf Wissen.«[11]

Und an anderer Stelle: »Ich schwimme Tag und Nacht inmitten dieser großen Wahrheiten, die ich entdeckt habe.«[12]

WAHRE PHILOSOPHIE

Damit wir uns Wissen über irgendetwas aneignen können, müssen wir uns zuerst damit verbinden. Je enger wir uns damit verbinden, desto mehr Wissen können wir erlangen. Dies ist eine der Schlüsselerkenntnisse der spirituellen Überlieferung. Aïvanhov sagte: »Wissen kommt also durch Durchdringung zustande; etwas durchdringt uns um mit uns zu verschmelzen.«[13]

Wissen, das heißt an etwas teilhaben, und diese weise Erkenntnis wird von zeitgenössischen Philosophen gerade wiederentdeckt.

Diese Tatsache wurde sehr deutlich, als man begann, die Prozesse, welche auf der Ebene der Quantenphysik ablaufen, zu verstehen. So formulierte der deutsche Physiker und Philosoph Werner Heisenberg seine berühmte Unschärferelation, die besagt, dass man nicht gleichzeitig den Impuls und den Ort eines Masseteilchens bestimmen kann. Wenn man den Impuls der Partikel genau bestimmt, kann man ihren Ort nicht genau feststellen und umgekehrt.

Diese Entdeckung hat einige nachdenkliche Philosophen und Wissenschaftler dazu veranlasst, das wissenschaftliche Ideal der Objektivität, auf dem das gesamte Gebäude der konventionellen Wissenschaft ruht, in Zweifel zu ziehen. Sie haben dadurch glücklicherweise die Tore zu einem menschlicheren Verständnis der Welt geöffnet, dem eigentlichen Sinn der Wissenschaft und der sozialen Verantwortung der Wissenschaftler.

Die neue Wissenschaft ist auch weit offener gegenüber nicht-rationalen Formen des Wissenserwerbs, wie zum Beispiel der Intuition; und dies verspricht Gutes in Bezug auf eine ganzheitliche Weltsicht, die auch der spirituellen Überlieferung mit ihrer Betonung der Weisheit und der außersinnlichen Erkenntnis ihre angemessene Bedeutung zuspricht.

Weisheit zu besitzen bedeutet in erster Linie, andere am Wissen teilhaben zu lassen. Aïvanhov drückte dies in aller Kürze aus:

> Das wahre Einweihungswissen besteht darin, durch den Akt der Liebe eins zu werden, zu verschmelzen, so wie es in der Bibel heißt: »Adam hat Eva erkannt« oder »Abraham hat Sarah erkannt.«[14]

Somit hängt wahres Wissen letztendlich davon ab, inwieweit es gelingt, sich mit einem Objekt vollkommen zu identifizieren. Mehr noch, es kommt darauf an, inwiefern es gelingt, sich mit der allerhöchsten Wirklichkeit zu identifizieren. Folglich hat der heilige Befehl »Erkenne dich selbst« eine viel tiefere Bedeutung. Er bezieht sich auf Selbsterkenntnis nicht nur im Sinne einer Kenntnis der eigenen Gewohnheiten, Vorlieben und Stimmungen, sondern im Sinne der Selbstverwirklichung.

Genau dies ist gemeint in dem oben zitierten alten Sanskrit-Ausspruch ›atmanam viddhi‹. ›Atman‹ bezieht sich sowohl auf das Ich der Personalität oder das Ego, als auch auf das überpersönliche Ich. Selbsterkenntnis ist erst dann umfassend, wenn sie über die Muster der Personalität hinausreicht. Aïvanhov machte dies in aller Deutlichkeit klar:

> Selbsterkenntnis bedeutet nicht das Erkennen der eigenen Charaktereigenschaften – der guten wie der schlechten – noch das Erkennen der Grenzen des Menschseins. Ginge es bloß, darum, so wären sogar Kinder imstande, sich zu erkennen. Was ist eigentlich in diesem Spruch »Erkenne dich selbst« dieses »Selbst»? Sind es die Arme? Die Beine? Das Gehirn? Nein! Die Gefühle? Die Gedanken? Nein, mehr! »Dich selbst», das ist ein Teil Gottes, ein Funke, ein unsterblicher Geist, etwas Undefinierbares, das sehr weit entfernt ist und sehr hoch steht... Um sich zu erkennen, muss der Mensch dort in die höheren Sphären zu seinem eigenen Selbst emporsteigen, zu dieser unsterblichen, allwissenden, allmächtigen Wesenheit, seinem höheren Ich eben, das ein winziger Teil Gottes ist.[15]

Wahre Philosophie handelt also von der Höheren Realität in ihrer ganzen Tiefe und Breite. Sie handelt von Weisheit und Selbstverwirklichung. Deshalb bezeichnet Aïvanhov sie als Einweihungsphilosophie; denn sie beruht nicht auf Buchwissen, das auch ohne sie erworben werden kann. Einweihung, wie er sie verstand, muss im Gleichklang schwingen mit dem Geist, dem höheren Selbst.[16] Sobald wir uns auf die geistige Dimension eingestimmt haben, werden alle unsere Erfahrungen und all unser Wissen im Innersten unseres Seins verankert. Wir denken, fühlen, planen und handeln anders.

Wahre Philosophie ist, was er »Philosophie des Geistes« nannte.[17] Er nannte sie auch die »neue Philosophie« wobei er jedoch darauf hinwies, dass sie so alt wie die Menschheit selbst sei, obwohl sie nur jenen »Ausnahmemenschen« bekannt gewesen sei, »die Verständnis für die wahre Natur von Reinheit, Liebe und Heiligkeit aufbrachten.«[18] Mit anderen Worten: Die Einweihungsphilosophie war bis vor kurzem das Privileg einer kleinen Zahl hochentwickelter

Menschen, die ihr esoterisches Wissen wohl verwahrten und nur diejenigen in die Geheimnisse einweihten, die dessen auch würdig waren, und dies erst, nachdem sie sie gründlich auf die Probe gestellt hatten.

Heutzutage hat jedermann freien Zugang zur Einweihungsphilosophie, der ihre Voraussetzungen und die damit verbundenen Bereiche kennen lernen will. Es ist keine schwere Prüfung nötig, jedoch ist das spirituelle Leben an sich eine Prüfung, so wie es schon immer war. Diejenigen, die sich auf den Weg begeben haben, werden immer auf eine harte Probe gestellt. Die »neue Philosophie« aufgreifen ist etwas anderes als einen neuen Mantel anziehen. Wir müssen sie bis auf die Knochen in uns aufnehmen. Wir müssen sie leben, atmen, denken, aussprechen, nach ihr handeln und mit ihr wachsen.

Stetiges Wachstum als Mensch ist eines der Kennzeichen für eine wahre Philosophie. Wenn unsere Philosophie unser Wachstum begrenzt, müssen wir sie aufgeben und uns nach einem geeigneteren Tempel umsehen, in dem wir unsere Andacht verrichten können. Der große Wert der Einweihungsphilosophie liegt darin, dass sie unsere menschlichen Möglichkeiten nicht einschränkt, sondern uns immerfort dazu ermutigt, voranzuschreiten, unsere alten Anschauungen abzustreifen und unseren Blick auf die höchsten Gipfel zu richten.

DIE EVOLUTION UND DER SINN DES LEBENS

Wer bin ich? Man kann diese Frage auch anders stellen: Worin liegt das Wesen des Menschseins? Das heißt, was ist so einzigartig am Menschen? Wenn wir uns diese Fragen stellen, möchten wir in Erfahrung bringen, wozu wir auf Erden sind, welchen Sinn das Leben hat. Sogar diejenigen, die sich diese Frage nie bewusst stellen, haben eine Antwort darauf. Dies ist deshalb so, weil das Leben, das wir leben, an sich bereits eine Antwort auf die großen Fragen bietet.

In unserer postmodernen Gesellschaft ist die Antwort, so wie sie sich im Leben der Menschen zeigt, oftmals von trauriger Banalität. Nach dem Lebensstil und dem allgemeinen Verhalten so vieler Männer und Frauen zu urteilen, sehen sie den Sinn ihres Seins im grob Physischen. Aïvanhov formulierte dies ziemlich unverblümt:

> Die meisten Menschen benehmen sich so, als seien sie nur zum Essen, Trinken, Vergnügen und um Dummheiten zu machen auf die Welt gekommen oder zum Leiden und Unglücklichsein. In Wirklichkeit sind sie Arbeiter auf einer Baustelle, aber das wissen sie nicht.[19]

Solche Leute leben in einem Zustand krasser Selbstverleugnung. Während sie einerseits die Tage mit Beschäftigungen aller Art füllen und, wenn sie können, mit möglichst angenehmen Tätigkeiten, leiden sie andererseits oft an Depressionen. Das Syndrom ist bekannt als sogenannte ›stille Verzweiflung‹. Wenn sie dann schließlich ihren Arzt oder Therapeuten aufsuchen, stellt sich ausnahmslos als Ursache ihrer Depression heraus, dass sie unter anderem von einem Gefühl der Sinnlosigkeit beherrscht werden.

Vor mehr als einem halben Jahrhundert bemerkte der große schweizer Psychiater C.G.Jung:

> Wir leben zweifellos in einer Zeit größter Unrast, nervöser Spannung, Verwirrung und mangelnder Zukunftsorientierung. Unter meinen Patienten aus aller Herren Länder – sie alle sind gebildete Menschen – gibt es eine beträchtliche Anzahl, die mich aufsuchten, nicht etwa weil sie an einer Neurose litten, sondern weil sie keinen Sinn im Leben fanden oder weil sie sich mit Fragen quälten, auf die keine heutige Philosophie oder Religion eine Antwort weiß.[20]

Jungs Bemerkung ist mittlerweile zur statistischen Gewissheit geworden. Noch bedeutender jedoch ist, was Jung außerdem mit dem ihm eigenen Scharfsinn feststellte:

> Der Mensch wird nie durch das von seinem Leiden befreit, was er sich selber ausdenkt, sondern durch weise Erkenntnisse, die die seinen übertreffen. Allein dies rettet ihn aus seiner Not.[21]

Dies ist eine sehr aufschlussreiche Bemerkung, auf die wir im Folgenden näher eingehen können. Wenn wir anerkennen, dass es verschiedene Stufen von Weisheit gibt, dann lohnt es sich offensichtlich, direkt an die Quelle der größten Weisheit zu gehen, denn unser existentielles Leid kann nicht durch unausgegorenes Wissen überwunden werden. So erklärt sich, dass manche Menschen nach Jahren der Therapie ihren Durst nach vertiefter Sinngebung immer noch nicht gelöscht haben. Dann werden sie zu geistigen Suchern, die begierig aus der kühlen, erfrischenden, ständig sprudelnden Quelle der Weisheit trinken.

Worin liegt also der Sinn des Lebens? Ich entsinne mich, dass ich, als ich Anfang zwanzig war, diese Frage einem alten Mann stellte, den ich als sehr weise ansah. Seine einfache Antwort, über die ich jahrelang nachgrübelte, war: »Der Sinn des Lebens liegt darin, einen Fuß vor den anderen zu setzen.« Zuerst dachte ich, er wollte einen Scherz machen, aber er lächelte mich gütig an, und ich begriff, dass er nicht nur so daherredete. Seine Antwort war für mich eine Art Rätsel, ein ›Koan‹. Im Zen-Buddhismus ist das ›Koan‹ eine paradoxe Aussage, die gelöst werden muss, aber niemals gelöst werden kann. Seine Lösung besteht darin, dass der Verstand transzendiert wird, was Zugang zu einem neuen Bewusstseinszustand gibt, in dem sich die innere Wahrheit des 'Koans' offenbart. Die Bemerkung des alten Mannes ärgerte mich genau deshalb, weil ich wusste, dass in ihr ein Kern von Weisheit verborgen lag, der sich meinem Verständnis hartnäckig entzog.

Im Nachhinein meine ich, dass es eine ausgezeichnete Antwort war, die meinem jugendlichen, ungeduldigen Bedürfnis nach sauberer intellektueller Einordnung aller Dinge einen Strich durch die Rechnung machte. Es war eine absichtlich unklare Antwort, denn der alte Mann hatte einen alltäglichen Vorgang als bildhaften Vergleich für den stürmischen Lauf des Lebens verwendet.

Leben ist vor allem Bewegung. Aber es ist keine zufällige Bewegung, wie wir sie zum Beispiel bei der Brown'schen Molekularbewegung im Wasser beobachten. Leben ist vielmehr eine in hohem Maße organisierte Form von Bewegung, was sich in einem wesentlichen Punkt zeigt, nämlich der wachsenden Differenzierung, der Entfaltung. Wir nennen dies Evolution. Wie Aïvanhov es prägnant ausdrückte: »Der Sinn des Lebens liegt in der Entwicklung, in der Wandlung der Materie.«[22]

Er erklärte:

> Alles muss sich entwickeln. Selbst die Mineralien entwickeln sich. Obgleich ihre Evolution unmerklich ist, ist sie dennoch real. In den Mineralien wirkt eine Kraft, die alle in ihnen enthaltenen Eigenschaften und Tugenden zum Ausdruck bringen will. Die Edelsteine und Edelmetalle sind höher entwickelte Mineralien, die günstige und wohltuende Ausstrahlungen haben. Auch die Pflanzen entwickeln sich. Je weiter sie fortgeschritten sind, umso mehr haben ihre Blüten und Früchte eine heilende und wohltuende Wirkung und einen höheren Nährwert. Das Gleiche gilt für die Tiere und die Menschen und sogar für unser Sonnensystem.Das Gesetz des Lebens ist also die Evolution, das heißt eine Entwicklung, die bis zur Vollkommenheit geht.[23]

Aïvanhovs Auffassung von Evolution geht klar über das Konzept in den Lehrbüchern hinaus. Die wissenschaftliche Evolutionstheorie lässt Perfektion nicht zu. Statt dessen sieht sie einen endlosen Prozess von Versuch und Irrtum, in welchem alle Lebensformen in einen wilden Überlebenskampf verstrickt sind, in dem sich diejenigen rigoros behaupten, die besser an die Umweltbedingungen angepasst sind. Leider ist diese wissenschaftliche Sichtweise unzulänglich, wie eine wachsende Zahl von Wissenschaftlern selbst feststellt. Darwin scheint sich geirrt zu haben. Die Natur ist nicht gleichzusetzen mit dem Anfangsstadium eines ziellosen Prozesses, in dem jedes Individuum und jede Spezies eigennützig um die Vorherrschaft kämpft. Sie ist vielmehr von einer bemerkenswerten Intelligenz durchströmt, und überall herrscht eher kooperatives Verhalten vor als blinder Kampf. Die Autoren des Werkes *The New Biology* (›Die neue Biologie‹), Robert Augros und George Stanciu, fassen ihre Nachforschungen bezüglich einer Neuorientierung in den biologischen Wissenschaftszweigen folgendermaßen zusammen:

Die neue Biologie wurde aus einem neuen Naturverständnis heraus geboren. Nach konventioneller Auffassung ist die ›Weisheit der Natur‹ ein sentimentaler Begriff, oder schlimmer noch: Die Natur ist geradezu eine Verkörperung von Anti-Weisheit. Darwin ereifert sich: ›Was für ein Buch könnte ein Teufelsprediger schreiben über das schwerfällige, sinnlose, stümperhafte, primitive und schrecklich grausame Wirken der Natur!‹ Aber die Natur, die wir entdeckt haben,... ist ein Modell sowohl für den Ingenieur als auch für den Künstler. Einfachheit, Wirtschaftlichkeit, Schönheit, Zielorientierung und Harmonie sind Eigenschaften, die sie zu einem Modell für Ethik und Politik machen. Diese Wiederentdeckung der Weisheit der Natur verlangt nach einer neuen Biologie.[24]

Kosmologen waren von der Ordnung und der Klarheit

des bekannten Universums beeindruckt und haben davon ausgehend den Begriff ›anthropisches Prinzip‹ geprägt. Dieses Prinzip besagt, dass unser Kosmos, der vor etwa fünfzehn Milliarden Jahren aus einem unvorstellbar dichten Energienebel entstand, von Anfang an auf die Entstehung von intelligentem Leben hin angelegt war. Der Philosoph Henryk Skolimowski meinte, es sei irreführend, diese Klarheit als ›anthropisch‹ zu bezeichnen, und er schlug statt dessen den Begriff ›biotisches Prinzip‹ vor.[25] Diese Bezeichnung ließe offen, ob der Homo sapiens tatsächlich die höchste Lebensform darstelle, die das Universum hervorbringt. Schließlich sei es sehr wohl möglich, dass unter den Trillionen von Sternen intelligentes Leben existiere, das die Menschheit weit an Wissen, Weisheit und Liebe übertrifft.

Gleichzeitig ist auch klar, dass unsere Spezies noch nicht ihr volles Potential entfaltet hat. Wenn wir die globale Krisensituation richtig einschätzen, müssen wir eigentlich feststellen, dass unsere Spezies vor der Herausforderung steht, aus eigenem Antrieb in ihrer Evolution einen Schritt nach vorne zu tun. Wir sind dazu aufgerufen, was der Sozialwissenschaftler Duane Elfin die 'reife Zivilisation' nennt.[26] Der Schriftsteller John White hat dieser neuen menschlichen Gesellschaft den Namen ›Homo noeticus‹ gegeben. Er sagte: »Ich betrachte den Homo noeticus als die nächste menschliche Evolutionsstufe, genauso wie der Cromagnon Mensch den Neandertaler ablöste.«[27]

White fügte hinzu:

> Der Homo noeticus wird wahrscheinlich seine volle Verbreitung erst in ein paar tausend Jahren finden... Aber die Vorläufer des Homo noeticus treten jetzt auf, in wachsender Zahl, lassen ihre Gegenwart spüren, treiben den Homo sapiens an, schaffen ihren eigenen Lebensraum im Öko-Psychosystem und zeigen ihm auf, wie er seine eigenen

Möglichkeiten dazu nutzen kann, sein Denken und Empfinden zu verändern und sich dabei weiterzuentwickeln. Somit kann er in seine eigene Evolution lenkend eingreifen und den Prozess beschleunigen.[28]

PERSONALITÄT UND INDIVIDUALITÄT

Das neue Konzept der biologischen Evolution kommt dem traditionellen Verständnis von Sinn und Ziel des menschlichen Lebens wesentlich näher. Unsere Existenz beruht nicht auf blindem Zufall, sondern auf zielbewusstem Wachstum. Dies schließt ein Hineinwachsen in neue Ebenen des Bewusstseins ein, was zu einer Erweiterung unserer Wahrnehmungsfähigkeit von der rein physischen Ebene auf nicht-physische Ebenen führt. Diese Erweiterung unseres Bewusstseins und unserer Empfindungen bewirkt eine Neudefinition der Wirklichkeit, in der wir leben.

Ein erweitertes Bewusstsein ist seit langem schon der Kernpunkt der esoterischen Überlieferung in der Welt. Es war dem Spezialisten in Fragen der Religion vorbehalten – dem Schamanen, dem Magus, dem Heiligen und dem Weisen. Zum ersten Mal in der Menschheitsgeschichte kann dieses erweiterte Bewusstsein jedoch zum Allgemeingut aller Menschen werden. Scharfsinnige Beobachter der gegenwärtigen Krisensituation gehen sogar davon aus, dass dies der einzige Weg für uns ist, wie wir als Spezies überleben können. Aber um dies zu erreichen, muss sich jeder Einzelne von uns unablässig darum bemühen, sich zu ändern.

Die Veränderung, die von uns verlangt wird, besteht ganz einfach darin, dass wir unser Leben auf die höchstmöglichen Ideale abstimmen. Aïvanhov erklärte:

> Für den Menschen hängt alles im Leben davon ab, auf was er sich konzentriert im Leben, was er erreichen will, wo er Erfolg haben will, in einem Wort: was sein Ideal ist. Alles beruht darauf, denn dieses Ideal beeinflusst ihn unmittelbar und hat seine Auswirkungen: es arbeitet in der Tiefe, es reinigt, ordnet, harmonisiert. Alles in unserem Leben gestaltet und formt sich entsprechend unserem Ideal. Wenn dieses Ideal weder hoch noch edel, sondern nur banal und materiell ausgerichtet ist, gestaltet sich auch alles, was der Mensch macht, fühlt und denkt, dementsprechend...[29]

Aïvanhov betrachtete Ideale als lebendige Wesenheiten, die uns mit Lebenskraft versorgen. Jedoch müssen wir bewusst mit ihnen in Beziehung treten und sie sorgsam pflegen. Offensichtlich verfügen nur hohe Ideale über die Kraft, unser menschliches Wachstum zu unterstützen und insbesondere unsere spirituelle Weiterentwicklung zu fördern. »Einzig und allein ein hohes Ideal vermag sämtliche Leerstellen im Menschen zu füllen,« sagte er.[30] Um die höchsten unserer Spezies bekannten Ideale zu entdecken, müssen wir uns näher mit den überlieferten Einweihungslehren befassen. In ihnen finden wir die umfassendste Unterweisung auf dem Weg zu unserer evolutionären Bestimmung.

Die Lehren der Einweihungstradition in unserer Welt haben schon lange erfasst, dass unsere biologische Entwicklung nur ein Stadium innerhalb eines wesentlich vielschichtigeren evolutionären Prozesses ist. Quer durch alle Zeitalter haben sie betont, dass das Schicksal des Menschen sich nicht in der biologischen Realität erschöpft, sondern auf die spirituelle Dimension hin ausgerichtet ist. Wir können diesen Prozess fördern, indem wir den Höchsten Geist als unser Leitbild aussehen. In der esoterischen Tradition versteht man darunter die geistige Suche oder das Streben nach der ›Transzendierung des Selbst‹. Es ist eine kraftvolle Zielsetzung, so gebündelt wie ein Laserstrahl, die das Leben eines Menschen in jeder Hinsicht prägt. Aïvanhov beschrieb die Alchemie, die dieser alles übertreffenden Zielsetzung zugrundeliegt, folgendermaßen:

> Dies ist eines der großen Geheimnisse der Einweihung: alles auf ein Ziel hin ausrichten; alle anderen Neigungen zähmen, ihnen seinen Willen aufzwingen, sie überzeugen oder sogar unterjochen. Und wenn es einem gelungen ist, alle diese unbekannten, verborgenen Kräfte zu einer einzigen zu verschmelzen, wenn man also gelernt hat, sie alle für ein heilbringendes, großartiges, leuchtendes Ziel einzusetzen, dann wird man selbst zum Brennpunkt eines so starken und intensiven Lichts, dass man selbst Lichtstrahlen in jede Richtung aussenden kann, gleich der Sonne.[31]

Seine ganze Energie auf ein bestimmtes Ideal hin auszurichten, das ist der Kernpunkt spirituellen Lebens. Dieses disziplinierte Verhalten kann man auf vielerlei Art beschreiben, denn es setzt sich aus vielen verschiedenen Bereichen zusammen und durchzieht das ganze Leben eines Menschen. Man könnte zum Beispiel auch von der Fortentwicklung der ›Individualität‹, der höheren Natur sprechen, wie Aïvanhov dies nennt, im Gegensatz zur ›Personalität‹, der niederen Natur.

Nach Aïvanhov ist die Individualität bzw. der Geist von göttlicher Natur. Demzufolge ist sie allmächtig und vollkommen frei, und sie beeinflusst auf subtile Weise die Personalität, damit diese den Prinzipien und Gesetzen der geistigen Welt Folge leisten kann. Im Großen und Ganzen ignorieren wir jedoch lieber diesen Einfluss.

Der amerikanische Psychologe Ken Wilber sprach vom »Atman-Projekt«, womit er das dem Göttlichen innewohnende Bestreben bezeichnet, sich in der endlichen Welt zu manifestieren.[32] Dies zeigt sich sowohl im Streben der Menschen nach Macht, Sicherheit und Lust als auch in der Suche des Weisen nach Frieden und Glück. Aber das Geschehen in der Welt ist ein unbewusster Ausdruck des ›Atman-Projekts‹. Im spirituellen Leben wird dieser göttliche Impuls als tiefste Quelle angesehen, aus der der Mensch all seine Motivation schöpft. Geistige Schüler versuchen sich mit größtmöglicher Reinheit darauf einzustimmen.

Obwohl der Geist absolut gesehen allgegenwärtig und allmächtig ist, kann er sich dennoch in der physischen Welt nur insoweit bemerkbar machen, als dies die Personalität gestattet. Aïvanhov stellte fest:

> Die Individualität versucht stets, die Personalität durch positive Impulse anzuregen, aber die Persönlichkeit, die frei und unabhängig sein will, ist eigensinnig und sträubt sich gegen die Weisungen von oben. Obwohl sie von der Individualität beseelt, belebt und genährt wird, widersetzt sie sich ihr. Bis zu dem Tage, da es der Individualität endlich gelingt, die Persönlichkeit zu durchdringen, zu zügeln und zu meistern. Dann wird die Persönlichkeit so ergeben und fügsam, dass sie mit der Individualität eins wird: Es vollzieht sich die wahre Vereinigung, die wirkliche Ehe. Das ist die wahre Liebe. (...) Das ist seit jeher das Ziel aller in den Einweihungsschulen gelehrten Praktiken und Übungen.[33]

Die Individualität, bzw. das transzendierte Selbst ist überbewusst. Sie ist der zeitlose Zeuge. Aïvanhov sprach von ihr als »über« der Natur, »über« der menschlichen Personalität liegend. Er machte jedoch auch klar, dass die Begriffe »über« und »unter« nicht wörtlich im räumlichen Sinne zu verstehen sind.

In der Natur gibt es weder ein oben noch ein unten,

weder rechts noch links. Diese Begriffe bringen einfach nur die Beschaffenheit einer Schwingung zum Ausdruck: langsam oder schnell, stark oder schwach. ›Oben‹ und ›innerhalb‹ entsprechen schneller Schwingung. ›Unten‹ und ›außerhalb‹ entsprechen langsamer Schwingung.[34]

Gedanken, zum Beispiel, schwingen schneller als Dinge. Die höchste Schwingung wird jedoch dem Geist zugeordnet. Je nachdem aus welchem Blickwinkel man die Schwingung betrachtet, ist sie zum einen reine Lebensintensität, zum anderen ist sie reine, selbstlose Liebe – ein einfühlsames Mitschwingen mit allen Lebewesen. Um den Geist zu erfassen, müssen wir mit seiner unübertroffenen Schwingung in Resonanz sein. Das geistige Leben kann man als Schule auffassen, in der es darum geht, die eigene Schwingung willkürlich zu erhöhen. Aïvanhov sagte dazu:

> Lebendig wird man erst, wenn man Liebe ausstrahlt. Es ist doch wahrlich leicht, sich darin zu üben! In einem Augenblick z.B., da niemand euch sieht, hebt eure rechte Hand in die Höhe und sendet all eure Liebe ins Universum, bis hinauf zu den Sternen, Engeln und Erzengeln und sprecht dabei: »Ich liebe euch, ich liebe euch, ich möchte im Einklang mit euch sein!« Wenn ihr es euch auf diese Weise zur Gewohnheit macht, etwas Kraftvolles, Inniges auszustrahlen, werdet ihr zu einem lebendigen Quell, einem Born der Liebe. Die Leute suchen sich stets hinter düsteren Mienen zu verbergen, worin weder Liebe noch Güte zu lesen sind; sie merken nicht, wie verderblich eine solche Einstellung ist (...) Übt euch darin, Tag und Nacht in Liebe zu schwingen, aus der Tiefe eures Wesens etwas an alle Geschöpfe des Himmels und der Erde zu verschenken, sie, wie der Herr es tut, mit eurer Liebe zu durchdringen.[35]

Spirituelle Arbeit ist also Arbeit mit Energie, welche Einsteins große Entdeckung ernst nimmt, dass Materie eine Form von Energie ist. Durch diese Energiearbeit entdecken wir, dass unsere sichtbare physische Realität plötzlich vor dem Hintergrund einer unendlichen, unsichtbaren Realität auftaucht.

ANMERKUNGEN

1. Omraam Mikhaël Aïvanhov, *Le travail alchimique ou la quête de la perfection* (Izvor 221, Prosveta, France, 1985), S. 82.
2. Omraam Mikhaël Aïvanhov, *Die Kräfte des Lebens* (Gesamtwerke, Bd. 5, Prosveta, 1994), S. 301.
3. Omraam Mikhaël Aïvanhov, *Die Erziehung beginnt vor der Geburt* (Izvor 203, Prosveta, 1983), S. 162.
4. Siehe Omraam Mikhaël Aïvanhov, *Die Harmonie* (Gesamtwerke, Bd. 6, Prosveta, 1993), S. 76.
5. Siehe A. Bloom, *The Closing of the American Mind* (New York: Simon and Schuster, 1987).
6. Ibid., S. 346-347.
7. R. Miller, *What Are Schools for?* (Brandon, Vt: Holistic Education Press, 1990), S. 154.
8. Omraam Mikhaël Aïvanhov, *Die Harmonie* (Gesamtwerke, Bd. 6, Prosveta, 1993), S. 178.
9. Omraam Mikhaël Aïvanhov, *Der Schlüssel zur Lösung der Lebensprobleme* (Gesamtwerke, Bd. 11, Prosveta, 1980), S. 216.
10. Omraam Mikhaël Aïvanhov, *Die Gesetze der kosmischen Moral* (Gesamtwerke Bd. 12, Prosveta, 1995), S. 141.
11. Omraam Mikhaël Aïvanhov, *Die Kraft der Gedanken,* (Izvor 224, Prosveta, 1995), S. 102.
12. Omraam Mikhaël Aïvanhov, *Der Schlüssel zur Lösung der Lebensprobleme* (Gesamtwerke, Bd. 11, Prosveta, 1980), S. 82.
13. Omraam Mikhaël Aïvanhov, *Geheimnisse aus dem Buch der Natur* (Izvor 216, Prosveta, 1993), S. 85.
14. Omraam Mikhaël Aïvanhov, *Struktureller Aufbau und Schichten der Psyche* (Izvor 222, Prosveta, 1992), S. 191-192.
15. Omraam Mikhaël Aïvanhov, *Geheimnisse aus dem Buch der Natur* (Izvor 216, Prosveta, 1993), S. 81.
16. Omraam Mikhaël Aïvanhov, *Struktureller Aufbau und Schichten der Psyche* (Izvor 222, Prosveta, 1992), S. 192.
17. Omraam Mikhaël Aïvanhov, *Der Schlüssel zur Lösung der Lebensprobleme* (Gesamtwerke, Bd. 11, Prosveta, 1980), S. 236.
18. Omraam Mikhaël Aïvanhov, *Amour et sexualité* (Oeuvres complètes, Tome 15, Prosveta, France, 1976), S. 64.

19. Omraam Mikhaël Aïvanhov, *Die wahre Lehre Christi* (Izvor 215, Prosveta, 1985), S. 113.
20. C.G. Jung, *Modern Man in Search of a Soul* (New York: Harvest Books/Harcourt, Brace & Co., 1933), S. 231.
21. Ibid., S. 240-241.
22. Omraam Mikhaël Aïvanhov, *Die wahre Lehre Christi* (Izvor 215, Prosveta, 1985), S. 117-118.
23. Ibid., S. 117-118.
24. R. Augros und G. Stanciu, *The New Biology: Discovering the Wisdom in Nature* (Boston and London: Shambala/ New Science Library, 1988), S. 230-231.
25. Henryk Skolimowski machte diesen Vorschlag bei einem Treffen am California Institute of Integral Studies am 19. September 1991.
26. Siehe D. Elfin, *Awakening Earth*, (New York: Morrow, 1993).
27. J. White, *The Meeting of Science and Spirit: Guidelines for a New Age* (New York: Paragon House, 1990), S. 243.
28. Ibid., S. 247-248.
29. Omraam Mikhaël Aïvanhov, *Die Kräfte des Lebens* (Gesamtwerke, Bd. 5, Prosveta, 1994), S. 257.
30. Ibid., S. 259.
31. Omraam Mikhaël Aïvanhov, *Surya Yoga, Pracht und Herrlichkeit von Tipheret* (Gesamtwerke, Bd. 10, Prosveta, 1985), S. 262.
32. Siehe K. Wilber, Das Atman-Projekt (Paderborn: Junfermann, 1989).
33. Omraam Mikhaël Aïvanhov, *Der Schlüssel zur Lösung der Lebensprobleme* (Gesamtwerke, Bd. 11, Prosveta, 1980), S. 14.
34. Omraam Mikhaël Aïvanhov, *La deuxième naissance* (Oeuvres complètes, Tome 1, Prosveta, France, 1980), S. 85.
35. Omraam Mikhaël Aïvanhov, *Liebe und Sexualität* (Gesamtwerke, Bd. 14, Prosveta, 1982), S. 137, 138.

5.
DAS MAGISCHE UNIVERSUM

DIE WELT DER ELEMENTARTEILCHEN UND DIE PRÄSENZ DES GEISTES

Die Sphärenmusik, welche die lebendige Einfachheit des Kosmos in elementarster Form darstellt, kann nur im Zustand mystischer Erhöhung erlebt werden, so wie das bei Omraam Mikhaël Aïvanhov in jungen Jahren der Fall war. Sobald wir in unseren normalen Bewusstseinszustand zurückkehren, stellen wir fest, dass die reiche Erfahrung, an der wir direkt teilhatten, begrifflich nicht so zum Ausdruck gebracht werden kann, dass dies unseren rationalen Verstand befriedigen würde.

Dennoch glaubten Wissenschaftler noch vor nicht allzu langer Zeit, dass das Universum verstandesmäßig vollkommen erfassbar und vorhersagbar sei, da es ja aus einer bestimmten Menge von Materie bestehe, die im dreidimensionalen Raum verteilt sei und den berühmten drei Gesetzen der Newton'schen Bewegungslehre gehorche. Dieser Glaube wurde durch die Relativitätstheorie von Einstein und den wissenschaftlichen Entdeckungen, die daraus folgten, erheblich ins Wanken gebracht. Die neue post-Newton'sche Kosmologie arbeitet mit dem Begriff des vierdimensionalen Raum-Zeit-Gefüges; das neue Universum ist wesentlich weniger stofflich greifbar geworden und eher Gegenstand statistischer Wahrscheinlichkeit.

Sogar das ehrbare Elektron wird nicht mehr als unteilbares Teilchen angesehen. Der Quantentheorie zufolge ist es wesentlich weniger klar bestimmbar und sollte wahrscheinlich eher als Wellenteilchen betrachtet werden. Ja, die gesamte Welt der Elementarteilchen ist zu einem Puzzle geworden, das immer komplexere Formen annimmt,

Omraam Mikhaël Aïvanhov vor dem Feuer

während die Wissenschaftler versuchen, die Puzzleteile zusammenzusetzen. Zuerst waren es Atome, dann Hadronen, dann Quarks, welche man als die Grundbausteine des Universums ansah. Aber sie haben alle anscheinend neue Untergruppen hervorgebracht – den sogenannten ›Partikel-Zoo‹.

Um in diese Überfülle eine einheitliche Linie hineinzubringen, erfanden einige Wissenschaftler in den sechziger Jahren den Begriff ›string‹. Darunter versteht man eindimensionale Schwingungsschleifen, die nicht länger sind als der milliardste Teil eines Billionstel von einem Billionstel Zentimeter. Eher gleich einer Violinsaite, bringen sie verschiedene ›Töne‹ hervor – Quarks, Leptonen, Gluonen und ihre Ableitungen – je nach Schwingungsdauer. Dieser Gedanke wiederum hat Theoretiker zu der Annahme veranlasst, dass Strings in bis zu fünfundzwanzig Dimensionen schwingen. Mitte der achtziger Jahre wurde die String-Theorie auf ›Superstrings‹ ausgedehnt. Man kann wirklich sagen, dass die Wissenschaftler umso weniger von dem großen Geheimnis verstehen, vor dem sie stehen, je mehr sie wissen. Jedoch, wie viele würden dies wohl zugeben?

Mittlerweile ringen Theoretiker darum, eine universelle Theorie aufzustellen, die buchstäblich für alles eine Erklärung bieten soll. Orientiert man sich an der spirituellen Überlieferung, dann ist ihr Optimismus jedoch ziemlich unangebracht. Der Verstand kann das Geheimnis der Existenz nie umfassend begreifen. Obwohl die moderne Quantenforschung ein für alle Mal mit unserer naiven Vorstellung vom Universum als simplem dreidimensionalem Kosmos aufräumte, ist die Quantenphysik in vieler Hinsicht noch dem Materialismus verhaftet. Nur wenige Wissenschaftler akzeptieren, dass ihr multidimensionales Universum, welches weitgehend auf mathematischer Spekulation beruht, in ein Sein eingebettet ist, das alle Dimensionen sprengt. Es ist jedoch immerhin ermutigend zu wissen, dass die Methoden der Wissenschaft selbst zu Erkenntnissen führen, die ihre eigenen, auf materialistischem Boden verankerten, philosophischen Grundlagen untergraben.

Aus Sicht der esoterischen Überlieferung ist die Welt als Ganzes in ihrem Kern ein Geheimnis. Man kann sie nicht in mathematische oder physikalische Theorien fassen. In diesem Sinne ist die Welt wirklich ein magischer Ort. Materie, Energie und Bewusstsein können nur im Verstand getrennt gesehen werden. In Wirklichkeit sind sie nur Teilaspekte ein und derselben Ganzheit. Einige Wissenschaftler räumen dies zwar allmählich ein, doch sie schrecken noch vor der Annahme zurück, dass der Kosmos, wie Aïvanhov glaubte, beseelt sei.

Wo Physiker Ursache und Wirkung sehen, sah Aïvanhov intelligente Wesenheiten am Werk. Eine solche Sichtweise wird allgemein als primitiver Animismus abgetan. Folglich finden Wissenschaftler tendenziell genau das, was sie erwarten, nämlich ein Universum ohne Seele. Aus Aïvanhovs Sicht entdecken materialistische Wissenschaftler im Kosmos nur wieder ihre eigene menschliche Intelligenz, und das ist wahrhaftig nicht besonders viel. Wie Aïvanhov spöttisch feststellte:

> Ich finde, einem Materialisten fehlt es an Intelligenz, denn er hat sich mit der Welt der Materie überhaupt nicht richtig befasst: Er hat sich ausschließlich auf seinen Intellekt verlassen, und da sein Intellekt die Realität vernichtet, bleibt für ihn diese Realität, die wahre Realität verborgen. Der Intellekt hindert die Menschen daran, den Ur-Kern der Dinge, ihre lebendige Seite, ihre Quelle zu erfassen.[1]

Aïvanhov war ein unerbittlicher Kritiker des wissenschaftlichen Materialismus, eigentlich sogar jeglicher

Form und Ausprägung des Materialismus. Er hielt ihn für engstirnig und sektiererisch.[2]

Er bezeichnete materialistische Wissenschaftler und Philosophen als »Fluch aller Flüche« und er sah in ihnen diejenigen, die die »Hölle öffnen und die Kräfte der Zerstörung freisetzen.«[3] Er bemerkte:

> Die Menschen tauchen in die Materie hinein und versinken dabei in ihr. Sie meinen, sie werden frei, aber dabei schaufeln sie ihr eigenes Grab. Sie mögen nicht auf die Eingeweihten hören, halten an ihrem Standpunkt fest, und so wird man sie eines Tages vom Gewicht ihrer eigenen Last – der ihnen so lieb gewordenen Materie, an die sie sich klammern – erdrückt sehen.[4]

Aïvanhov räumte jedoch ein, dass es einige Denker gibt, die tapfer gegen den Zauber der Materie ankämpfen und sich dem Materialismus entgegenstellen. Aïvanhov war immer auf Ausgleich bedacht, und so gestand er den Materialisten in gewisser Weise eine nützliche Rolle in der Schöpfung zu: Sie sind wie Erdwürmer, die den Boden umwandeln.[5] Aber der Materialismus ist ganz klar eine begrenzende Sichtweise, vor allem für jene, die nach geistigem Wachstum streben.

Für Aïvanhov hat der Materialismus keine Zukunft. Seine Tage sind gezählt, genauso wie die Tage des Kommunismus in Russland gezählt waren. Vor über einem halben Jahrhundert sagte er vorausschauend in einem seiner Vorträge:

> Im Augenblick sind die Menschen noch Opfer dieser materialistischen Philosophie, die sie von der wahren Kraft fernhält, und sie werden immer schwächer. Aber ihr werdet sehen, dass der Materialismus in einigen Jahren ausgeschlossen, weggejagt und verbannt wird. In den Universitäten, den

Schulen, den Familien und überall wird man die Menschen in der Wissenschaft des Geistes unterrichten. Sie werden erkennen, dass sie jahrhundertelang im Dunkeln tappten und dass diese ganzen technischen und wissenschaftlichen Entdeckungen noch kein wirklicher »Fortschritt« waren. Der Fortschritt des Geistes ist der wahre Fortschritt, es zählt kein anderer Fortschritt als der des Geistes.[6]

Aïvanhov fügte hinzu: »Schreibt diese Worte auf, sie sind eine Formel für die Zukunft.«

Die multidimensionale Wirklichkeit, die von Physikern heraufbeschworen wurde, die sich mehr auf Mathematik als auf Laborversuche verlassen, ist eine bruchstückhafte Wirklichkeit. Die Aufteilung in Bruchstücke ist ein typisches Merkmal des Intellekts, der keine Nahrung aus der höheren Intuition erhält, welche die einende spirituelle Dimension offenbart. Das heißt, das von den Physikern gezeichnete Universum – obwohl wesentlich komplexer als das Newton'sche Universum – ist ein Universum, in dem jegliche spirituelle Präsenz fehlt, es ist ein Raum ohne Gott.

Ungeachtet der Tatsache, dass die Quantenphysik und die moderne Kosmologie unser Verständnis von der Welt, in der wir leben, erheblich erweitert haben, sind diese Wissenschaften nichtsdestoweniger immer noch mit dem materialistischen Vorurteil behaftet. In gewisser Weise sind die wissenschaftlichen Theorien den Menschen voraus, von denen sie formuliert werden. Anders ausgedrückt könnte man sagen, dass die Wissenschaftler noch nicht die ganze Tiefe ihrer Vorstellungen ausgelotet haben. Wenn das materialistische Vorurteil einmal beseitigt wird, wird die Wissenschaft die spirituelle Präsenz im Universum wiederentdecken.

Einige Wissenschaftler haben das bestehende Vorurteil schon durchbrochen. So schrieb der Physiker Harold K. Schilling:

> Die Natur ist für das menschliche Bewusstsein wieder zu einem Fenster geworden, das sich zu den transzendentalen und immanenten Bereichen der Wirklichkeit hin öffnet, was darauf hindeutet, dass ein kreatives, auf Ausgleich bedachtes, göttliches Wesen innerhalb und außerhalb von Natur und Kosmos wirkt. Dies ist ein Geheimnis, das mehr als Staunen wachruft, nämlich Ehrfurcht. Es ist die geheimnisvolle Wirklichkeit schlechthin, die wir allgemein Gott nennen.[7]

Die heutige Physik hat der esoterischen Überlieferung, die das Universum als mehrdimensionalen Organismus versteht, zu neuer Glaubwürdigkeit verholfen. Im Gegensatz zur esoterischen Tradition hat die heutige Wissenschaft dieses Wissen jedoch noch nicht auf den Menschen angewandt. Als Spiegelbilder des Kosmos in seiner Gesamtheit, sind auch wir mehrdimensional. Das meiste von dem, was wir sind, gehört zu den unsichtbaren Reichen der Wirklichkeit.

MEHRERE KÖRPER, MEHRERE EBENEN DER WIRKLICHKEIT

Unsere profane westliche Zivilisation, die deutlich visuell geprägt ist, folgt der rationalistischen Doktrin, nur »zu glauben, was man sieht.« Wir greifen diese Doktrin immer dann auf, wenn wir das Vorhandensein einer Sache anzweifeln, was vor allem metaphysische Realitäten betrifft, wie zum Beispiel das Göttliche oder höhere geistige Wesenheiten. Dies geht einher mit einem fast verzweifelten Glauben an das Sichtbare. Da das Sichtbare jedoch auf so offensichtliche Weise nicht unsere alleinige Wirklichkeit ist, sind solche Menschen großen Enttäuschungen ausgesetzt. Wie die bekannte Therapeutin und Jungianerin June Singer feststellte:

Der Glaube, dass es nur die sichtbare Welt gibt, kann sehr entmutigend sein und bis zur Verzweiflung führen. Dieser Glaube nährt ein Gefühl der Hoffnungslosigkeit - so ist nun mal die Welt und keiner kann viel daran ändern. Wir müssen im Heute leben und nur im Heute. Aber letztendlich führt das Leben im Heute ins Unglück.[8]

Es liegt auf der Hand, dass einige für unser materielles Leben wesentliche Dinge für uns unsichtbar, nicht greifbar sind: Freiheit, Gerechtigkeit, Glück, Erfolg, Macht, Liebe, Loyalität. Wir können sie nicht wirklich sehen, dennoch existieren sie und sind für uns sehr wichtig. Aïvanhov drückt dies noch viel radikaler aus:

> Ihr habt noch nicht einmal bemerkt, dass ihr euer ganzes Leben auf unsichtbaren Dingen aufbaut. Allein die unsichtbare Welt existiert, alles andere ist zweifelhaft. Wer diese Realität bestreitet, der sägt den Ast ab, auf dem er sitzt und wird eines Tages zu Boden fallen. (...) Wenn die Menschen die Existenz der unsichtbaren Welt bestreiten, unterschreiben sie damit ihr Todesurteil.[9]

Wir berufen uns häufig auf viele unsichtbare Realitäten und Werte, die unser Leben lebenswert machen, und Wissenschaftler versuchen sogar, sie mittels einer ganzen Reihe wissenschaftlicher Methoden zu erfassen. Da diese Methoden jedoch auf der quantitativen Erfassung von inneren, nicht greifbaren Qualitäten beruhen, war ihre Erfolglosigkeit von vornherein absehbar. Wie kann man Liebe, Freiheit, Glück oder das Leben selbst messen?
Selbst die strengen Wissenschaften, die unsichtbaren metaphysischen Realitäten keinen Raum geben, operieren ständig mit dem Unsichtbaren. Niemand hat zum Beispiel jemals die Planck'sche Konstante gesehen, Heisenbergs Unschärferelation, Entropie, Evolution, das Gesetz der

Wahrscheinlichkeit oder irgendein anderes mathematisches oder physikalisches Prinzip, das für die Arbeit von Wissenschaftlern von wesentlicher Bedeutung ist. Die gleichen Wissenschaftler, die ohne zu zögern Hypothesen, Modelle und Theorien auf der Grundlage jener unsichtbaren Prinzipien aufstellen, reagieren jedoch extrem nervös und oft sogar ziemlich intolerant, wenn es um die unsichtbare Realität geht, mit der sich Philosophen und Theologen befassen; sie würden Aïvanhovs metaphysisches System und die mystische Erfahrung, die ihm zugrunde liegt, sofort ablehnen.

Glücklicherweise können wir heute beobachten, dass sich die Einstellung in positiver Weise verändert. Singers Buch ist ein Signal für diesen Wandel innerhalb der Psychologie, wo man es noch vor nicht allzu langer Zeit ablehnte, mit dem Begriff der Psyche oder des Bewusstseins zu arbeiten. In der Physik kündigt die Arbeit von David Bohm zum Beispiel diese neue Richtung an. Sein Prinzip der ›impliziten Ordnung‹ kann direkt in den Begriff des Unsichtbaren umgesetzt werden.[10] Für Bohm ist die Existenz in ihrer Gesamtheit ein unteilbares Ganzes beziehungsweise eine Art Hologramm der Bewegung, das mehrdimensional ist, und in dem jedes Teil alles andere mit einschließt. Somit ist das Universum also ein prachtvolles Hologramm, und der größte Teil seiner Gestalt ist eher implizit (unsichtbar) als explizit (sichtbar).

Nach Bohms Ansicht ist das menschliche Individuum lediglich eine relativ unabhängige Teilstruktur, die stabil genug ist, den Eindruck der Einmaligkeit zu vermitteln. Diese explizite Struktur ist jedoch nicht alles, was das menschliche Wesen ausmacht. Wir nehmen auch teil an der unermesslich großen impliziten Ordnung des Universums. Folglich kann die menschliche Natur mit lediglich mechanistischen Prinzipien nicht angemessen erklärt werden. Bohms Modell ist ein modernes Wiederaufgreifen alter Intuitionen.

Ähnlich wie der Begriff der Unsichtbarkeit, hat auch die Vorstellung vom Geheimnis in Kreisen der Wissenschaft etwas an Ansehen gewonnen. So beschrieb der amerikanische Physiker Harold K. Schilling die Natur als »nicht ergründbar durch wissenschaftliche Forschung und Analyse.«[11] So sehr die Wissenschaftler das Universum auch durchforschen und durchleuchten, es scheint weder ein oben noch ein unten zu haben, es ist und bleibt ein Geheimnis.

Es war kein geringerer kluger Kopf als Albert Einstein, der diese viel zitierten Worte schrieb:

> Das Schönste, was wir erleben können, ist das Geheimnisvolle. Es ist das Grundgefühl, das an der Wiege von wahrer Kunst und Wissenschaft steht. Wer es nicht kennt und sich nicht mehr wundern, nicht mehr staunen kann, der ist sozusagen tot und sein Auge erloschen. Das Erlebnis des Geheimnisvollen – wenn auch mit Furcht gemischt – hat auch die Religion gezeugt. Das Wissen um die Existenz des für uns Undurchdringlichen, der Manifestationen tiefster Vernunft und leuchtendster Schönheit, die unserer Vernunft nur in ihren primitivsten Formen zugänglich sind, dies Wissen und Fühlen macht wahre Religiosität aus; in diesem Sinn, und nur in diesem Sinn, gehöre ich zu den tief religiösen Menschen.[12]

Das gewaltige Geheimnis der Existenz birgt viele Bereiche, von denen jene, die auf der Suche nach Wissen sind, ab und zu einen Blick erhaschen können. Es mag bis zu einem gewissen Maß geschehen, dass sich dem beharrlichen geistigen Pilger bisher unsichtbare Dimensionen innerhalb der geheimnisvollen mehrdimensionalen Realität auftun und er sogar Zugang zu ihnen findet.

Es ist ihm vielleicht sogar möglich, wenn auch nicht mit seinem physischen Auge, die verborgenen Strukturen zu schauen, von denen die esoterische Überlieferung spricht, wie zum Beispiel feinstoffliche Körper und Welten. Die Vorstellung, dass der physische Körper lediglich die äußerste Schale eines ineinander greifenden Systems von 'Körpern' oder Energiefeldern ist, steht im Mittelpunkt der meisten, wenn nicht sogar aller Einweihungsschulen.

Wenn geistige Schüler ihren Blickwinkel erweitern, so dass er immer feinstofflichere Dimensionen erfasst, werden sie auf unterschiedliche Weise in der Lage sein, auf jenen höheren Ebenen der Existenz erfolgreich zu wirken. Die geistigen Adepten sind sowohl große Gnostiker als auch große Magier. In der Sprache des Sanskrit ist der ›Yogi‹ sowohl ein ›jna-nin‹ (Wissender) als auch ein ›siddha‹ oder Wundertäter, der mit übernatürlichen Fähigkeiten ausgestattet ist. Der ›Siddha-Siddhanta-Paddhati‹ (II.31) zufolge, einer alten Yoga-Schrift, können nur diejenigen für sich in Anspruch nehmen, Yogis zu sein, welche die ›anatomischen Strukturen‹ des ›feinstofflichen Körpers‹ aus erster Hand kennen.

Um ein wirklich umfassendes Verständnis der menschlichen Natur zu erlangen, dürfen wir deshalb nicht nur Biologen, Psychologen, Soziologen und Philosophen fragen, sondern wir müssen genau auf das hören, wovon die großen geistigen Lehrer der Menschheit Zeugnis ablegen. Sie kennen aus eigener Erfahrung die unsichtbaren Aspekte der menschlichen Natur, die ebenso wichtig, wenn nicht sogar wichtiger sind, als die sichtbare Dimension des Körpers. Wie Aïvanhov bemerkte:

> Die Unwissenheit der Menschen im Hinblick auf ihre eigene Natur und den ständigen Austausch mit allen unsichtbaren Geschöpfen der anderen Sphären des Universums, ist die Ursache des größten Unheils. Der Schüler soll also wissen, wie er in

den Werkstätten des Schöpfers geschaffen worden ist, und dass er mit Bewohnern anderer Ebenen verbunden ist. Dadurch wird ihm die Wichtigkeit einer Auslese bewusst: Er beseitigt gewisse Elemente, versperrt den feindlichen Kräften die Türen und öffnet sie nur gegenüber den wohltuenden, harmonischen, aufbauenden Kräften.[13]

Er sagte auch:

> Der Körper des Mannes – und der Frau – ist ein Abbild des Universums. Der Schüler muss wissen, auf welche Weise er ihn betrachten, respektieren und bewundern soll, und vor allem, wie er ihn als Basis für seine Verbindung mit der erhabenen Welt nutzen kann.[14]

Während der beinahe fünfzig Jahre, die er in Frankreich lehrte, sprach Aïvanhov ausführlich über die feinstofflichen Strukturen, die die unsichtbare Seite des Menschen darstellen. Im Großen und Ganzen sind seine Erläuterungen eng verflochten mit jenen, die man in anderen esoterischen Schulen findet. Oft konnte er jedoch aus seiner eigenen Erfahrung überraschende Elemente hinzufügen, die ein neues Licht auf die alten Lehren werfen. So intensiv er sich jedoch in seinen Vorträgen auch mit der unsichtbaren Dimension befasste, so betonte er doch immer, dass das, worauf es im spirituellen Leben ankommt, letztendlich der Geist selbst ist. »Ich befasse mich mit dem Wesentlichen,« stellte er einmal fest.[15]

Nach Aïvanhov setzt sich der Mensch aus sechs Körpern zusammen, die in den hinduistischen Sanskrit-Schriften als ›koshas‹ (›Hüllen‹) bekannt sind. Die Hülle, die uns am vertrautesten ist, ist der physische Körper. Sie wird umschlossen von der Äther-Hülle, die nicht immer als getrennter Körper dargestellt wird. Sie wird auch als das Doppel oder, wie Aïvanhov sie nannte, als »Dunst« des physischen Körpers bezeichnet.¹⁶ Wie Aïvanhov jedoch erklärte, haben die verschiedenen feinstofflichen Körper auch jeweils ihren Doppelgänger.¹⁷

Über den Ätherkörper äußerte er sich folgendermaßen:

> Wie die Pflanzen, durchdringt auch der ätherische Doppelgänger einerseits den physischen Körper und ragt andererseits mit seinen Verzweigungen bis in die höhere Welt, aus der er Energien schöpft, die er dann an den Organismus weiterleitet. Auch der Ätherleib belebt die Materie, und zwar indem er die in ihr versteckten Qualitäten offenbar macht. Er ist der Mittler zwischen dem physischen und den feinstofflichen Körpern. Bis jetzt weiß die offizielle Medizin noch nicht viel von seiner Beschaffenheit und ahnt auch nicht, dass viele körperliche Behinderungen auf Störungen in diesem Bereich zurückzuführen sind. Selbst die Spiritualisten messen ihm weniger Bedeutung bei als dem Astral- und dem Mentalleib. Es stimmt zwar, dass er nicht dieselbe Kraft besitzt wie diese, aber er ist absolut lebensnotwendig.¹⁸

Es gibt noch weitere Körper, die den physischen Körper und sein bioplasmisches Feld einhüllen und wechselseitig durchdringen. Es sind dies in der Reihenfolge zunehmender Feinstofflichkeit der Astralkörper, der Mentalkörper, der Kausalkörper, der Buddhikörper und der Atmankörper.

Der Astralkörper ist der Sitz unserer persönlichen Gefühle und Absichten, wohingegen der Mentalkörper, wie der Name schon sagt, der Ort unserer intellektuellen Aktivität ist. Im Sanskrit wird der erstgenannte Körper mit ›prana-maya-kosha‹ oder ›Hülle aus Lebenskraft‹ bezeichnet, während der letztgenannte Körper ›mano-maya-kosha‹ oder ›Hülle aus Verstand‹ genannt wird. Aïvanhov gab zum Astralkörper folgende Erläuterung:

Begehrlichkeit, Habsucht, das Bedürfnis zu besitzen, sich zu befriedigen, sind Manifestationen des Astralkörpers. Wenn man ihn nicht in Schach hält, bläht er sich dermaßen auf, dass er im Menschen wie ein scheußlicher Tumor wuchert. (...) Der Astralleib, also der Sitz der Gefühle und Begierden, fängt mit der Pubertät im Menschen zu wirken an. Vor dieser Periode ist vor allem der Ätherkörper aktiv. Ja, der Astralleib ist etwas Lebendiges und der Mentalkörper auch: Das Kind kann Affekte wahrnehmen, begreifen, was man ihm erklärt. Der Astralkörper aber wird erst um das 14. Lebensjahr herum vollständig ausgeformt, der Mentalkörper dagegen erst um das 21. Lebensjahr.[19]

Der Kausalkörper, der sich über dem Mentalkörper befindet, ist der Bereich, in dem die leuchtendsten Gedanken auftreten, die nicht so sehr die Schöpfung der individuellen als vielmehr der archetypischen Realitäten sind. Dies ist die Ebene, auf welche die Genies der Menschheit eingestimmt sind und aus der sie ihre Inspirationen bekommen. Dies ist auch die Ebene wahrer Weisheit. Dieser Körper entspricht ›vijana-maya-kosha‹, der ›Hülle aus Bewusstsein‹ in der Hindu-Tradition.

Der Buddhikörper ist nach Aïvanhov der Sitz der Seele. Das Wort ›buddhi‹ stammt aus dem Sanskrit und bedeutet wörtlich ›Intelligenz, Erkenntnis, Weisheit‹. An anderer Stelle erklärte Aïvanhov, dass die Seele sich aus dem Mentalkörper und dem Astralkörper zusammensetzt.[20] Jedoch ist es durchaus logisch, die Seele spezifisch dem Buddhikörper zuzuordnen, denn dies ist die Ebene der geistigen Klarheit und Ruhe, was ein Charakteristikum der Heiligen ist. Es ist auch die Ebene selbstloser Liebe, die alle Lebewesen einschließt. Im Hinduismus kennt man sie als ›anda-maya-kosha‹, ›Hülle aus Glückseligkeit‹, denn auf dieser Ebene gibt es nicht die geringste Störung durch Schmerz oder Leid.

Der Atmankörper ist der Sitz des Geistes beziehungsweise der höheren Seele, welche die eigentliche Identität des Menschen ausmacht. Man bezeichnet sie auch als das universelle oder höhere Selbst. Der Name ist abgeleitet vom Sanskrit-Wort ›atman‹, was ›Selbst‹ bedeutet. Es ist der göttliche Funke in uns, der nie ausgelöscht werden kann, weil er dem Göttlichen nahe steht beziehungsweise mit ihm identisch ist. Der Geist ist das, was die Sonne für die Planeten unseres Sonnensystems ist. Dies ist die Ebene, auf der die großen geistigen Adepten wirken. Dies ist auch der »Omega-Punkt«, wie der französische Paläontologe und Theologe Pierre Teilhard de Chardin sagen würde – das Endziel aller Evolution, worin der Kosmos oder Teile davon sich ihres göttlichen, prä-kosmischen Ursprungs voll bewusst werden.

DER KOSMOS, DAS GUTE UND DAS BÖSE

Den Geist zu begreifen, setzt reifes Selbstverständnis voraus, und sich selbst zu verstehen bedeutet, das Universum zu verstehen. Der Parallelismus in der Struktur zwischen Makrokosmos (Welt) und Mikrokosmos (Mensch) gehört zu den ältesten philosophischen Einsichten. Wie Aïvanhov darlegte:

> Von alters her wurde der Mensch als ein kleines Universum betrachtet. In den Tempeln der Antike wurde er als der Schlüssel dargestellt, der die Tore zum Palast des Großen Königs aufschloss, denn alles, was im Weltall als Materie und Energie überhaupt existiert, lässt sich auch im Menschen – jedoch in verkleinertem Masse – wiederfinden.[21]

Im Mittelalter wurde diese Geheimlehre durch den ›Menschen im Tierkreis‹ komprimiert dargestellt. Diese auch als ›Vesica piscis‹ bekannte Abbildung zeigt eine menschliche Figur, die von den zwölf Zeichen des Tierkreises umgeben ist, welche mit verschiedenen Teilen des Körpers verbunden sind.

In dieser Darstellung kommt der Glaube zum Ausdruck, dass der Mensch nahtlos in den großen kosmischen Plan eingefügt ist, und dass die kosmischen Strukturen ihrerseits im Menschen ihr analoges Abbild haben. Aïvanhov sah in diesem Parallelismus eine Symbiose. »Leben,« sagte er, »ist nichts anderes als eine ununterbrochene Wechselwirkung zwischen Mensch und Natur.«[22]

Um das Leben zu erklären, benützte Aïvanhov das Bild des Flusses. Flüsse entspringen in den Bergen und fließen hinunter ins Tal. Am reinsten sind sie an ihrer Quelle, und sie werden zunehmend schmutziger auf ihrem Weg zum Ozean. Der Fluss des Lebens ist am reinsten an seiner göttlichen Quelle, nimmt dann immer mehr Unreinheiten auf, bis er schließlich in der materiellen Welt durch und durch verschmutzt wird.

Die Wechselbeziehung zwischen Makrokosmos und Mikrokosmos ergibt sich durch die Tatsache, dass sowohl das Universum als auch der Mensch, als Glied der Evolution, ihre Existenz dem Göttlichen verdanken. Aïvanhov sprach vom »mächtigen Strom des Lebens, der von Gott ausströmt und sich über das ganze Universum ergießt – von den Sternen bis hin zu den winzigsten Materieteilchen.«[23] Er sagte auch: »Die Natur ist der physische Körper Gottes.«[24]

Das Leben ist die entscheidende Verbindung zwischen allen Kreaturen und Dingen. Die Menschen sehen sich von allen anderen Kreaturen getrennt und ihnen überlegen – ein Trugschluss, der zu unendlichem Leid in der Welt führt. Diese Fehlannahme liegt nicht nur allen zwischenmenschlichen Konflikten zugrunde, sondern auch der rigorosen Ausbeutung von Tieren, Pflanzen und Bodenschätzen seitens des Menschen. In Wahrheit sind wir ein integraler Bestandteil des Kosmos. Mit Aïvanhovs Worten:

> Der Mensch ist nicht von der Natur getrennt, wir sind ein Teil von ihr, unser Atem, unser Leben hängen von der Natur ab. Wir werden von der Natur beeinflusst, und die Natur wird von uns beeinflusst.[25]

Aïvanhov sprach auch von der Natur als einem einzigen, riesigen Organismus.[26] Ein biologischer Organismus ist funktionsfähig, weil zahlreiche Teile zusammenarbeiten und perfekt aufeinander abgestimmt sind. Krankheiten brechen aus, wenn dieses natürliche Gleichgewicht gestört wird. Das Gleichgewicht in der Natur sowie in der Körper-Geist-Einheit des einzelnen Menschen ist hoch dynamisch. Es besteht aus einer Abfolge von Zuständen, die dramatische Krisenmomente mit einschließen. Ohne solche Momente könnte es keine Evolution, kein Wachstum geben.

Das heißt, dass die Natur ebenso wie das menschliche Leben Aspekte beinhaltet, die auf kurze Sicht grausam, böse und unerwünscht erscheinen, die aber auf lange Sicht dem Zweck der Evolution dienen und deshalb als angemessen, förderlich und gut einzuschätzen sind. Aïvanhov legte großen Wert auf diesen Punkt. Er sagte:

> In der Natur ist alles gut. Natürlich will ich damit nicht sagen, dass auch die Dämonen gut sind. Nein, aber eines Tages werden sie zum Verzehr zubereitet, gegart und gewürzt und man wird sich an ihnen gütlich tun. Im Talmud ist die Rede davon, dass am Ende der Zeit der Leviathan in Stücke gerissen, eingesalzen und zubereitet wird, um ihn als Festmahl den Gerechten zu servieren. Welch ein Leckerbissen erwartet uns, vorausgesetzt natürlich, uns wird das Privileg zuteil, dieses Ungeheuer im Kreise der Gerechten zu kosten.[27]

Er erklärte ferner:

> Licht und Finsternis werden mit gut und böse gleichgesetzt, aber dies kann selbstverständlich nur symbolisch gemeint sein. Dasselbe gilt auch für rechts und links. Oftmals assoziiert man die rechte Seite mit dem Guten und die linke Seite mit dem Bösen. In Wirklichkeit ist das nur eine Redensart. Rechts und links, beide Seiten machen den Menschen aus. Man teilt ihn der Einfachheit halber in zwei auf, er selbst aber ist eine unteilbare Einheit. Seht her: Angenommen, eure linke Hand schlägt die rechte; so sind es dennoch nicht zwei verschiedene Wesen, die sich bekämpfen, denn in Wirklichkeit ist es doch dasselbe Wesen, das den Schlag gibt und empfängt... Viele Geheimnisse werden klar, wenn man das Gesetz der Polarisierung versteht.[28]

Für Aïvanhov ist die Natur grundsätzlich gut, weil sie eine Manifestation des Göttlichen ist, das die absolute Güte verkörpert. Genauer gesagt ist jedoch das Göttliche jenseits von Gut und Böse, und ›Gut‹ stellt lediglich die höchste Manifestation des Göttlichen dar. In der physischen Welt gehören Gut und Böse zusammen wie die Schalenhälften einer Muschel. Sie sind wie Bruder und Schwester.[29] Jedoch nur das Prinzip des Guten ist ewig. Auf den tieferen Ebenen der Existenz erfüllt das Böse eine bestimmte Aufgabe. Aivanhov erläuterte dies:

> Das Böse ist unerlässlich für das Wirken der Natur, und sie versteht es, es richtig einzusetzen. Das ist wie in den Labors, wo Gifte verwendet werden, um höchst wirksame Medikamente herzustellen. Das Böse ist wie ein Gift, an dem Schwache und Unwissende sterben können, aber für starke und kluge Leute ist es ein Heilmittel, es macht sie gesund. Das ist die Philosophie der dritten Schule: Man muss sich das Böse nutzen.[30]

Man muss sich das Böse zu Nutze machen, indem man es umwandelt. Wir können uns nicht einfach des Bösen entledigen, denn dies würde gleichzeitig bedeuten, dass wir uns des Guten entledigen.[31] Es geht vielmehr darum, gegenüber dem Bösen eine neue Haltung einzunehmen, indem wir unseren Blickwinkel für das Leben vergrößern. Um dies zu erklären bediente sich Aïvanhov des Bildes vom Wasserrad. In früheren Zeiten – und heute noch in einigen Dorfgemeinschaften in Indien und Fernost – benutzten die Menschen ein von Ochsen bewegtes Rad, um Wasser aus einem Brunnen zu schöpfen. Ein nahe stehender Beobachter würde nur ein Ochsengespann sehen, das an einem Rad zieht und sich dabei einmal auf ihn zu und einmal von ihm wegbewegt. Jedoch ein Beobachter, der von einem Hügel aus die ganze Szene verfolgt, würde ein vollständigeres Bild vom Geschehen erhalten. Er würde das gleiche Ochsengespann in einer Kreisbewegung sehen. Aïvanhov benützte oft das Bild vom Beobachter, der auf einer Anhöhe steht, um damit den Blickwinkel des Eingeweihten verständlich zu machen.

Anstatt dem Göttlichen die Schuld für böse Ereignisse anzulasten, müssen wir lernen, das Böse als Nebenprodukt der Schöpfung auf einer niedrigeren Handlungsebene zu verstehen. »Das Böse,« bemerkte Aïvanhov, »ist der Bodensatz des Guten.«[32] Er verglich das Böse mit Abfall, der uns zwar anekelt, der aber ungeachtet dessen ein nützlicher Dünger ist. Er sagte:

> Selbst die beste Sache der Welt hat zumindest einen kleinen negativen Aspekt – die sogenannte Kehrseite der Medaille. Wir alle wissen es. Warum verstehen dann die Menschen die Sprache all dieser kleinen Dinge des täglichen Lebens nicht, die sich unaufhörlich vor ihren Augen ereignen? Bei der Erschaffung der Erde musste das ungenutzte Material

– symbolisch gesprochen die zerbrochenen Fensterscheiben und Ziegelsteine, die nicht verwendbaren Bretter und Nägel – irgendwo aufgeschichtet werden. Deshalb hat auch die Erde ihren Müllplatz. Es ist ein aus Finsternis bestehender Kegel, der sich hinter ihr befindet: ihr Schatten.[33]

Der Schatten der Welt ist natürlich die Hölle, die Mülldeponie für alles Böse, der Gegenpol zum Göttlichen. Aber selbst in der Hölle, behauptete Aïvanhov, gibt es einen Schimmer des Guten. Denn das Göttliche durchdringt alles. Das göttliche Gute kommt in erster Linie in den Gesetzen zum Ausdruck, die das Universum regieren. Aïvanhov stellte fest:

> Überall bestehen Zusammenhänge, alles ist mit allem verbunden. Die moralische Welt wird von unveränderlichen, unbeugsamen Gesetzen regiert, die man kennen sollte.[34]

Weshalb ist es wünschenswert, diese kosmischen Gesetze zu kennen? Die Antwort ist ganz einfach die, damit ihre Kenntnis uns davor bewahrt, mit den Gesetzen in Konflikt zu geraten. Während das Universum einerseits im Kern gut ist, ist es andererseits neutral und bestraft unparteiisch alle, die seine ungeschriebenen Gesetze übertreten. Wie in der zivilisierten Rechtsprechung gilt auch hier, dass Unkenntnis nicht vor Strafe schützt. Im Gegenteil, es ist ein guter Grund, zu ernten, was man gesät hat.

Unser Schicksal hängt davon ab, in welchem Maß wir freiwillig mit dem Leben kooperieren, dem göttlichen Willen Folge leisten, wie er im evolutionären Vorwärtsdrang des Universums zum Ausdruck kommt. Wenn wir die kosmischen Gesetze befolgen, stellen wir eine Verbindung her zu den lichtvollen Aspekten unserer Existenz und kommen dem Göttlichen näher. Anders ausgedrückt: Wir müssen gut sein, um über das Gute und Böse hinauszuwachsen, indem wir mit dem Göttlichen verschmelzen.

Wenn wir uns jedoch gegen die kosmischen Prinzipien stellen, sei es bewusst oder unbewusst, fordern wir ein Schicksal heraus, das alles andere als gütig ist. Unsere Absichten und Gedanken bestimmen unseren Seinszustand. Die Abläufe im Kosmos selbst, der nichts vergisst, stellen dies sicher. Aïvanhov lehrte:

> Die Natur besitzt ein Erinnerungsvermögen, das durch nichts gelöscht werden kann. Und jeder hat sich die Folgen selbst zuzuschreiben, wenn er dies nicht berücksichtigt! Tag und Nacht werden alle Missstimmungen und die schrecklichsten Zustände, die man in sich hegt, aufgezeichnet, und eines schönen Tages wird man dann gepackt, niedergedrückt und kaputtgemacht.[35]

Aïvanhov erklärte, dass unsere Absichten, Wünsche und Gedanken alle im Ätherkörper aufgezeichnet werden. Er sagte:

> Die Aufzeichnungen, die der Ätherkörper speichert, lassen sich mit Fotonegativen vergleichen, wovon man Tausende identischer Abzüge machen kann. Einmal registriert, seien es Gedanken, Gefühle oder Handlungen, muss sich alles zwangsläufig wiederholen. Und so entsteht die Gewohnheit. Um eine Gewohnheit zu ändern, muss man das Negativ, das Klischee ändern.[36]

In der Yoga-Philosophie nennt man diese Aufzeichnungen oder Abdrücke ›samskaras‹ – ein Sanskrit-Wort, das ›Bewirker‹ bedeutet. Diese ruhen in den tieferen Schichten der Erinnerung, wo sie sich zu Ketten formen, die man als ›vasanas‹ bezeichnet, und worunter wir Verhaltensmuster verstehen. Die ›samskaras‹ sind Blaupausen für unsere späteren Gedanken und Handlungen. Sie können nicht getilgt werden. Adepten können sie jedoch umwandeln und über sie hinausgehen.

Diese Abdrücke im Unbewussten beziehungsweise im Ätherkörper werden umgewandelt, indem man positive Abdrücke schafft, die zur Erkenntnis des Geistes führen. Im Zustand höchster mystischer Ekstase gelingt es sogar, kurzzeitig über sie hinauszugehen. Aber wir können uns nie völlig von dem unbewussten Ballast befreien, den wir während unseres gegenwärtigen Lebens und all unserer anderen Leben angesammelt haben. Nur im Augenblick vollständiger Erlösung, das heißt mit der Befreiung von jedweder körperlicher Existenz, werden die ›samskaras‹ und somit Karma ein für alle Mal überwunden.

Wie die meisten Eingeweihten lehrte Aïvanhov, dass das gegenwärtige Leben nur ein Glied in einer langen Kette von Leben oder Reinkarnationen ist. Diese Lehre war auch im frühen Christentum gültig, wurde aber auf dem Konzil von Nizäa im Jahre 325 A.D. widerrufen. Um ein spirituelles Leben zu führen, müssen wir nicht unbedingt an Reinkarnation glauben. Dieser Glaube kann jedoch oft helfen, Dinge zu erklären, die sonst unbegreiflich bleiben. Mehr darüber im Kapitel über geistige Disziplin.

Wenn wir vom Gedächtnis der Natur sprechen, so verwenden wir hier einen bildhaften Ausdruck, der besagt, dass die Gesetze des Universums tiefgreifende moralische Gesetze sind. Natürlich sind sie nicht ›moralisch‹ im üblichen Sinne des Wortes. Die allgemeine Moral und die konventionelle Gesetzgebung sind nur mehr oder minder unvollkommene Reflexe der moralischen Ordnung des Kosmos. Bezüglich einer universellen Moral, welche die kosmischen Gesetze ohne Abstriche befolgt und respektiert, müssen wir uns den großen Eingeweihten zuwenden. Sie können uns lehren, richtig und mit geistigem Gewinn im Buch der Natur zu lesen.

ANMERKUNGEN

1. Omraam Mikhaël Aïvanhov, *Les splendeurs de Tipheret* (Oeuvres complètes, Tome 10, Prosveta, France, 1977), S. 220.
2. Omraam Mikhaël Aïvanhov, *La Fraternité Blanche Universelle n'est pas une secte* (Izvor 206, Prosveta, France, 1982), S. 17.
3. Omram Mikhaël Aïvanhov, *L'harmonie* (Oeuvres complètes, Tome 6, Prosveta, France, 1985), S. 168.
4. Omraam Mikhaël Aïvanhov, Liebe und Sexualität, (Gesamtwerke, Bd. 14, Prosveta, 1982), S. 218.
5. Siehe Omraam Mikhaël Aïvanhov, *L'amour et la sexualité* (Oeuvres complètes, Tome 15, Prosveta, France, 1976), S. 78.
6. Omraam Mikhaël Aïvanhov, Die Kraft der Gedanken, (Izvor 224, Prosveta, 1995), S. 134.
7. H.K.Schilling, *The New Consciousness in Science & Religion* (London: SCM Press, 1973), S. 32.
8. J.Singer, Seeing Through the Visible World: *Jung, Gnosis, and Chaos* (San Francisco: Harper & Row, 1990), S. 22.
9. Omraam Mikhaël Aïvanhov, *Der Mensch erobert sein Schicksal* (Izvor 202, Prosveta, 1982), S. 136.
10. Siehe D. Bohm, *Die implizierte Ordnung* (München: Goldmann, 1987).
11. Siehe H. K. Schilling, op.cit., S. 116.
12. Albert Einstein, *Mein Weltbild* (Berlin: Ullstein, 1991), S. 9, 10.
13. Omraam Mikhaël Aïvanhov, *Der Mensch erobert sein Schicksal* (Izvor 202, Prosveta, 1982), S. 45.
14. Omraam Mikhaël Aïvanhov, *Geheimnisse aus dem Buch der Natur* (Izvor 216, Prosveta, 1993), S. 132.
15. Omraam Mikhaël Aïvanhov, *Einblick in die unsichtbareWelt* (Izvor 228, Prosveta,1991,), S. 71
16. Omraam Mikhaël Aïvanhov, *Struktureller Aufbau und Schichten der Psyche* (Izvor 222, Prosveta 1992), S. 89
17. Omraam Mikhaël Aïvanhov, *Mensch und Kosmos im Tierkreis* (Izvor 220, Prosveta 1991), S. 61.
18. Omraam Mikhaël Aïvanhov, *Weihnachten und Ostern in der Einweihungslehre* (Izvor 209, Prosveta, 1983), S. 129.
19. Omraam Mikhaël Aïvanhov, *Ein neues Licht auf das Evangelium* (Izvor 217, Prosveta, 1987), S. 88, 89.
20. Siehe Omraam Mikhaël Aïvanhov, *Struktureller Aufbau und Schichten der Psyche* (Izvor 222, Prosveta 1992), S. 75.
21. Omraam Mikhaël Aïvanhov, *Geheimnisse aus dem Buch der Natur* (Izvor 216, Prosveta, 1993), S. 13.
22. Ibid., S. 13.
23. Ibid., S. 14.
24. Omraam Mikhaël Aïvanhov, *L'alchimie spirituelle* (Oeuvres complètes, Tome 2, Prosveta, France, 1980), S. 62.

25. Omraam Mikhaël Aïvanhov, *Der Wassermann und das Goldene Zeitalter* (Reihe Gesamtwerke Band 25/26, Prosveta 1997)
26. Omraam Mikhaël Aïvanhov, *Yoga der Ernährung* (Izvor 204, Prosveta, 1983), S. 59.
27. Omraam Mikhaël Aïvanhov, *Der Schlüssel zur Lösung der Lebensprobleme* (Reihe Gesamtwerke Band 11, Prosveta, 1980)
28. Ibid., S. 57.
29. Siehe Omraam Mikhaël Aïvanhov, *Die Antwort auf das Böse* (Izvor 210, Prosveta, , 1986), S. 43.
30. Omraam Mikhaël Aïvanhov, *Die Kräfte des Lebens* (Gesamtwerke, Bd. 5, Prosveta, 1994), S. 83.
31. Siehe Omraam Mikhaël Aïvanhov, *Die Antwort auf das Böse* (Izvor 210, Prosveta, , 1986), S. 34.
32. Ibid., S. 39.
33. Ibid., S. 36.
34. Omraam Mikhaël Aïvanhov, *Der Mensch erobert sein Schicksal* (Izvor 202, Prosveta, 1982), S. 122.
35. Omraam Mikhaël Aïvanhov, *Die Gesetze der kosmischen Moral* (Gesamtwerke, Bd. 12, Prosveta, 1995), S. 29.
36. Omraam Mikhaël Aïvanhov, *Alchimistische Arbeit und Vollkommenheit* (Izvor 221, Prosveta, 1996), S. 74.

6.
DER SCHLÜSSEL ZUM BUCH DER NATUR

EIN BUCH VON BESONDERER ART

Francis Bacon, der große englische Wissenschaftsphilosoph, Rechtsanwalt und Politiker des späten sechzehnten Jahrhunderts schrieb:

> Nachdem ihr die Bibel und andere heilige Schriften gelesen habt, solltet ihr euch an zweiter Stelle mit dem umfassenden Buch befassen, in dem die Werke und Kreaturen Gottes verzeichnet sind.[1]

Aus dieser Bemerkung ist ersichtlich, dass Bacon in erster Linie ein wissenschaftlicher Denker war, und dass er erst in zweiter Linie ein Bewunderer der Natur, der Schöpfung Gottes war. Deshalb entschied er sich wohl auch für eine politische Karriere anstatt einer spirituellen Berufung zu folgen. Vielleicht fand deshalb auch sein kometenhafter Aufstieg in der Gesellschaft ein jähes und unrühmliches Ende. Er wurde nämlich wegen Bestechlichkeit verurteilt – Korruption gab es damals wie heute.

Offensichtlich hatte Bacon das Buch der Natur nicht verstanden. Für Aïvanhov hingegen kam das Buch der Natur in der Rangfolge vor allen anderen Büchern. In seiner Jugend las er jedes Buch, dessen er habhaft werden konnte; und während er die Universität von Warna besuchte, war sein Appetit nach intellektuellem Lernen so unersättlich, dass er von dem engen Spezialwissen, das in den akademischen Hallen angeboten wurde, nicht gestillt werden konnte. Jedoch alsbald erkannte er, dass Lernen

— Der Schlüssel zum Buch der Natur —

nur von bleibendem Wert ist, wenn es aus der persönlichen Erfahrung kommt. Kurz und bündig stellte er fest: »Das Leben ist wichtiger als Wissen zu erwerben.«[2]

Er fuhr fort:

> Neunzig Prozent der Menschen bewegen sich an der Oberfläche der Existenz: sie leben nicht, sie empfinden nicht... Ich meine, sie erleben das Wesentliche nicht. Sie lesen und diskutieren darüber, aber sie erfahren es nicht wirklich. Man muss die Dinge erleben, und dann werden sie auf ewig in euch bleiben. Ja, das einzige, das ihr hinüber nehmen könnt und das selbst nach dem Tode nicht ausgelöscht wird, ist das, was ihr mit Herz und Seele am eigenen Leben nachgeprüft habt. Alles andere, was ihr auf Universitäten oder in den Büchern gelernt habt, werdet ihr zurücklassen, wenn ihr diese Erde verlasst.[3]

Ähnlich wie St. Bernhard von Clairvaux und andere große Mystiker vor ihm, gewann er die Überzeugung, dass uns Bäume und Steine mehr lehren können als Bücher.[4] Er verstand – wie auch Ralph Waldo Emerson – dass das Buch der Natur das Buch des Schicksals ist.[5]

Als Aïvanhov seinen Schülern klarzumachen versuchte, wie wichtig Reinheit auf dem geistigen Weg ist, machte er folgende Bemerkung:

> Ich habe euch schon immer gesagt, dass ich nicht gerne Bücher lese, denn nicht in den Schriften der Menschen, sondern im lebendigen Buch der Natur, in das die kosmische Intelligenz alles geschrieben hat, finde ich die höchsten Wahrheiten der Existenz. Was ich sage, habe ich bei den Insekten, den Ameisen, Schaben und Wanzen entdeckt.[6]

Schreiben und Lesen, stellte er richtigerweise fest, tragen tendenziell zur Schwächung unseres Gedächtnisses bei. Dies wiederum untergräbt die reiche mündliche Überlieferung in der Welt. Möglicherweise ist darin auch der Grund dafür zu sehen, dass unsere psychischen Kräfte schwächer werden – eine Auffassung, die offenbar auch die Druiden vertraten. Aïvanhov meinte, dass sie deshalb auch das Schreiben ablehnten. Die Fähigkeit zu lesen und zu schreiben ist offensichtlich eng verbunden mit dem Training der intellektuellen Funktionen, die mit der linken Gehirnhälfte verbunden sind. Die rechte Gehirnhälfte war in früheren Zeiten dominant, was eine Erklärung dafür sein könnte, dass unsere Vorfahren zu psychischen Fähigkeiten leichter Zugang fanden – ein Phänomen, das man übrigens heute noch bei den Naturvölkern unserer Erde beobachten kann.

Einerseits ist der fortschreitende Abbau unseres Gedächtnisses und der Rückgang der mündlichen Überlieferung bedauerlich. Andererseits fällt jedoch der Abbau des Gedächtnisses historisch zusammen mit der Abkoppelung der Menschheit von der Vergangenheit. Das Sozialgefüge von Eingeborenen ist über ihre altehrwürdigen Rituale und Mythen eng mit der Vergangenheit verbunden. Moderne Gesellschaften hingegen sind eher zukunftsorientiert und sind somit zu schnellem Wandel fähig, diesem jedoch auch in gewisser Weise ausgeliefert. Diese wichtige Feststellung machte der schweizer Kulturphilosoph Jean Gebser in seinem epochalen Werk ›Ursprung und Gegenwart‹.[8]

Wir müssen auf jeden Fall ein Gleichgewicht herstellen zwischen der Würdigung der Vergangenheit und der Öffnung in die Zukunft. Aïvanhov, so scheint es, hatte dieses Gleichgewicht in seinem eigenen Leben erreicht. Er war nicht nur ein äußerst rationaler Mensch, sondern er wusste auch, wie er die Vorstellungskraft und die verborgenen para-normalen Fähigkeiten der menschlichen Psyche nutzen konnte. Bei ihm dominierte weder die linke noch die rechte Gehirnhemisphäre. Er war vielmehr ein Beispiel für eine bewundernswerte Symmetrie zwischen Herz und Verstand. Gehirn und Mensch waren in seinem Leben eine Ganzheit. Das ›Buch der Natur‹ war ein Schlüsselbild in Aïvanhovs Lehre. Auch in Peter Deunovs Lehre war dies so gewesen. Aïvanhov stellte fest:

> Die Natur ist das große Buch, in dem Gott all seine Gesetze niedergeschrieben hat. Gott manifestiert sich in allen Phänomenen der Natur; leider erforscht man sie nicht, liest lieber die Bücher von schwachen, krankhaften und verbildeten Menschen.[9]

An anderer Stelle verdeutlichte er diese Aussage:

> Die Natur ist das große Buch, mit dem wir uns intensiv befassen müssen. In dem Maße wie wir unsere Meinung über die Natur ändern, ändern wir auch unseren Schicksalsweg. Wenn wir davon ausgehen, dass die Natur tot ist, berauben wir uns des Lebens in uns selbst; wenn wir davon ausgehen, dass die Natur lebendig ist, dann wird alles, was sie umfasst (Steine, Pflanzen, Tiere, Sterne) unser Wesen beleben. Wenn wir unseren physischen Körper beleben und die Kraft des Geistes stärken, dann fließt das vollkommene Leben in uns ein und durchströmt unser Sonnengeflecht, wo ein harmonischer Energiefluss entsteht. Erst dann können wir die Dinge wirklich verstehen; und wirkliches Verstehen erfolgt nur über das Gefühl.[10]

Aïvanhov fuhr fort:

> Unter dem Wort ›lesen‹ versteht ein Eingeweihter die Entschlüsselung der subtilen, verborgenen Seite aller Dinge und Lebewesen sowie die Auslegung

aller Symbole und Zeichen, die die kosmische Intelligenz im großen Buch des Universums überall eingeprägt hat. Und ›schreiben‹ heißt, dieses große Buch selbst mit einer Prägung zu versehen, durch die magische Kraft des eigenen Geistes auf Steine, Pflanzen, Tiere und Menschen einzuwirken.[11]

Um Aïvanhovs Begriff vom ›Buch der Natur‹ in seiner vollen Bedeutung ermessen zu können, müssen wir uns eine symbolische Lesart zueigen machen; aber genau diese Art der Sinnerschließung von Symbolen wurde uns durch unsere Erziehung verbaut, die auf dem materialistischen und vereinfachenden Gedankengut der Wissenschaft basiert. Der amerikanische Philosoph Jacob Needleman beschrieb diese Tragödie in treffender Weise:

Das Menschenbild, das sich aus der modernen Biologie ableitet, ergibt sich unvermeidlich aus der Tatsache, dass der moderne Mensch es verlernt hat, die Symbolik der Natur zu erfassen. In dem Augenblick, in dem wir vergessen, dass wir die Symbole der realen Welt nur in einem anderen Bewusstseinszustand voll erfassen können, in diesem Augenblick scheinen die alten Lehren vom Platz des Menschen in der Natur absurd zu sein.[12]

Needleman schrieb ferner: »Vielleicht gab es einmal Völker, die direkt aus der Natur lernten, wie aus einer Art Geheimlehre, und vielleicht gibt es auch heute noch Menschen, die auf diese Art und Weise lernen.«[13] Es gab zweifellos solche Völker – ja ganze Kulturen. Und es steht ebenso fest, dass es heute nicht wenige Menschen gibt – unter den Stammesältesten in Amerika und anderen Teilen der Welt – die die Fähigkeit besitzen, im ›Buch der Natur‹ zu lesen.

Einer davon ist Wallace Black Elk, ein Stammesältester der Lakota-Indianer und ein Schamane, der 1921 in einem

Indianerreservat in Süd-Dakota geboren wurde. In seinem Vorwort zum Buch Black Elk machte der Herausgeber William S. Lyon folgende bezeichnende Aussage:

> Für die Lakota-Schamanen, die an Geister glauben und mit ihnen arbeiten, hat übernatürliche Kraft scheinbar keine Grenzen. Was in unseren Augen ungewöhnlich oder sogar paranormal erscheint, ist für sie etwas Alltägliches in ihrer Welt. Sie stellen die Existenz dieser Kraft nicht in Frage, nur ihre Anwendung. Unter Schamanen ist diese Sichtweise eine Selbstverständlichkeit.[14]

Wallace Black Elks Art und Weise, die Symbolik der Natur in sein Denken mit einzubeziehen, wird in seinen eigenen Worten deutlich:

> So wurde dem Menschen ein Tropfen Weisheit, ein Tropfen Wissen, ein Tropfen Kraft und ein Tropfen Talent oder Liebe gegeben. Tunkashila (der Schöpfer) ist die Weisheit selbst. Das Wissen ist eine Frau, und wir nennen sie Erde. Wir nennen sie Feuer, Fels, Wasser und Blatt.[15]

Die Erde ist Wissen. Dies ist eine andere Art und Weise vom ›Buch der Natur‹ zu sprechen. Zum Verständnis seiner bildhaften Sprache fuhr der Lakota Schamane fort:

> Es gibt eine Alltagssprache, aber die spirituelle Sprache, die ich spreche, ist anders. Wenn die Geister sprechen, sprechen sie aus großer Tiefe. Aus großer Tiefe! Als sie mir diese Kraft gaben, konnte ich auch diese spirituelle Sprache sprechen und verstehen. Also die Leute an der Oberfläche, die sprechen nur seichtes Zeug. Ihr Verstand ist wirklich seicht, und ihr Denken ist oberflächlich.[16]

DAS BELEBTE UNIVERSUM

Für Aïvanhov, wie für Wallace Black Elk und andere spirituelle Lehrer, ist der ganze Kosmos ein lebender Organismus. Das ›Buch der Natur‹ ist alles andere als tote Materie, sondern vielmehr ein beseeltes Wesen von unfassbarer Größe und Komplexität. Während es unserem Verstand niemals gelingt, dieses Wesen zu erfassen, kann unsere reine Intuition die Grundprinzipien und Gesetze, die das Universum bestimmen, umfassend erkennen. Aïvanhov sagte:

> Jedes Ding in der Natur hat eine Form, einen Inhalt und einen Sinn. Die Form ist für die gewöhnlichen Menschen bestimmt, der Inhalt für die Schüler der Einweihungswissenschaft; der Sinn bleibt aber den Weisen und Eingeweihten vorbehalten.[17]

Die Eingeweihten haben herausgefunden, dass der Kosmos lebt, dass er von Geist durchflutet ist. Sowohl Materie als auch Energie sind Ausdruck des Göttlichen und werden vom Göttlichen genährt. Das Universum ist in der esoterischen Überlieferung ein Lebewesen, das sensitive Menschen mit Ehrfurcht und Staunen erfüllt. Aïvanhov sagte:

> Kleinkinder haben einen angeborenen Sinn für das Zauberhafte; sie sind überzeugt, dass alles lebendig und intelligent ist; sie sprechen mit Insekten, Steinen, Tieren und Pflanzen. (...) Sobald die Kinder den Sinn für das Zauberhafte verloren haben, haben sie das Wesentlichste verloren. Man darf sich nicht einbilden, dass die Erwachsenen einen umwerfenden Beweis ihrer Überlegenheit liefern, wenn sie behaupten, das Universum hätte weder Seele noch Intelligenz und der Mensch sei das einzige lebende und denkfähige Wesen der Schöp-

fung. Die ganze Natur hat Leben und Verstand, sie ist von lebendigen und klugen Geschöpfen bevölkert, von denen manche sogar intelligenter sind als der Mensch.[18]

Wenn wir dem Universum eine solche Intelligenz absprechen, dann folgen wir einer nihilistischen Philosophie. In diesem Fall berauben wir uns jeglicher höherer Ziele, jeglicher Moral, die uns seelisch erhebt, jeglichen Lebenssinns. Aïvanhov verurteilte rückhaltlos diese unglückliche Orientierung, die unter den Wissenschaftsgläubigen (nicht so sehr in der Wissenschaft selbst) weit verbreitet ist. Er bemerkte:

> Vom pädagogischen Standpunkt aus betrachtet ist diese Weltanschauung unbedingt abzulehnen, denn um die Menschen zu erziehen, um sie moralisch und geistig zu erheben, um sie im sozialen, gemeinschaftlichen Leben zu etwas Großem hinzuführen, muss man ihnen im Gegenteil Intelligenz, eine Vernunft zeigen, den Sinn, den Herrn. Wenn es nichts von all dem gäbe, müsste man es ja direkt erfinden, um dem menschlichen Dasein ein Ziel, eine Bestimmung zu geben. Andernfalls ist es eine Katastrophe.[19]

Aïvanhov hatte natürlich Recht. Wenn es uns nicht gelingt, einer Philosophie zum Durchbruch zu verhelfen, die die höchstmöglichen Ideale beinhaltet, können wir auch nicht darauf hoffen, dass wir die gegenwärtige Orientierungslosigkeit und den moralischen Verfall unserer Spezies überwinden werden. Der Bankrott des Materialismus bedarf wahrhaftig keiner Beweise zum jetzigen Zeitpunkt der Menschheitsgeschichte. Die wertvollsten unserer Errungenschaften sind die Frucht eines ehrfürchtigen oder heiligen Umgangs mit dem Leben und der Natur.

Je mehr uns das Ausmaß der ökologischen Krise bewusst wird, in die uns der wissenschaftliche Materialismus gestürzt hat, desto eher sind wir vielleicht willens, unser Verhältnis zur Natur zu überdenken und zu lernen, in ihrem großen Buch zu lesen, wie es die Eingeweihten schon seit Jahrtausenden tun. In der Tat, wenn wir nicht so handeln, dann werden wir an den Folgen der irrigen Gedanken und Handlungsweisen, an denen unsere Rasse in den vergangenen zwei Jahrhunderten unter dem verderblichen Einfluss des wissenschaftlichen Materialismus festhielt, schrecklich zu leiden haben. Es kann natürlich auch bereits zu spät sein, um die drohende Reaktion der Natur zu verhindern. Es ist jedoch nie zu spät, um günstigere Denkweisen in Umlauf zu bringen, so dass künftige Generationen aus unserem persönlichen und kollektiven geistigen Ringen Nutzen ziehen können. Wir werden jedenfalls nicht zu persönlicher Zufriedenheit finden, wenn es uns nicht gelingt, Ordnung und Gleichgewicht in unser Leben zu bringen. Dies bedeutet, dass wir zu bewussten Teilnehmern, zu rücksichtsvollen Mitspielern im magischen Universum werden müssen.

Das Universum ist magisch, denn, wie die moderne Physik bewiesen hat, ist alles mit allem verbunden. Selbstverständlich meine ich hiermit nicht die sogenannte Magie eines Houdini oder eines Copperfield. Ihre spektakulären Vorführungen bestehen nur aus raffinierten Tricks. Wenn ich also vom magischen Charakter des Seins spreche, meine ich damit die wesentlich spektakuläreren »Vorführungen« auf der kosmischen Bühne, die sozusagen einen großen unsichtbaren Zauberer von verblüffender Intelligenz vermuten lassen. Diese Auffassung von Magie stimmt mit Aïvanhov überein, der sagte:

> Für mich ist das Leben... das gesamte Leben, das gesamte Universum Magie. Das wahre Buch der Magie liegt dort für alle zur Lektüre bereit... aber uns fehlt noch das nötige Verständnis.[20]

DIE SPRACHE DER NATUR VERSTEHEN

Gelegentlich schauen wir Stadtmenschen in den Himmel, und was wir dort sehen, unterscheidet sich von dem, was ein Landwirt möglicherweise dort sieht. Während für uns Wolken vielleicht schön oder uninteressant sind, erhält der Landwirt alle möglichen nützlichen Informationen, und manchmal ist sein Wissen sogar noch umfassender, als das eines gelernten Metereologen. Aber was ein Schamane sieht, wenn er in den Himmel schaut, übersteigt selbst das Wissen des Landwirts. Aus der Form der Wolken und anderen meteorologischen Erscheinungen kann der Schamane Informationen erhalten, die mit dem Wetter an sich kaum etwas zu tun haben.

Er kann z.B. aus der Wolkenform schließen, dass Besucher nahen. Aïvanhov zufolge war sein Lehrer Peter Deunov zu solcher Deutung fähig. Deunov erklärte auch, wie Aïvanhov berichtet, »dass man durch die Beobachtung der Wolkenformationen über einer Stadt herausfinden kann, wie es um die Seelen der Bewohner bestellt ist.«[21]

Wenn sich Stadtbewohner zu einem Picknick in den Wald begeben, dann nehmen sie durchaus die dort herrschende Stille wahr und die Ameisen, die über ihr Essen krabbeln. Ein Förster nimmt wesentlich mehr wahr. Er erkennt gesunde und kranke Bäume, er sieht, wo Neues anwächst und wie es gedeiht, welche Bäume Nester beherbergen, wo Pilze unter schattigen Bäumen wachsen, wo der Fuchs seinen Bau gegraben hat oder wo Nagetiere Schaden angerichtet haben. Angehörige eines im Wald lebenden Stammes werden noch umfassenderes Wissen besitzen. Sie können aus kleinen Anzeichen Schlüsse ziehen, die den Wald als lebendiges Ganzes betreffen. Der Medizinmann unter ihnen kann aus Wildfährten vorhersagen, ob ein kranker Stammesbruder geheilt werden kann, oder er entnimmt dem Rascheln des Laubes, ob die Jagd erfolgreich verlaufen wird. Verglichen mit der Sensitivität eines

Schamanen oder Medizinmannes, sind wir tatsächlich Analphabeten, was die Lektüre im ›Buch der Natur‹ betrifft.

Ihr Wissen ist deshalb möglich, weil alle Dinge miteinander verknüpft sind, weil allen Dingen eine symbolische Information innewohnt. Um dies zu verstehen, muss man erst die Sprache der Analogie beherrschen. Wie Aïvanhov darlegte:

> Ich habe einen Schlüssel, eine Methode, mit deren Hilfe ich die erstaunlichsten Wahrheiten entdeckt habe; und dabei erkannte ich, dass das gesamte Universum von den selben Gesetzen gelenkt wird. Dieser Schlüssel heißt Analogie.[22]

Analogie beruht auf Ähnlichkeiten zwischen Dingen, die normalerweise nicht miteinander verbunden sind. In einer seiner Reden lieferte Aïvanhov ein gutes praktisches Beispiel dafür, wie mit Analogie als Methode gearbeitet wird. Eines Tages, so erzählt man sich, hielt er eine Schnecke auf und fragte sie, was es denn mit ihrer merkwürdigen Gewohnheit auf sich habe, ihr Haus auf dem Rücken mitzuschleppen. Die Schnecke erwiderte, dass dies die wirtschaftlichste Art und Weise sei, und dass dies überhaupt nicht ermüdend sei. Auf die Frage, wie sie zu dieser Gewohnheit gekommen sei, antwortete die Schnecke, dass es aus Angst geschehen sei:

> »Weshalb hast du denn diese Gewohnheit angenommen?« – »Ach,« meinte sie, »ich bin misstrauisch, fürchte mich vor den anderen, traue niemandem; denn, stelle ich mein Haus irgendwo ab, so schlüpft gewiss ein anderer hinein, und da ich mich nicht verteidigen kann, keine Waffen besitze, zart und schwach bin und nicht gern kämpfe, trage ich mein Haus lieber stets auf dem Rücken; so bin ich unbesorgt.« – »Ja,« sagte ich, »das ist eine Lebensweisheit!... Aber woraus und wie hast du denn

dein Häuschen gemacht?« – »Mit meinem Speichel; ich sondere einen Saft ab, der sich an der Luft verhärtet, und daraus habe ich mein Häuschen gebaut.«[23]

Aïvanhov fügte hinzu:

Da seht ihr, was für Gespräche ich mit den Schnecken führe; durch sie habe ich erfahren, wie Gott die Welt erschuf: er hat eine feinstoffliche Substanz ausgestrahlt, die sich dann verfestigt hat. Ihr werdet sagen, ich erzähle euch Märchen. Vielleicht, aber eines schönen Tages werden selbst hochgelehrte Leute diese Märchen hören wollen.[24]

Nach dem Prinzip der Analogie verglich Aïvanhov als nächstes die Schale des Hauses mit unserem physischen Körper, der gewissermaßen das Haus unseres geistigen Wesens ist. Das Problem liegt darin, dass wir uns eher mit dem Haus identifizieren als mit der Kraft, die dieses Haus schuf. Er drückte dies so aus:

Der Körper ist nicht der Mensch selbst, sondern nur sein Gefährt, sein Lastesel, sein Werkzeug, sein Haus; der Mensch, das ist der allmächtige Geist, unbegrenzt, allwissend.[25]

Die Natur ist voller Hinweise über uns selbst. Dies ist deshalb so, weil Makrokosmos und Mikrokosmos miteinander vernetzt sind. Die Verknüpfung von Makrokosmos und Mikrokosmos, die strukturelle Übereinstimmung zwischen dem Universum und dem einzelnen Menschen ist ein Kernpunkt in den überlieferten esoterischen Lehren. Sie ist auch ein wichtiger Gesichtspunkt in der Lehre Omraam Mikhaël Aïvanhovs.

WIE OBEN, SO UNTEN

Aïvanhov zufolge macht erst die Entsprechung von Kosmos und Individuum spirituelle Arbeit möglich und notwendig. Wenn wir nicht von allem anderen getrennt sind – wovon wir heute jedoch tendenziell ausgehen – dann sind wir für unser Handeln verantwortlich, da unser Handeln nicht nur uns selbst betrifft, sondern auch alles andere. Dies ist ja auch der Grundgedanke der hinduistischen Lehre vom Karma, der auch in vielen anderen Überlieferungen Anerkennung findet.

Aïvanhov bezeichnete diese fundamentale Wechselbeziehung als das Gesetz der Resonanz beziehungsweise als das Gesetz der Affinität. Er verglich es mit dem Echo auf der physischen Ebene. Man könnte es auch mit dem Bild eines Bumerangs verdeutlichen, den man so wirft, dass er in einem Bogen zurückfliegt, und der uns am Kopf trifft, wenn wir unvorsichtig sind. Aïvanhov nahm das Beispiel eines Balles. Er sagte:

> Werft einen Ball gegen die Wand. Wenn ihr nicht zur Seite springt, kommt er wieder zurück und trifft euch. Dies ist das Gesetz des Rückstoßes, das mit dem Gesetz des Echos verwandt ist. Aber hier kennt man nur den physikalischen Vorgang und vermutet nicht, dass das gleiche Phänomen auch auf geistiger Ebene existiert. Was immer ihr auch tut, Gutes oder Schlechtes, eines Tages wird es auf euch zurückfallen. Jedes Gefühl, das ihr empfindet, ist von bestimmter Natur und setzt gleichartige Kräfte im Raum in Bewegung, die dann auf euch zurückkommen. Ausgehend von dieser Grundregel, kann man alle möglichen Elemente aus den riesigen Speichern des Universums anziehen; natürlich nur dann, wenn man selbst Gedanken und Gefühle entsprechender Beschaffenheit aussendet.[26]

Aïvanhov fügte hinzu:

> Für mich ist das Gesetz der Affinität der größte Schlüssel, das größte Geheimnis, der wahre Zauberstab. Ich habe mein ganzes Leben darauf aufgebaut.[27]

In Verbindung mit dem Gesetz der ›Aufzeichnung‹, wie es Aïvanhov nannte, ist das Gesetz der Affinität eine wesentliche Komponente im Universum. Er erklärte:

> Die Gesamtheit des moralischen und spirituellen Lebens basiert auf der Erkenntnis dieses Gesetzes: Da sich alles einprägt, kann man sich nicht mehr erlauben, wer weiß was zu tun, mit Gedanken, Gefühlen und Begierden zu spielen, denn die Nachwirkungen werden nicht ausbleiben.[28]

Mit einem Anflug von Humor fügte er hinzu: »Die kosmische Intelligenz ist den Menschen zuvorgekommen.«[29]

Alles, wie wir eben dargelegt haben, hinterlässt seinen Stempel auf ewige Zeiten. Diese unauslöschliche Aufzeichnung ist auch als Akasha Chronik bekannt. Das Wort ›akasha‹ stammt aus dem Sanskrit und bezieht sich auf den unendlichen Äther-Raum, aus dem die vier Elemente hervorgehen.

Dieser Äther-Raum darf nicht verwechselt werden mit dem gleich lautenden Begriff ›Äther‹ wie er von Physikern vor der Jahrhundertwende im Zusammenhang mit der Ausbreitung der Lichtwellen geprägt wurde. Wie das berühmte Michelson-Morley Experiment im Jahre 1887 bewies, breitet sich Licht mit gleich bleibender Geschwindigkeit aus, unabhängig von der Geschwindigkeit der Lichtquelle. Somit wurde die Annahme hinfällig, dass der sogenannte Äther als physikalisches Medium bei der Lichtausbreitung eine Rolle spielt.

Der esoterische Begriff ›akasha‹ hat jedoch einen völlig anderen Bedeutungsrahmen. Er ist wesensgleich mit ›prana‹, der Lebenskraft (oder auch ›Bioplasma‹ genannt), dessen Existenz allmählich von einigen Forschern anerkannt wird. Die Akasha Chronik wird allgemein als Hülle verstanden, die die Erde umgibt. Es könnte jedoch zutreffender sein, wenn man von Akasha-Feldern, einer Art von Speichereinheiten ausgeht, die überall in der Natur vorhanden sind, einschließlich unseres eigenen Körpers.

Aufgrund des Gesetzes der Affinität, ruft all das, was wir dem Universum aufprägen, Rückwirkungen ähnlicher Art hervor. Daher ist es so eminent wichtig, dass wir auf dieser Erde nur positive Spuren unserer Anwesenheit hinterlassen. Wie Aïvanhov seinen Schülern in Erinnerung rief:

> Versucht doch ernsthaft, von chaotischen, destruktiven, negativen Beschäftigungen abzulassen; bemüht euch endlich einmal zu lernen, wie ihr euch dem Schöpfer und Seinen Kreaturen gegenüber verhalten sollt. Wenn ihr etwas berührt, oder irgendwohin geht, solltet ihr nur Spuren von Licht und Liebe hinterlassen, damit die Menschen immer mehr ihm Einklang mit der göttlichen Welt sind.[30]

Nur indem wir den Einklang mit dem Göttlichen herstellen – der ›Imitatio Dei‹ – wie dies in der christlichen Tradition heißt – können wir die unerwünschten karmischen Folgen vermeiden, die wir durch unsere Absichten und unser Handeln heraufbeschwören. Die esoterische Lehre, die diesem Verhaltensgrundsatz zugrundeliegt, kommt in der rätselhaften Maxime von Trismegistus, ›Hermes, dem dreifach Mächtigen‹, den Aïvanhov öfter als jede andere spirituelle Autorität zitierte:

»Das was unten ist, ist wie das, was oben ist, und das was oben ist, ist wie das, was unten ist, um die Wunder eines einzigen Dinges zu tun.«

»Oben«, so erklärte Aïvanhov, steht für die metaphysische Ebene, während »unten« für unsere physische Ebene steht. Er stellte auch klar, dass sich die Gleichheit zwischen »oben« und »unten« auf den Bereich der unveränderlichen kosmischen Gesetze beschränkt, wobei an erster Stelle das Gesetz der Affinität steht. Aïvanhov bekannte, dass er es als »außerordentliches Privileg« empfand, dass er die geheimnisvolle Aussage von Hermes Trismegistus entschlüsseln konnte.[32] An anderer Stelle sagte er, dass er diesbezüglich nicht alles offenbaren dürfe, dass er aber »zutiefst erschüttert« gewesen sei, als ihm selbst die Offenbarung zuteil wurde.[33]

Aber was ist dieses »einzige Ding«, von dem Hermes Trismegistus sprach? Aïvanhov gab einen Hinweis auf die richtige Antwort, als er folgende Bemerkung machte: Sprache wird durch Zunge und Lippen geformt; ein Kind entsteht durch die Vereinigung von Mann und Frau. Offensichtlich lässt sich die Maxime von Hermes Trismegistus auf vielerlei Art interpretieren. Aber aus spiritueller Sicht kann dieses »Eine« nur die Verwirklichung des transzendentalen Selbst, des Geistes, sein, die sich vollzieht, wenn wir die kosmischen Gesetze gewissenhaft befolgen. Dass diese Verwirklichung ein echtes Wunder, ein übernatürliches Ereignis ist, steht außer Frage. Interessanterweise wird in einigen Werken des Sanskrit das transzendentale Selbst als etwas, das ›voller Wunder‹ (›adbhuta‹) ist, angesprochen. Und dieses ›Wundervolle‹ macht uns sprachlos und erfüllt uns mit ehrfürchtigem Staunen.

Die kosmischen Gesetze wirken mit absoluter Präzision. Übrigens, wie Pythagoras und Galilei vor ihm, glaubte auch Aïvanhov, dass die Abläufe im Universum auf Mathematik basieren – Zahlen als Ursprung von Energie und Fruchtbarkeit.[34] Diese Überzeugung widerspricht durchaus nicht seiner Auffassung von der spirituellen Beschaffenheit des Kosmos. Er gab dazu folgende Erläuterung:

> In ihrem Prinzip, in ihrer Essenz sind die Zahlen sehr weit von uns entfernt. Jedoch sind die Flüsse, Bäume, Berge nichts anderes als Zahlen, als materialisierte Zahlen. Geht man einmal dieser Frage auf den Grund, dann stellt sich Folgendes heraus: Außer den Zahlen existiert überhaupt nichts. Alles ist Zahl. Die Natur, das gesamte Universum sind auf den Zahlen aufgebaut; sie sind jedoch dermaßen verhüllt, dass man sie weder hört, noch spürt, noch begreift. Man sollte ihnen näher kommen, sich in sie einfühlen; erst dann wird es uns vergönnt sein, ihre Sprache zu begreifen, ihren Gesang zu hören und ihren Duft zu atmen... Zweifellos fällt es euch jetzt noch schwer, dies so anzunehmen, für mich aber ist es so. Ich bin dessen sicher, weil ich es erfahren, erlebt habe.[35]

Aïvanhovs Auffassung von einer mathematischen Struktur allen Seins ist alt und modern zugleich. Die ersten Mystiker waren Astronomen bzw. Astrologen, die sich abmühten, um die arithmetischen Gesetze des Himmels zu erfassen. Heutzutage, Tausende von Jahren später, hat unsere höchstentwickelte Physik ein so abstraktes Modell des Universums entwickelt, dass nur unsere Mathematiker damit umgehen können.

Um die Wirkungsweise der kosmischen Gesetze zu verstehen, müssen wir lernen, im Buch der Natur zu lesen. Für Aïvanhov war die Sonne die allerwichtigste Inspirationsquelle in der Natur. Er bekannte:

> Ich lese im Buch der Natur und ich lese auch, was in euren Gesichtern und Herzen steht. Und ich lese

vor allem die Sonne; die Sonne ist meine tägliche Lektüre. Jeden Tag enthüllt sie mir etwas Neues, das ich dann manchmal an euch weitergebe.[36]

Im nächsten Kapitel werden wir erfahren, wie wichtig die Sonne für Aïvanhov war und weshalb er unserem strahlenden Stern so große Bedeutung beimaß.

ANMERKUNGEN

1. J.Spedding, Hrsg., *The Letters and the Life of Francis Bacon*. (London, 1861). 7 Bände (1861-1874).
2. Omraam Mikhaël Aïvanhov, *Struktureller Aufbau und Schichten der Psyche* (Izvor 222, Prosveta, 1992), S. 101.
3. Ibid., S. 101, 102.
4. Siehe Bernard de Clairvaux, *Epistles*, Nr.106. An Meister Murdach, den späteren Erzbischof von York. St. Bernard schrieb auch, dass die Eichen und Buchen seine »einzigen Lehrer von Gottes Wort« waren. (Vit.I, lib.i, auctore Gullielmo, c.4 (23) (Mab., ii, col. 2109).
5. Siehe W.R. Emerson, *The Conduct of Life* (London: Dent & Sons/ New York: Dutton, 1908), S. 157.
6. Omraam Mikhaël Aïvanhov, *Der Mensch erobert sein Schicksal* (Izvor 202, Prosveta, 1982), S. 47.
7. Omraam Mikhaël Aïvanhov, *Die Kräfte des Lebens* (Gesamtwerke, Bd. 5, Prosveta, 1994), S. 226.
8. Siehe J.Gebser, *Ursprung und Gegenwart*, Stuttgart: Deutsche Verlagsgesellschaft, 1965, S. 322 f.
9. Omraam Mikhaël Aïvanhov, *Geheimnisse aus dem Buch der Natur* (Izvor 216, Prosveta, 1993), S. 176.
10. Omraam Mikhaël Aïvanhov, *L'alchimie spirituelle* (Oeuvres complètes, Tome 2, Prosveta, France, 1980), S. 60, 61.
11. Omraam Mikhaël Aïvanhov, *Geheimnisse aus dem Buch der Natur* (Izvor 216, Prosveta, 1993), S. 207.
12. J.Needleman, *A Sense of the cosmos: The Encounter of Modern Science and Ancient Truth* (New York/ London: Arkana, 1975), S. 77.
13. Ibid., S. 78.
14. W.Black and W.S.Lyon, *Black Elk: The Sacred Ways of a Lakota* (San Francisco: Harper San Francisco, 1991), S. XIX.
15. Ibid., S. 37.
16. Ibid., S. 42.
17. Omraam Mikhaël Aïvanhov, *Geheimnisse aus dem Buch der Natur* (Izvor 216, Prosveta, 1993), S. 20.

18. Omraam Mikhaël Aïvanhov, *Die Erziehung beginnt vor der Geburt* (Izvor 203, Prosveta, 1983), S. 110.
19. Omraam Mikhaël Aïvanhov, *Die Harmonie* (Gesamtwerke, Bd. 6, Prosveta, 1993), S. 183, 184.
20. Omraam Mikhaël Aïvanhov, *Die Erziehung beginnt vor der Geburt* (Izvor 203, Prosveta 1983), S. 147.
21. Omraam Mikhaël Aïvanhov, *La deuxième naissance* (Oeuvres complètes, Tome 1, Prosveta, France, 1988), S. 193.
22. Omraam Mikhaël Aïvanhov, *Les splendeurs de Tipheret* (Oeuvres complètes, Tome 10, Prosveta, France, 1977), S. 255.
23. Omraam Mikhaël Aïvanhov, *Der Schlüssel zur Lösung der Lebensprobleme* (Gesamtwerke, Bd. 11, Prosveta, 1980), S. 19.
24. Ibid., S. 19.
25. Omraam Mikhaël Aïvanhov, *Der Schlüssel zur Lösung der Lebensprobleme* (Gesamtwerke, Bd. 11, Prosveta, 1980), S. 29.
26. Omraam Mikhaël Aïvanhov, *Der Mensch erobert sein Schicksal* (Izvor 202, Prosveta, 1982), S. 93, 94.
27. Ibid., S. 94.
28. Omraam Mikhaël Aïvanhov, *Das Buch der göttlichen Magie* (Izvor 226, Prosveta, 1989), S. 131.
29. Ibid., S. 132.
30. Ibid., S. 135.
31. Hermes Trismegistus, eine Gestalt von geradezu mythologischer Dimension, wurde von den Griechen mit dem ägyptischen Thoth gleichgesetzt, dem Gott der Weisheit und des Wissens. Hermes, dessen Name der »dreifach Mächtige« bedeutet, wird die Erfindung der Arithmetik, der Algebra, der Geometrie, der Astronomie und des Alphabets zugeschrieben. Jamblichus (300 n.Chr.) zufolge, schrieb er 36525 Bücher. Aber, wie Aïvanhov betonte, Hermes Trismegistus war in erster Linie ein spiritueller Adept, der die verborgenen Gesetzmäßigkeiten des Kosmos ergründet hatte.
32. Siehe Omraam Mikhaël Aïvanhov, *Die Gesetze der kosmischen Moral* (Gesamtwerke, Bd. 12, Prosveta, 1995), S. 146.
33. siehe Omraam Mikhaël Aïvanhov, *Surya Yoga, Pracht und Herrlichkeit von Tipheret* (Gesamtwerke, Bd. 10, Prosveta, 1985), S. 151.
34. Siehe Brian Clement, »*The Computer We Call Nature*«, in The Scientific and Medical Network Newsletter, Nr. 45 (April 1991), S. 10-12.
35. Omraam Mikhaël Aïvanhov, *Das Buch der göttlichen Magie* (Izvor 226, Prosveta, 1989), S. 87.
36. Omraam Mikhaël Aïvanhov, *Die Erziehung beginnt vor der Geburt* (Izvor 203, Prosveta 1983), S. 159.

7.
DAS GEHEIMNIS DER SONNE

DIE INTELLIGENZ DER SONNE

Es gibt schätzungsweise eine Milliarde Billionen Sterne im bekannten Universum, von dem man annimmt, dass es 13 Milliarden Jahre alt ist. Eine Milliarde Billionen als Ziffer ist eine 1 mit 21 Nullen. Unsere eigene Galaxie, die Milchstraße, umfasst allein 150 Milliarden Sterne. Selbst wenn jeder hundertste Stern einen oder mehrere Planeten haben sollte, und wenn nur auf jedem tausendsten Planeten Leben entstehen würde, würde es in unserer Galaxie 150.000 Planeten geben, auf denen intelligentes Leben hätte entstehen können. Dies ist noch nicht besonders viel, aber für das ganze Universum ist diese Zahl milliardenfach größer. Und vergessen wir dabei auch nicht, dass die Wissenschaftler unser Bild vom Universum ständig nach den neuesten Erkenntnissen revidieren, wobei es immer komplexer und weiter zu werden scheint.

Seit den frühen sechziger Jahren haben Astronomen überall in der Welt mit großen Radioteleskopen systematisch die Tiefen des Weltraumes nach Zeichen außerirdischer Intelligenz abgehört. Bis jetzt haben ihre Bemühungen noch keine Früchte getragen.

Selbst wenn sie Anzeichen intelligenten Lebens in unserer eigenen Galaxie finden würden, wären wir mit unserer gegenwärtigen Technologie noch für mehrere Generationen nicht in der Lage, diese intelligenten Wesen zu Gesicht zu bekommen. Nach allgemeiner Auffassung ist die Lichtgeschwindigkeit die große Hürde bei der Überwindung weiter Entfernungen zwischen Sternen mittels Raumschiffen. Der für uns nächste Stern außerhalb unseres Sonnensystems ist ungefähr vier Lichtjahre entfernt, und unsere schnellsten Raumschiffe erreichen gegenwärtig nur einen winzigen Bruchteil dieser Geschwindigkeit.

Natürlich gibt es Menschen, die glauben, dass die Erde bereits von Außerirdischen aus den Tiefen des Weltraumes besucht worden ist. Aber das Gebiet der Ufologie ist so von Phantasie und Selbsttäuschung durchsetzt, dass es praktisch unmöglich ist, zu einer klaren Schlussfolgerung zu kommen.

Jedenfalls gehen sowohl Astronomen als auch UFO-Anhänger davon aus, dass außerirdische Intelligenz mehr oder weniger dem Menschen ähnelt, und dass intelligentes Leben zwangsläufig auf DNA aufbaut. Beide Gruppen haben dabei jedoch möglicherweise einen »Außerirdischen« übersehen, der in unserer Reichweite ist – lediglich 150 Millionen Kilometer entfernt, eine für kosmische Größenordnungen unwesentliche Entfernung, die ein Lichtstrahl in nur acht Minuten überwindet.

Ich spreche von der Sonne, dem strahlenden Stern unseres Planetensystems. Dies zumindest war Aïvanhovs feste Überzeugung, und darin befindet er sich in bester Gesellschaft mit Weisen und Propheten vergangener Kulturen. Er sagte herausfordernd:

> Auf die Frage, wer den Menschen als erster das Schreiben, die Kultivierung des Bodens, den Umgang mit dem Feuer oder gewissen Werkzeugen gelehrt hat, nennt man den einen oder anderen, aber in Wirklichkeit ist die Sonne der Ursprung aller Entdeckungen. Ihr meint, dies sei unmöglich, die Sonne besäße keinen Verstand, kein Gehirn zum Denken, keinen Mund zum Sprechen? Also eurer Meinung nach sind nur die unwissenden Menschen intelligent, und diejenige, die das Leben auf Erden überhaupt erst möglich macht, hat keinen Verstand.[1]

Omraam Mikhaël Aïvanhov

In einem anderen Vortrag bemerkte Aïvanhov: »Niemand auf der Erde ist so intelligent wie ein Sonnenstrahl: niemand, nicht einmal das größte Genie.«[2]

Die Vorstellung, dass die Sonne intelligent ist, mag uns höchst seltsam, wenn nicht sogar verrückt erscheinen. Schließlich haben Astrophysiker ihre Struktur untersucht und sie als ziemlich durchschnittlichen Stern eingeordnet, gerade mal etwas über 4.5 Milliarden Jahre alt. Sie ist ein riesiger atomarer Fusionsreaktor, mit ungefähr 20 Millionen Grad Celcius im Kern und nur etwa 6000 Grad an der Oberfläche. Keine Spektralanalyse oder irgendeine andere wissenschaftliche Untersuchung hat je etwas anderes herausgefunden, als dass die Sonne eine riesige Masse von Atomen ist, die Licht aussendet als Folge eines ständigen Umwandlungsprozesses von Wasserstoff in Helium.

Niemand hat je irgendein intelligentes Verhalten der Sonne beobachtet. Sie hat nie versucht, mit uns Kontakt aufzunehmen. Sie hat nie mit jemandem gesprochen. Oder vielleicht doch?

Die wissenschaftliche Sichtweise lässt außer acht, dass der menschliche Körper ebenfalls eine Ansammlung von Atomen ist, die mit einer bestimmten Frequenz schwingen und sogar Wärme und andere Formen von Energie verschiedener Wellenlängen ausstrahlen. Und dennoch gibt es in unserem Leben einen inneren Bereich, den wir als bewusst und intelligent bezeichnen. Kommt Intelligenz nur in Zusammenhang mit komplexen biologischen Organismen vor, oder ist es nicht vorstellbar, dass sie auch in komplexen hochenergetischen Körpern wie den Sternen auftritt?

Selbstverständlich haben Sciencefiction-Autoren diese aufregende Möglichkeit in Erwägung gezogen. Gregory Benford und Gordon Eklund zum Beispiel haben in ihrem preisgekrönten Roman *If the Stars Are God* eine außerirdische Rasse dargestellt, die in unser Sonnensystem kommt, um etwas über die Intelligenz und den spirituellen Wesenskern unseres Sterns, der Sonne, zu erfahren. Ihr Ansinnen verblüffte die Wissenschaftler der Erde. Als ein Vertreter der Erde den Außerirdischen die Temperatur der Sonne, ihr Alter, ihre Masse und so weiter erläuterte, dachten die Besucher aus dem Weltraum, der Erdbewohner würde scherzen und sich über sie lustig machen. Die physikalischen Daten hatten sie schon; was sie verstehen wollten, war das innere Wesen der Sonne und wie die Menschheit der Sonne ihre Verehrung entgegenbrachte. Schließlich gestatteten die Außerirdischen dem Erdenvertreter, den Gesang der Sonne zu hören. Es war dann tatsächlich so, dass der Gesang über seine eigene menschliche Stimme erklang. Als er merkte, was geschah, nämlich dass die Sonne ein hochintelligentes Wesen war, wurde er von Angst und Schrecken ergriffen.

Astronomen und Astrophysiker werden solche Geschichten ins Reich der Fabel verweisen, wofür es in der realen Welt keine Entsprechung gibt. Aber sie urteilen auf der Grundlage ihrer rein materialistischen Philosophie. Vergessen wir nicht, dass noch vor wenigen Jahrzehnten eine sehr bekannte psychologische Schule ernsthaft die Möglichkeit einbezog, dass man über die Intelligenz sprechen könne, ohne über das Bewusstsein zu sprechen und zwar nur auf der Basis der Verhaltensforschung. Diese extreme Position wurde inzwischen aufgegeben.

Heute gibt es eine neue psychologische Schule – die transpersonale Psychologie – die die verschiedensten Phänomene in Betracht zieht, die vormals als Hokuspokus angesehen wurden, insbesondere außerkörperliche Erfahrungen und Erfahrungen an der Schwelle des Todes, mystische Zustände, Hellträume und so weiter. Man fand heraus, dass Bewusstsein und Körper (oder Gehirn), obwohl interaktiv, nicht zwangsläufig miteinander verknüpft sind. Dies hat auch der weltbekannte Neurochirurg Wilder Penfield in seinem Buch *The Mysteries of the Mind*[3] herausgestellt.

Aïvanhov erklärte die Beziehung zwischen Bewusstsein und Gehirn, indem er die moderne Kommunikationstechnologie zum Vergleich heranzog. In seiner bekannt bildhaften Sprache sagte er:

> Das menschliche Gehirn ist wie ein Radio oder ein Fernseher: Es fängt bestimmte Sender und Wellenlängen auf. Wenn ihr an eurem Radio dreht, könnt ihr euer Programm wählen, zum Beispiel Musik oder Nachrichten. Das Gleiche gilt für das Innenleben. Wenn ihr irrtümlich auf bestimmte Knöpfe drückt, hört ihr höllische Musik, Lärm und Streit. Also stellt euch auf eine andere Wellenlänge ein! Drückt in Gedanken durch eure Vorstellungskraft auf einen anderen Knopf, dann hört ihr den himmlischen Sender.[4]

Wenn nun das Radio- oder Fernsehgerät einen mechanischen oder elektrischen Fehler aufweist, sind die Programme entweder gestört oder der Bildschirm bleibt dunkel. Jedoch sagt dieser Fehler nichts über das Vorhandensein der Programme an sich aus. Denn wir können sie auf einem anderen funktionstüchtigen Gerät recht gut empfangen. In ähnlicher Weise können wir nicht von der Tatsache, dass ein Gehirntumor oder ein anderer physischer Defekt unseren Verstand beeinträchtigt, darauf schließen, dass der Verstand ausschließlich ein Produkt des Gehirns ist. Alles deutet darauf hin, dass der Verstand oder das Bewusstsein völlig unabhängig davon existieren, und dass das Gehirn eher als eine Art Filter für das Bewusstsein wirkt, wobei es dessen Funktion in gewisser Weise einschränkt.

Wenn also Wahrnehmung ohne physischen Körper möglich ist, oder wenn das Bewusstsein nicht völlig von

Prozessen im Gehirn bestimmt beziehungsweise in Mitleidenschaft gezogen wird, dann können wir uns völlig frei Gedanken darüber machen, mit welcher physischen Form ein bestimmtes Bewusstsein verknüpft sein mag. Weshalb nicht mit dem leuchtenden Körper eines Sterns?

Frei von der Bürde unseres modernen kosmologischen Wissens, das uns von vornherein auf rein materialistische und verkürzende Erklärungen festlegt, haben Weise und Propheten früherer Zeiten überall in der Welt die Sonne als eine ganz besondere Wesenheit betrachtet. Allgemein tun wir ihre Haltung als primitive Sonnenanbetung ab, aber dieses negative Etikett lässt die Tiefe ihrer Erkenntnisse über die Sonne außer Betracht.

DIE SPIRITUELLE SONNE IM HINDUISMUS

Es gibt keine Berichte darüber, wann die Menschheit die Sonne »entdeckte«. Wir können nur annehmen, dass unsere frühesten Vorfahren zu irgendeinem unbekannten Zeitpunkt die große schöpferische und göttliche Kraft des Sonnengestirns in der Natur wahrnahmen. Aber als die Sonne erst einmal am Horizont des menschlichen Bewusstseins aufgegangen war, wurde sie zu gegebener Zeit ein kulturelles Symbol ersten Ranges. Erst unsere moderne Zivilisation, die de facto unter dem Einfluss einer groben materialistischen Philosophie steht, hat die Sonne als Schlüsselsymbol von tiefer spiritueller Bedeutung aus dem Auge verloren.

Die Sonne nahm einen zentralen Platz ein im Leben und Denken einer der ältesten Zivilisationen – nämlich der Indiens, dessen Anfänge erst vor kurzem auf das fünfte Jahrtausend vor Christus zurückgeführt wurden. Wie wir dem 'Rig-Veda' entnehmen, wurde die Sonne in alten vedischen Zeiten als Surya, Savitri und Puschan angerufen. Der Goldene Körper der Sonne diente dem vedischen Volk als Leitsymbol für das Göttliche. Für sie war der Sonnengeist ein »Gott unter Göttern«.

Bis zum heutigen Tag rezitieren fromme Hindus täglich das alte ›gayatri-mantra‹, das Savitri gewidmet ist, dem belebenden Aspekt des Sonnenwesens, der im ›Rig-Veda‹ vermerkt ist (III.62.10): »tat savitur varenyam bhargo devasyo dhimahi dhiyo yo nah pracodayat,« »Mögen wir die Pracht und Herrlichkeit von Savitri, der Gottheit, mit all unseren Sinnen erfassen, auf dass Er unsere Kontemplation erleuchte.« In diesem berühmten und wohlklingenden Vers wählten die vedischen Seher mit Bedacht das Wort ›dhi‹, das oft unzureichend mit ›Gedanke‹ übersetzt wird, das jedoch wesentlich mehr beinhaltet.

Ich habe es mit ›Kontemplation‹ übersetzt, denn was die ›rishis‹ vor allem anstrebten, beschränkte sich nicht auf spekulatives Denken, sondern war die visuelle Begegnung mit dem Göttlichen, wozu die Kontemplation den Weg bereitete.

Die ›rishis‹ waren in erster Linie Seher und erst in zweiter Linie Denker. So heißt es auch in der Brihad-Aranyaka-Upanischad (V.14.4), einer Schrift, die am Ende des zweiten Jahrtausend vor Christus verfasst wurde: »Wahrlich, im Sehen liegt die Wahrheit« (›cakshur vai satyam‹). Die Upanischad fügt hinzu, dass wir im Zweifelsfall demjenigen Glauben schenken sollten, der sagt »Ich habe gesehen«, statt demjenigen, der feststellt »Ich habe gehört«.

Auch Aïvanhov war so ein Seher. Auf der Grundlage seiner eigenen spirituellen Wahrnehmung und seiner Lektüre im ›Buch der Natur‹, wie er es nannte, entdeckte er – gleich den ›rishis‹ vor ihm – in der Sonne ein großes Geheimnis. In einer seiner Reden bemerkte er:

> Wenn die Sonne aufgeht, verbreitet sie ihr Licht, ihre Wärme und ihr Leben. Gerade dieses Licht, diese Wärme, dieses Leben drängt die Menschen

zum Aufstehen, um ihre Arbeit zu beginnen. (...) Die Sonne bestimmt den Lebensrhythmus der Menschen und ist die Begründerin von Ackerbau und Zivilisation.[6]

Aïvanhov warf uns modernen Menschen vor, dass wir die Existenz der Sonne als selbstverständlich ansehen und dabei aber die Tatsache übersehen, dass es ohne sie kein Leben auf der Erde gäbe. Ja, ohne die Sonne gäbe es auch keine Planeten in unserem Sonnensystem. Alle belebten und unbelebten Dinge sind, wie Aïvanhov sagte, nichts als verdichtetes Sonnenlicht. Er brachte damit zum Ausdruck, dass alle Dinge aus Energie bestehen – ein Lehrsatz, den sich nur wenige von uns zu Eigen gemacht haben, trotz Einsteins maßgeblichem Lehrsatz.

Die Sonne ist der Ursprung des Lebens. Mehr noch, die Sonne ist der Ur-Lehrmeister. Denn ohne die Sonne gäbe es keine menschliche Gesellschaft, keine Religion und Moral, keine Kunst, Philosophie und Technologie. In einem seiner ersten Vorträge bemerkte Aïvanhov:

> Alles Gute kommt von der Sonne zu uns. Gott selbst manifestiert sich durch die Sonne und sendet uns Seine segensreiche Kraft.[7]

An anderer Stelle sagte er:

> Ohne das Leben der Sonne hätten die Menschen nie existieren, handeln und arbeiten können. Ohne ihre Wärme hätten sie nie Gefühle empfinden können, ohne ihr Licht hätten sie nie sehen können, und nicht nur sehen sondern auch verstehen, denn das Verständnis ist nichts anderes als eine höhere Sicht im intellektuellen Bereich.[8]

Diese Sichtweise deckt sich mit der alter Hindulehren. In der Bhagavad-Gita (IV.1) erklärt der Gott-Mensch

Krishna seinem Schüler Prinz Arjuna, dass er, Krishna, dem Vivasvat seinen »unveränderlichen Yoga« verkündete, der ihn nun seinerseits Manu lehrte, dem Urahn der menschlichen Rasse. Vivasvat (›Derjenige der hell erstrahlt‹) ist niemand anderer als das Sonnenwesen, genauer gesagt der schöpferische Aspekt der Sonne.

Vivasvat erfüllt analog die gleiche Funktion wie Hiranyagarbha (»Goldener Keim«), der im Mahabharata Epos als erster Yoga-Lehrer gepriesen wird.[9] Der Bezug zur goldenen Farbe in seinem Namen weist auf eine enge Verbindung zur Sonne hin, die, wie Surya, vorzeiten mit goldenen Gliedmaßen dargestellt wurde. In der Yoga-Symbolik stellt Hiranyagarbha den höheren Geist (›buddhi‹) dar, den Sitz der yogischen Intuition und den Ort transzendentaler Wahrheit.

PHARAO ECHNATON UND AÏVANHOV

3800 Kilometer westlich der indischen Halbinsel wurde in einer der spektakulärsten Kulturen der alten Welt der Sonnengeist verehrt. Schon in der frühesten pharaonischen Zeit beten die Ägypter zu ›Aton‹, der Sonne. Davon zeugen hohe Säulen oder Obeliske – einige davon vergoldet – die dem Sonnengott in den Tempeln der fünften Dynastie vor etwa 4500 Jahren gewidmet waren. Der berühmteste Sonnenanbeter im alten Ägypten war zweifellos Echnaton, der als Amenophis IV. diesen Namen annahm.

Was der junge ägyptische Pharao Echnaton für das ägyptische Reich bedeutete – wenn auch nur für eine kurze Zeitspanne –, das bedeutet Aïvanhov für unser modernes Zeitalter. Die britische Historikerin Jaquetta Hawkes kommentierte:

Echnaton wurde mit einem natürlichen Genius geboren, den man als göttlichen Funken auffassen könnte. Er verschaffte der Sonnenreligion die höchste Bedeutung, die sie je erlangen sollte. In der Tat war meiner Ansicht nach die religiöse Vision, die in der Pharaonen-Stadt Achetaton lebendigen Ausdruck fand, so echt und rein, wie sie der menschliche Geist nicht besser hervorbringen konnte.[10]

Echnaton war erst ein Knabe von zehn Jahren, als er einen Aton geweihten Tempel errichten ließ. Dabei schuf er sich viele Feinde unter den Ammon-Verehrern. Die Anbetung Ammons ist ebenso alt wie die des Sonnenkönigs Ra. Später wurden die beiden als Ammon-Ra vereint.

Sowohl Echnaton als auch Aïvanhov sind Botschafter der Sonne. Aber Echnaton war ein junger gebrechlicher Epileptiker, der das Pantheon der Götter und Göttinnen durch seinen Sonnen-Monotheismus ersetzen wollte. Aïvanhov hingegen war mit einer robusten körperlichen Verfassung gesegnet und achtete bis ins hohe Alter durch strikte Diät und gesunde Lebensweise sorgfältig auf seine Gesundheit. Er war ebenso sehr Idealist wie der junge Echnaton, aber er war auch mehr als das.

Anders als der Pharao war er ein Adept der Esoterik. Seine Liebe zur Sonne brannte nicht nur hell in seinem Herzen, sie reichte auch tief hinein in die Geheimnisse des Kosmos. Aïvanhov war ein reifer Seher, nicht nur ein Romantiker. Somit können wir davon ausgehen, dass seine Botschaft im Gegensatz zu Echnatons religiöser Lehre seinen Tod überdauern wird. Das »Sonnenzeitalter«, von dem er so oft sprach, wird erst noch kommen, und es ist nicht an sein eigenes Leben und Schicksal gebunden, wie das bei Echnatons Lehre der Fall war.

Echnatons religiöser Einfluss ging kaum über die Grenzen der Hauptstadt hinaus, und die Leidenschaft für die Sonnenanbetung, die er entfacht hatte, erstarb mit ihm.

Obwohl die Anbetung der Sonne nach Echnatons vorzeitigem Tod keinesfalls aus der ägyptischen Religion verschwand, scheint sie doch nie mehr den gleichen spirituellen Rang erreicht zu haben.

DER GEIST DER SONNE IM GNOSTIZISMUS UND IM CHRISTENTUM

Ein Teil der esoterischen Lehre und Symbolik der ägyptischen Religion überlebte im Gnostizismus – einer religionsphilosophischen Strömung, der sich Aïvanhov sehr verbunden fühlte. Diese religiöse Bewegung betonte die Erkenntnis, die ›Gnosis‹, wie ihr Name schon sagt. Das griechische Wort ›Gnosis‹ bedeutet Weisheit; Weisheit, die schützt, heilt oder einen Menschen in ein ganzheitliches Gleichgewicht bringt. Damit ist jene Art von Wissen bzw. Erkenntnis gemeint, das in den Geheimlehren überliefert wurde.

Für die Metaphysiker des Gnostizismus gab es zwei grundlegende Prinzipien – Gut und Böse – die oftmals auch als Licht und Dunkel bezeichnet wurden. Das Dunkel wurde mit der Materie gleichgesetzt, in die der Geist herabgestiegen war. Seinem Wesen nach wurde der Geist als eins mit dem Göttlichen angesehen. Die Schriftrollen vom Toten Meer, die man 1947 in einer Höhle fand, sprechen oft von Gott als dem Licht. Die Mitglieder der heiligen Gemeinschaft der Essener, denen diese Schriftrollen gehörten, und die man weitgehend den Gnostikern zuordnen kann, nannten sich Söhne des Lichts. Sie waren dazu ausersehen, gegen die Söhne der Finsternis zu kämpfen. Den getreuen Schülern wurde ein Glorienschein versprochen, ein Begriff, der an die Korona der Sonne erinnert.

Das Reich der Materie war nach Meinung der Gnostiker ein ungeeigneter Ort für den Geist. Deshalb empfahlen sie, dass die Menschen nach dem Licht streben sollten, indem sie das spirituelle Wissen pflegten. Die Thomas-Schrift, eine jener christlichen Schriften mit unbekanntem Verfasser, die 1945 bei Nag Hammadi entdeckt wurden, enthält diese rätselhafte Aussage, die man Jesus zuschreibt: »Das Licht ist im Lichte«.

Dann heißt es, dass Thomas die folgende Frage an Jesus gestellt habe: »Weshalb steigt das sichtbare Licht für die Menschen empor und weshalb steigt es herab?« Jesus antwortete mit einer Umschreibung: »Es leuchtet so, damit ihr nicht auf der Stelle verharrt, sondern voranschreiten könnt. Wenn alle Auserwählten ihre niederen Pfade hinter sich gelassen haben, dann wird sich das Licht in seinen Ursprung zurückziehen, denn es ist ein guter Diener.« Der ›Ursprung‹ des sichtbaren Lichts, der Sonne, ist das Göttliche selbst. In den Lehren des Silvanus, einer weiteren Schrift aus Nag Hammadi, finden wir folgende Stelle: »Denn die Sonne scheint auf jeden unreinen Ort, und dennoch wird sie dadurch nicht geschändet. So ist es mit Christus.«

Der Gnostizismus übte großen Einfluss aus auf das Christentum, obwohl er von Anfang an von den Kirchenvätern scharf verurteilt wurde. Wenn wir die Symbole näher betrachten, die in den christlichen Katakomben in Rom eingraviert sind, sehen wir, dass viele in direktem Bezug zu den ältesten Sonnensymbolen stehen.[11] So kann man das wohlbekannte Monogram für Christus, ein P, dessen Aufstrich von einem X gekreuzt wird, bereits in der Jungsteinzeit finden, als Symbol für die Sonne. Das X ist ein schräggestelltes Kreuz, welches das Rad des Jahres mit seinen vier Speichen darstellt.

Christus, der als das »Licht der Welt« angesprochen wird, wurde allgemein mit einer Korona (Glorienschein) um den Kopf dargestellt, ähnlich wie Buddha. Wie bei Horus in Ägypten oder Mithras in Persien, wird sein Geburtstag am 25. Dezember gefeiert und markiert somit die Wintersonnenwende. Wir wissen, dass die frühen Christen

Anhänger mit dem Bild eines Lammes trugen, das Aries entspricht, dem ersten Zeichen im Tierkreis.

Die Monstranz, die katholische Priester in der Messfeier verwenden, ist klar ein Sonnensymbol. Man findet Sonnensymbole in vielen mittelalterlichen Kirchen, Kathedralen und Grabstätten, und seit frühesten Zeiten wurde die Längsachse christlicher Gotteshäuser nach Ost-West ausgerichtet. Der Sonntag, der ein besonderer heidnischer Tag war, wird von den Christen als 'Tag des Herrn' gefeiert. Es ist der Tag, an dem Gott der Bibel zufolge ruhte, nachdem er die Welt erschaffen hatte. In seinem berühmten Lobgesang auf die Sonne, sang der Hl. Franz von Assisi:

> Herr Gott,
> Ich preise Dich im Stillen
> um Deiner Werke Pracht,
> in Sonderheit
> der Goldenen Sonne willen,
> die Du gemacht![12]

Schließlich, um diese Auflistung christlicher Sonnensymbolik abzurunden, dürfen wir noch darauf hinweisen, dass der rechte weiße Handschuh, den der Papst trägt, wenn er die Menschen segnet, eine strahlende Sonne aus Goldfäden aufweist. Die Sonne bedeutet hier die segnende Kraft des göttlichen Lichts.

Alle diese Beispiele zeigen, wie eng die Sonnensymbolik mit dem christlichen Glauben und seiner Praxis verwoben ist. Christen sollten sich deshalb am allerwenigsten über Aïvanhovs Sonnenevangelium wundern. Wie wir noch in Kapitel 11 sehen werden, betrachtete sich Aïvanhov selbst als Christ, wenn auch seine religiöse Überzeugung und sein praktisches Handeln den Lehren der Gnostiker näher standen als dem modernen Christentum. In vieler Hinsicht lieferte er eine mutige Neuinterpretation der Symbolik des gegenwärtigen Kirchendogmas und dessen Umsetzung in die Praxis. Er wies zum Beispiel darauf hin, dass Brot und Wein, die man während der Messe zu sich nimmt, zum Gedenken an Christi Tod und Auferstehung, als Sonnensymbole verstanden werden sollten:

> Das Brot und der Wein sind zwei Sonnensymbole. Folglich handelt es sich weder um das stoffliche Brot noch um den stofflichen Wein, sondern um die beiden Eigenschaften der Sonne: Wärme und Licht, die das Leben erschaffen. Ihre Wärme ist die Liebe, und ihr Licht ist die Weisheit. Folglich meinte Jesus: »Wenn ihr meinen Leib (die Weisheit) esset und mein Blut (die Liebe) trinket, dann habt ihr das ewige Leben«.[13]

Für Aïvanhov verkörperte die Sonne auf vollkommene Weise die drei Aspekte der heiligen Dreifaltigkeit, denn sie vereint in sich das Leben (Vater), das Licht (Heiliger Geist) und die Wärme (Sohn).[14] Er kritisierte Theologen, die in ihren Predigten die Dreifaltigkeit als Mysterium darstellten, denn die Menschen haben selten einen rechten Bezug zu Mysterien; was sie nicht verstehen, beachten sie üblicherweise auch nicht, was wiederum ihre spirituelle Lethargie verstärkt. Der Gott der Theologen ist seiner Meinung nach zu abstrakt und somit zu entmutigend. Deshalb schlug er vor, dass wir anstelle einer so fernen Gestalt die konkrete tägliche Erfahrung mit der Sonne nehmen sollten. Er fand, dass, wenn wir die Sonne mit all unseren Sinnen in uns aufnehmen, wir das Geheimnis des Göttlichen wirklich erspüren können. In humorvollem Ton bemerkte Aïvanhov einmal:

> Warum wollen die Christen nicht einsehen, dass sie die bedeutendsten Wahrheiten sichtbar vor Augen haben? Jeder wird es begreifen, nur sie nicht.[15]

Das sichtbare Sonnengestirn anzubeten wäre nur primitive Götzenanbetung oder Aberglaube. Die Sonne als Symbol des größeren Lichts, dessen sichtbare Erscheinung es ja lediglich ist, zu verehren, ist eine lohnende spirituelle Einstellung. Aïvanhov hat ebenso wenig die Sonne mit Christus gleichgesetzt. Im Gegenteil, er stellte klar heraus, dass man die beiden sorgfältig auseinander halten muss. Dazu sagte er selbst:

> Christus ist natürlich eine Wesenheit, die viel größer ist als die Sonne. Er ist der Sohn Gottes, die zweite Person der Trinität. Er manifestiert sich nicht nur durch unsere Sonne, denn in der Unermeßlichkeit des Kosmos gibt es unzählige Sonnen, die noch viel größer und strahlender sind als unsere. Christus ist überall im Universum gegenwärtig, doch für uns Menschen hier auf Erden manifestiert er seine Gegenwart durch unsere Sonne.[16]

»Hinter dem Licht der Sonne,« sagte Aïvanhov, »ist das Licht Gottes.«[17]

Für ihn war Gott nicht nur das Licht hinter allem Licht, sondern die völlig unerfassbare höchste Stufe der Wirklichkeit.[18] Jedoch schafft die nicht erfassbare Natur des Göttlichen in seiner Philosophie keine unüberbrückbare Kluft zwischen Gott und dem Menschen, sie stürzt uns nicht in schreckliche Einsamkeit.

Da, wie Aïvanhov immer wieder betonte, das Göttliche die Quintessenz aller Lebewesen und aller Dinge ist, können wir eigentlich gar nicht von ihm getrennt sein. Lediglich unser Verstand mit seinem begrenzten Bezugsrahmen kann es nicht erfassen. Wir können zwar das Göttliche nie erfassen, aber wir können mit ihm verschmelzen. Er sagte dazu:

> Niemals hat irgendjemand Gott betrachtet, denn Gott stellt das Unendliche, das Grenzenlose dar.

Seine Präsenz kann man schon spüren, und seine Manifestationen – Blitze, Lichtprojektionen usw. – sogar feststellen; der Verursacher aber solcher Offenbarungen bleibt unsichtbar. (...) Erst wenn er [der Mensch] selbst in die Unendlichkeit eintritt, wenn er eins wird mit ihr, ein Teil von ihr wird, kann er die Grenzenlosigkeit, die Unendlichkeit erahnen.[19]

Aber um mit dem Göttlichen eins zu werden, müssen wir zuerst den Spiegel unseres körperlichen Verstandes polieren. Nur dann werden wir unser wahres Wesen erkennen können, den GEIST, der untrennbar mit dem Göttlichen verbunden ist. Aïvanhov sagte:

> Um jedoch diese Vereinigung zu erreichen, das heißt ›Gott zu schauen‹, müssen wir erst die eigenen Unreinheiten loswerden, die wir in uns angehäuft haben.[20]

Aïvanhov nannte die Seele einen magischen Spiegel, in dem wir unsere eigene göttliche Natur sehen können, vorausgesetzt, wir halten den Spiegel frei von Schmutzflecken.[21] Aber wir können uns nicht vollkommen reinigen, ohne die Umgebung in der wir leben mit einzubeziehen. Auf diesem schwierigen Weg erkennen wir, dass wir unentrinnbar mit allen Dingen in Wechselbeziehung stehen; wir nicht mehr nur unserem eigenen Vergnügen nachgehen oder nur auf unsere eigene Erlösung hinwirken können auf Kosten anderer und der Umwelt.

Wenn wir also die symbolische Bedeutung der Sonne wirklich verstehen, werden wir unseren Lebensstil, unser tägliches Handeln ändern; man hat dies kürzlich Öko-Yoga bzw. Öko-Spiritualität genannt.

Die moderne Auffassung nähert sich allmählich, beinahe notgedrungen, der alten Sichtweise der Sonne, die

Aïvanhov in jüngster Zeit so überzeugend neu formuliert hat. Denn unsere Welt erkennt allmählich, dass wir unser planetarisches Zuhause nicht fortgesetzt ausplündern können, und dass Sonnenenergie eine saubere technologische Alternative zu Öl, Kohle und Gas bietet.

Ebenso bedeutungsvoll ist die Tatsache, dass die medizinische Avantgarde allmählich die nebenwirkungsfreie Heilkraft der Sonnenstrahlen herausfindet, die zu ihrer Unterstützung keine riesige, kostspielige und eigennützige chemische Industrie erfordert. Somit können wir sehen, dass Aïvanhovs mitreißende Voraussage, dass die Wissenschaft der Zukunft ausschließlich auf Sonnenlicht aufbauen wird, langsam Wirklichkeit wird.

Bis zu einem gewissen Grad ist diese Entwicklung Ausdruck bedeutsamer Veränderungen in unserem Denken. Jedoch als Einzelne und in der Gemeinschaft müssen wir uns um eine wesentlich radikalere innere Veränderung bemühen, sodass wir nicht in die Falle gehen, die Sonne nur nach dem Nützlichkeitsprinzip zu betrachten. Jenseits des materiellen Nutzens der Sonnenstrahlen bei der Wärmetechnik für unsere Wohnungen und der Heilwirkung für unseren Körper, müssen wir die große spirituelle Wahrheit herausfinden, die sie vertritt. Nur dann können wir die Weisheit aufbringen, die nötig ist, um die gewaltigen Probleme unserer zunehmend komplexen technologischen Zivilisation zu lösen.

ANMERKUNGEN

1. Omraam Mikhaël Aïvanhov, *Vers une Civilisation solaire* (Izvor 201, Prosveta, France, 1981), S. 11, 12.
2. Omraam Mikhaël Aïvanhov, *Les splendeurs de Tipheret* (Oeuvres complètes, Tome 10, Prosveta, France, 1977), S. 254.
3. W. Penfield, *The Mystery of the Mind* (Princeton, NJ: Princeton University Press, 1976).

— *Das Geheimnis der Sonne* —

4. Siehe Omraam Mikhaël Aïvanhov, *Die wahre Lehre Christi* (Izvor 215, Prosveta, 1985),S.197. Aïvanhov verglich das Gehirn auch mit einem Klavier: »Das Gehirn, durch das der Geist sich äußern muss, ist vergleichbar mit einem Klavier, auf dem ein Virtuose spielen muss.« (Omraam Mikhaël Aïvanhov, *Die Freiheit, Sieg des Geistes* [Izvor 211, Prosveta, 1985], S. 31.).
5. Siehe die Zusammenfassung dieser Darlegung von D.Frawley, *Gods, Sagas, and Kings: Vedic Secrets of Ancient Civilization* (Salt Lake City, UT: Passage Press, 1991). Siehe auch G. Feuerstein, D. Frawley, and S. Kak, »*A New View of Ancient India*,« Yoga Journal (Juli/August 1992), S.64-69, 100-102, und, von den gleichen Autoren, *In Search of the Cradle of Civilization* (Wheaton, IL: Quert Books, 1995).
6. Omraam Mikhaël Aïvanhov, *Auf dem Weg zur Sonnenkultur* (Izvor 201, Prosveta, 1982), S. 11.
7. Omraam Mikhaël Aïvanhov, *Das Geistige Erwachen* (Gesamtwerke Band 1, Proveta 1983)
8. Omraam Mikhaël Aïvanhov, *Auf dem Weg zur Sonnenkultur* (Izvor 201, Prosveta, 1982), S. 19.
9. Siehe z.B. Mahabharata XII.337.60.
10. J.Hawkes, *Man and the Sun* (New York: Random House, 1962), S.125.
11. Siehe H.R. Engler, *Die Sonne als Symbol: Der Schlüssel zu den Mysterien* (Küsnacht-Zürich: Helianthus-Verlag, 1962), S. 230 ff.
12. Franz von Assisi, *Sonnengesang*, übertragen von Franz Brentano (Stuttgart: E. Fink Verlag, 1984), S. 5.
13. Omraam Mikhaël Aïvanhov, *Auf dem Weg zur Sonnenkultur* (Izvor 201, Prosveta, 1982), S. 150.
14. Siehe op.cit., S. 143 ff.
15. Omraam Mikhaël Aïvanhov, *Auf dem Weg zur Sonnenkultur* (Izvor 201, Prosveta, 1982), S. 143.
16. Omraam Mikhaël Aïvanhov, *Die wahre Lehre Christi* (Izvor 215, Prosveta, 1985), S. 136.
17. Omraam Mikhaël Aïvanhov, *Auf dem Weg zur Sonnenkultur* (Izvor 201, Prosveta, 1982), S. 85.
18. Siehe op.cit., S. 86.
19. Omraam Mikhaël Aïvanhov, *Einblicke in die unsichtbare Welt* (Izvor 228, Prosveta, 1991), S. 141.
20. Ibid., S. 142.
21. Siehe op.cit., S. 135.

8.
DIE SPIRITUELLE ARBEIT

IN DER SCHULE DES LEBENS

Bewusst oder unbewusst sind wir alle auf der Suche nach Glück. Manchmal nimmt unser Streben nach Glück seltsame Formen an, aber wir hören nie damit auf. Aus tief spiritueller Sicht, woran uns Aïvanhov erinnert, ist dieses Streben nach Glück in Wirklichkeit eine unaufhörliche Suche nach unserem eigentlichen Wesen, unserem Selbst. Der heilige Augustinus drückte dies vor langer Zeit in der Sprache der Theologie in seinen *Confessiones* (I.i) aus:

> DU hast uns für DICH erschaffen, und unser Herz ist ruhelos, bis es Ruhe in DIR findet.

Im innersten Kern unseres Wesens sind wir in Frieden mit uns selbst und der Welt. Es herrscht Freude, ja sogar Lust. Alle spirituellen Überlieferungen der Welt lehren uns, dass wir uns im innersten Kern unseres Wesens in vollkommenem Einklang mit dem Höchsten Wesen befinden, welches wir als das Göttliche oder die Höchste Wirklichkeit bezeichnen. Aber wie viele Menschen sind sich dieser Wahrheit bewusst?

Meist führen uns unsere unbewussten oder halbbewussten Bemühungen auf der Suche nach Glück in flüchtige Momente des Vergnügens, denen prompt Enttäuschung, Frustration, Sorgen, Angst und Schmerz folgen. Der Grund dafür liegt im Großen und Ganzen darin, dass wir Glück mit Vergnügen verwechseln. Vergnügen ist seinem Wesen nach kurzlebig, Glück hingegen ist beständig, denn es ist die Grundstruktur der Höheren Wirklichkeit.

Wir möchten, dass das Vergnügen möglichst lange andauert, dabei sehnen wir uns nach dem Unmöglichen und bringen uns in emotionale Schwierigkeiten.

Das Leben ist eine verlängerte Schulzeit. Wie Aïvanhov sagte:

> Die Erde ist eine Schule, und in einer Schule gibt es Lektionen... von allen Seiten wird man belehrt. Solange ihr das nicht versteht, werdet ihr vom Schicksal geplagt.[1]

Der Lehrstoff, den wir lernen müssen, ist sehr einfach, aber das Lernen fällt uns nicht leicht, weil wir dem Leben mit Scheuklappen gegenübertreten. Wir lernen alle eher widerstrebend. Ja, die meisten Menschen lernen ihre Lektionen durch schlechte Erfahrungen mit denen sie sich abplagen, was sie allerdings wiederum zwingt, den Realitäten direkt ins Auge zu sehen. Natürlich erweisen sich alle schlechten Erfahrungen letzten Endes als gut, weil sie uns formen, und uns dem, was wir eigentlich sind, näher bringen.

Die einzige und wichtigste Lektion der Lebensschule ist die Einsicht, dass wir hier sind, um zu lernen und dabei zu Menschen im ganzheitlichen Sinne zu werden, die nicht nur clever und erfolgreich sind, sondern mit ihren tiefreichendsten Wurzeln in Verbindung stehen. Diese Wurzeln sind in der Höchsten Wirklichkeit verankert. Wir sind, mit anderen Worten, dazu geboren, unser spirituelles Schicksal zu entdecken.

Wenn wir erst einmal akzeptieren, dass das Leben nicht nur aus Spaß besteht, sondern eine wesentlich ernsthaftere Angelegenheit ist, bei der wir uns zu spirituell reifen Wesen fortentwickeln sollen, dann müssen wir auch mehr Verantwortung übernehmen für unser persönliches Wachstum. Das ist der Beginn des spirituellen Lebens. Die Verantwortung übernehmen für unsere persönliche Reifung bedeutet, unsere Lebensführung nach spirituellen Prinzipien auszurichten, wie sie uns seit Jahrtausenden von den großen Weisen der Menschheit verkündet werden. Wir müssen für unseren Seelenfrieden und unsere Erleuchtung arbeiten. Mit Aïvanhovs Worten:

> Es kommt darauf an, was man mit seinen Kräften anfängt und zu welchem Zweck man sie gebraucht. Wenn ihr traurig und unglücklich seid, bewegt ihr euch in einem zu eng begrenzten·Kreis. Ihr müsst diesen Kreis erweitern, dann zieht ihr Kräfte und Wesenheiten aus dem Universum an, die euch erleuchten und helfen werden. (...) Umfasst das Sonnensystem, den ganzen Kosmos, steigt bis zum Schöpfer auf, und dann werdet ihr euch nicht mehr so klein, armselig, verlassen oder einsam fühlen. Ihr werdet ein segenspendender Faktor für die Menschheit, ein Schöpfer sein.[2]

Innere Ruhe und Glück bedeuten zu einem Zehntel Gnade und zu neun Zehntel Arbeit. Paul Brunton, der britische Schriftsteller und Weise drückte dies so aus:

> Derjenige, der es schafft, das eigene Bemühen und sein Vertrauen in die göttliche Gnade in einem ständigen Gleichgewicht zu halten, kann den Frieden erlangen. Der Schlüssel zum Erfolg liegt im Aufrechterhalten des Gleichgewichts.[3]

Aus Bruntons Aussage geht klar hervor, dass wir dieses Bemühen nicht fälschlicherweise mit Schwerstarbeit, Kampf und Stress gleichsetzen dürfen. Jeder Stress deutet auf ein Ungleichgewicht hin und ist der Feind des Glücks. Das Bemühen, das von uns gefordert wird, bezieht sich auf Selbstverständnis und Selbsterkenntnis, was wir durch bewusste Pflege der Harmonie erreichen.

Dies ist für viele westliche Menschen ein schwieriges

Unterfangen, denn in unserem Teil der Welt wurden wir so erzogen, dass wir Arbeit als Energieaufwand für äußere Aufgaben ansehen, wobei wir der inneren Haltung, mit der wir die Aufgaben erfüllen wenig Beachtung schenken. Wie oft finden wir Freude an unserer Arbeit, wozu Emerson riet? Wie oft verleiht sie unserem Leben Würde?

INNERE ARBEIT, ÄUßERE ARBEIT

Als Bewohner des Westens mit einer durchschnittlichen Lebenserwartung von ungefähr fünfundsiebzig Jahren, verbringen wir etwa 80 000 Stunden mit Arbeit, was ungefähr einem Achtel unseres Lebens entspricht. Selbst wenn wir noch 10 000 Stunden für die Fahrten zum Arbeitsplatz hinzurechnen, scheint dies verglichen mit den ca. 220 000 Stunden Schlaf während unseres Lebens fast bedeutungslos zu sein. Aber das ist es nicht! Was daran so bedeutsam ist, ist die Tatsache, dass wir während dieser 80 000 Stunden bewusst denken. Das heißt, wir haben die Möglichkeit, zu bestimmen, was wir mit unserem Leben anstellen, wie wir arbeiten.

Wie aber arbeiten wir? Das sieht nämlich so aus: Jedes Jahr verlieren Betriebe Milliardenbeträge durch häufiges Fehlen am Arbeitsplatz; Hunderte von Millionen gehen verloren durch Fehler, Nachlässigkeit oder völliges Desinteresse seitens der Arbeiter und Angestellten, und wahrscheinlich gehen noch einmal soviel durch Diebstahl seitens der Belegschaft verloren. Bürokratie ist mittlerweile bedeutungsgleich mit Ineffektivität und Gleichgültigkeit. Beim Geschäft geht es eher um Profit als um Service. Viele Menschen wollen eigentlich gar nicht arbeiten, und deshalb sind sie auch geistig nicht bei ihrer Arbeit. Sie sabotieren bewusst oder unbewusst ihre Arbeit. Und durch die Sabotage ihrer Arbeit, sabotieren sie auch ihr eigenes persönliches Wachstum.

Wahr ist aber auch, dass viele Arbeiter gute Gründe haben, über sinnlose Aufgaben, unzumutbare Arbeitsbedingungen, lange Wege zur Arbeitsstätte, unzureichende Bezahlung, zu niedriges Krankengeld und so weiter, zu klagen. Somit sind viele Menschen ihrer Arbeit entfremdet und dadurch auch sich selbst. Und eine solche Entfremdung bringt immer Unglück und Leid mit sich.

Viele Menschen meinen, dass sie an ihrer Situation nichts ändern können. Das stimmt in gewisser Weise: Wir können nicht immer genau unsere Lebensverhältnisse bestimmen. Als allein erziehender Elternteil mit drei Kindern und ohne Berufsausbildung, wird man froh sein, irgendeine Gelegenheitsarbeit anzunehmen, um den Unterhalt für die Familie zu bestreiten. Dennoch, selbst in einer so schlimmen Situation können wir versuchen, unser Los zu verbessern, indem wir versuchen, eine sinnvollere oder besser bezahlte Arbeit in einer freundlichen Umgebung zu finden.

Aber am wichtigsten ist, dass wir eine neue Beziehung zu unserer Arbeit pflegen, auch wenn die Arbeit schwierig oder stumpfsinnig ist. So können wir zwar möglicherweise nicht die äußeren Umstände sofort ändern, aber wir können unsere Innenwelt, unsere Einstellung ändern. Dies ist eine der aufschlussreichsten Botschaften, die Aïvanhov vermittelte. Er stellte fest, dass das, was die meisten Menschen als Arbeit ansehen, gar keine Arbeit im eigentlichen Sinne ist. Ob sie nun herumbasteln oder schwere Arbeit verrichten, so lange sie nur mit ihren Armen oder Beinen oder auch ihrem Kopf aktiv sind, aber nicht mit ihrem ganzen Wesen dabei sind, kann man nicht sagen, dass sie mit ernsthafter Arbeit befasst sind.

Für Aïvanhov hat echte Arbeit etwas mit dem menschlichen Geist zu tun. »Arbeit,« sagte er, »ist der Sinn des Lebens.«[4] Es ist der Sinn des Lebens, weil es im menschlichen

Leben darum geht, die geistige Dimension der Existenz zu realisieren. Wie Emerson sagte:

> Der einzig bekannte Weg zur Rettung in den Welten Gottes ist die Arbeit. Man muss seine Arbeit erledigen bevor man erlöst wird.[5]

Genau genommen ist es nur das Göttliche an der Arbeit. Und es bedarf intensiver Schulung, um auch nur annähernd diese göttliche Arbeit zu verstehen. Gottes Arbeit, sagte Aïvanhov einmal, ist »in Wirklichkeit etwas Unermessliches! Selbst ich kann noch nicht behaupten, dass ich (sie) verstanden habe. Es wird einem schwindlig bei dem bloßen Gedanken daran.«[6] Obwohl die Arbeit Gottes kaum erfassbar ist, müssen wir dennoch versuchen, sie in unserem Leben nachzuahmen. Das ist der Kern des spirituellen Pfades. Ich werde kurz aufzeigen, was das bedeutet.

ARBEIT ALS BEWUSSTE TEILNAHME AM GÖTTLICHEN

Wie weit wir auch immer in unserem spirituellen Verständnis und unserer Schulung vorangekommen sein mögen, wir können nicht umhin, aktiv zu sein. »Die Natur duldet keine Geschöpfe, die nichts tun,« stellte Aïvanhov fest. »Jeder muss sich engagieren, und in Bewegung sein.«[7]

Diese Bemerkung klingt wie ein Echo der folgenden bekannten Verse aus der Bhagavad-Gita (III.5), dem Neuen Testament des Hinduismus:

> Niemand kann auch nur einen Augenblick lang untätig bleiben. Ohne es zu wissen, wird jeder dazu veranlasst, nach seiner naturbedingten Eigenart zu handeln.

Da es nun einmal diese universelle Dynamik gibt, der wir uns ohnehin nicht entziehen können, könnten wir ebenso gut unser Handeln, unsere Arbeit zu einem voll bewussten Vorgang machen, der unser ganzes Wesen mit einbezieht. Anders ausgedrückt, wir könnten genauso gut unsere Arbeit in spirituelle Arbeit umwandeln. Dies ist genau der Gedanke, den der Gott-Mensch Krishna vor fast dreitausend Jahren in der Gita Prinz Arjuna lehrte. Es ist das Ideal des ›Karma-Yoga‹. Um nochmals aus der Bhagavad-Gita zu zitieren (III.9 und 19):

> Diese Welt ist zum Handeln verpflichtet, außer wenn dieses Handeln als Opfer gedacht ist. Wenn du zu diesem Zweck handelst (...) dann mache dich frei für die rechte Tat, denn der Mensch, der frei ist in seinem Handeln, erreicht das Allerhöchste.

Der ›Karma-Yoga‹ ist bewusste Teilnahme am Göttlichen. Er ist bewusste Zusammenarbeit mit dem Göttlichen. Dies ist gemeint mit »die göttliche Arbeit duplizieren« oder »das Göttliche nachahmen«.

In der Praxis bedeutet spirituelle Arbeit, dass wir die Kluft zwischen innen und außen sowie zwischen heilig und weltlich überwinden. Wir müssen unbedingt das rechte Gleichgewicht finden zwischen der Erledigung unserer weltlichen Pflichten und der Erfüllung unserer kontemplativen Bedürfnisse. Aïvanhov drückte dies auf seine typisch einfache Weise aus:

> Alle sollen arbeiten, Geld verdienen, heiraten und eine Familie gründen können, doch gleichzeitig sollen sie ein Licht, eine Lehre haben und über eine Methode verfügen. Es geht darum, gleichzeitig sowohl die spirituelle, als auch die materielle Seite zu vervollkommnen, denn was bis jetzt im Allgemeinen gemacht wurde, war nicht ideal. (...) Man muss

gleichzeitig in der Welt stehen und ein auf den Himmel ausgerichtetes Leben führen.[8]

Aïvanhov stellte richtigerweise fest, dass »spirituell« eingestellte Menschen eher eine negative Beziehung zum Materiellen haben, was sie oft ineffektiv macht. Andererseits wissen »materiell« eingestellte Menschen recht gut, wie man mit Dingen umgeht, denn sie arbeiten gerne mit der Materie, aber sie übersehen den spirituellen Bereich, und so sind sie letzten Endes ebenso ineffektiv. In einem Vortrag mit dem Thema »Hrani-Yoga: Die alchemistische und magische Bedeutung der Ernährung« sagte er:

> Ein Eingeweihter muss sowohl ein »Spiritualist« als auch ein »Materialist« sein. Aber er weiss nicht nur, wie er mit der Materie umgehen muss, er kann sie auch vergeistigen, immer weiter verfeinern, bis sie den Grad von Feinheit erreicht, der der göttlichen Welt entspricht, und er kann auch die spirituelle Wirklichkeit in der Welt greifbar machen.[9]

»Spiritualisten« versuchen ständig von der Materie und der Arbeit loszukommen. Es war der klassische Irrtum vieler Schulen des Gnostizismus in der Vergangenheit, den Geist gegen die Materie auszuspielen und die materielle Ebene dann entsprechend abzuwerten. »Spiritualisten« fliehen gerne in die inneren, psychischen Bereiche und nicht selten in Phantasievorstellungen. Denn dort können sie sich ungefährdet einbilden, keine Verantwortung in der äußeren Welt tragen zu müssen. Dies ist nichts anderes als eine Art von Narzissmus. In ähnlicher Weise versuchen auch die »Materialisten« vor der Wirklichkeit zu fliehen, wenn sie die Existenz des Geistes leugnen und die Materie als alleingültige Wahrheit preisen. Sie fliehen vor der Verantwortung, die ihnen eine spirituelle Sichtweise auferlegen würde. Sie möchten keine Verantwortung übernehmen für die verborgenen Aspekte ihres Denkens und Handelns. Sie leugnen rundweg, dass es sie überhaupt gibt.

Echtes spirituelles Leben entfaltet sich, wenn wir akzeptieren können, dass es ein Gleichgewicht gibt zwischen unserer Einbettung in das Reich der Materie und der Einsicht, dass unsere Reise durchs Leben damit noch nicht endet, sondern dass die materielle Seite unseres Wesens unablässig in eine unsichtbare Dimension eingebettet ist, wo alle Dinge und Wesen unmittelbar miteinander verknüpft sind. Nachdem Aïvanhov eine Weile einigen seiner Schüler zugesehen hatte, wie sie fleißig an einem neuen Gebäude arbeiteten, versuchte er, ihr Selbstverständnis zu stärken, indem er ihnen folgendes Gleichnis bot:

> Bei den Außenarbeiten geht man also von unten nach oben. Und wie geht man innen vor? Kümmert man sich zuerst um die Säuberung des Fußbodens? Nein, man streicht zuerst die Decke, dann kommen die Wände dran, dann putzt man die Fenster und schließlich fegt und wachst man den Fußboden. Bei den Innenarbeiten geht man also von oben nach unten. (...) Somit lehrt uns das Haus, wie man mit den zwei Strömen, mit der Evolution und der Involution arbeitet.[10]

Mit »Evolution« bezeichnete Aïvanhov den Prozess der kosmischen, biologischen, psychologischen und geistigen Entfaltung – vom primitivsten zum höchstentwickelten Stadium. »Involution« bezieht sich auf den Prozess, durch den das Feinstoffliche auf der materiellen Ebene sichtbar gemacht wird. Aïvanhov fasste dies folgendermaßen zusammen:

> Es gibt also zwei Bewegungen: eine Bewegung, die vom Zentrum nach außen gerichtet ist und eine zweite Bewegung, die von außen zum Zentrum

strebt. Die erste Bewegung durchläuft den Weltraum bis zu den von Gott gesetzten Grenzen. Durch diese Bewegung hat Gott das Universum erschaffen. (...) Die Involution ist ein Materialisierungsprozess, während die Evolution ein Prozess der Entmaterialisierung ist. In der Natur finden diese beiden Bewegungen unaufhörlich statt; sie treffen aufeinander und dort, wo sie sich überlagern, entsteht Leben in all seinen Erscheinungsformen.[11]

Evolution und Involution drehen sich entsprechend um das Prinzip von Geist und Materie. Dies sind die beiden Grundformen des Lebens, ›Yin‹ und ›Yang‹, die zusammen das Netzwerk des Lebens knüpfen. Deshalb können wir keinem von beiden entgehen. Für uns gilt es, beide Richtungen in unserem Leben anzuerkennen. Aïvanhov nahm sich selbst als Beispiel für eine so integrierte Auffassung. Er sagte einmal:

> Jede Arbeit kann zu einer spirituellen Arbeit werden. Für mich ist alles Arbeit. Das Wort Arbeit ist Tag und Nacht in meinem Kopf, und ich versuche, alles für die Arbeit zu verwenden. Ich lehne nichts ab, ich benutze es. Selbst wenn ich unbeweglich da sitze und scheinbar nichts tue, arbeite ich mit den Gedanken, um Leben, Liebe und Licht in das ganze Universum auszusenden.[12]

Das obige Zitat beantwortet in gewisser Weise die Frage: Worin besteht spirituelle Arbeit? Für Aïvanhov geht es dabei darum, unseren Urzustand, unsere wahre, reine, leuchtende Natur wiederzuerlangen. Wir befinden uns dann in einem Zustand, der in seiner Tiefe oder seiner Höhe wesensgleich ist mit dem Göttlichen. Die Aufgabe, die vor uns liegt, bemerkte Aïvanhov, besteht darin, »dass wir uns durchdringen lassen vom Himmel, sodass er herabkommen kann und sich durch uns auf der Erde manifestieren kann.«[13]

SPIRITUELLE METANOIA

Spirituelle Arbeit erfordert eine weitgehende Umorientierung. Deshalb kann sie niemals ein bloßer Kompromiss sein. Sie muss unsere Haupttätigkeit werden, die dann auf alle unsere anderen Tätigkeiten Einfluss nimmt. Wie Aïvanhov es ausdrückte:

> Beginnt auch dann mit dieser inneren Arbeit, selbst wenn ihr einen großartigen und interessanten Beruf habt, denn sie wird allem, was ihr sonst noch tut, einen Sinn geben. Behaltet euren Beruf, aber macht diese Arbeit, denn nur sie ist in der Lage, eure Verfassung tiefgreifend zu verbessern und all euren Aktivitäten die nötige Würze zu verleihen. Sonst verliert ihr langsam den Geschmack an den Dingen, und es gibt kein größeres Unglück, als diesen Geschmack zu verlieren. Darum sage ich euch ganz ehrlich, für mich zählt nur eins, nämlich diese Arbeit, die man tagtäglich ausführen kann und dank derer man schließlich das ganze Universum in Bewegung setzen wird.[14]

»Spirituelle Arbeit,« sagte Aïvanhov, »bringt das ganze Universum in Bewegung,« denn sie gibt unserer Wahrnehmung der Dinge eine andere Struktur. Dieses Prinzip ist leicht verständlich, wenn wir bedenken, wie unsere pessimistischen Sichtweisen unsere Erfahrung einfärben und sich als selbsterfüllende Prophezeiungen erweisen. Aber wenn wir die Welt um uns herum im göttlichen Licht betrachten, verliert sie ihre Düsterkeit. Während uns immer noch zahllose negative Kräfte umgeben mögen, beunruhigen sie uns nicht mehr oder bestimmen nicht mehr unsere Handlungsweise. So werden wir fähig, der Welt und unserem Leben eine positive, göttliche Richtung zu geben. Wir können ein Stück Himmel in die Hölle herunterholen und für uns selbst eine Oase erschaffen und für diejenigen, die mit der spirituellen Ebene in Harmonie sind.

Wir werden Alchemisten, die den Kosmos verwandeln – wie örtlich begrenzt diese Verwandlung auch stattfinden mag. Wer sagt denn, dass das Universum über Nacht verwandelt werden kann? Aber nach Aïvanhov muss es verwandelt, emporgehoben, mit dem Göttlichen immer mehr in Einklang gebracht werden. Wir sollten uns nie Gedanken darüber machen, wie scheinbar bedeutungslos unsere Anstrengungen sind oder wie lange es dauert bis Veränderungen greifen. Wir sollten uns stattdessen darauf konzentrieren, was offensichtlich im Augenblick getan werden muss.

Aïvanhov erinnerte sich, wie sein Lehrer, Peter Deunov oft zu ihm sagte: »Arbeit, Arbeit, Arbeit. Zeit, Zeit, Zeit. Glaube, Glaube, Glaube.« Im Laufe seines Lebens als Schüler und später als eigenverantwortlicher Meister, hatte Aïvanhov reichlich Gelegenheit, über diese Worte nachzusinnen. Er verstand sie schließlich so: Wir müssen immer aktiv an unserem spirituellen Aufstieg und unserer spirituellen Befreiung arbeiten. Diese innere Arbeit braucht Zeit, ja sogar ein ganzes Leben lang, und sie kann nur Erfolg haben, wenn das Vertrauen vorhanden ist, dass ein absolut verlässliches Prinzip hinter dieser Arbeit steht und dass keine Mühe vergeblich ist.[15]

Spirituelle Arbeit umfasst in erster Linie Selbstbeobachtung und Selbstanalyse. Wir müssen erkennen, was in unserem Inneren vorgeht. Wir müssen unsere Motive und Widerstände verstehen, unsere Gefühle und unsere Denkweise. Ohne eine solche Wachsamkeit, gleichen wir Blinden, die im Dunkeln herumstolpern. Aïvanhov erklärte hierzu:

> Die Analyse muss zur Gewohnheit werden. Diejenigen, die glauben, dass sich ihr psychisches Leben von alleine regeln wird, ohne jegliche eigene Bemühung um Klarheit und Analyse, werden ent-

täuscht sein. Es ist sinnlos, auf große spirituelle Verwirklichungen zu warten, wenn die grundlegenden Qualitäten nicht vorhanden sind, um mit dieser Arbeit beginnen zu können. Immer wach und achtsam zu sein, um sofort zu wissen, welche Strömungen euch durchfließen, das ist der Anfang.[16]

Der nächste Schritt in der spirituellen Praxis besteht darin, sich dessen anzunehmen, was in uns vorgeht. Wir müssen lernen, unser inneres Leben, unsere Psyche, zu steuern und unsere schlechten Gewohnheiten durch positive zu ersetzen. Aïvanhov nannte dies die Kunst des »geistigen Vergoldens« beziehungsweise die »geistige Galvanoplastik.« Das Vergolden ist ein chemischer Prozess, in dem elektrischer Strom durch ein Becken mit einer Goldlösung geleitet wird. Der Strom fließt vom positiven zum negativen Pol und lagert dabei Goldpartikel am negativen Pol (Kathode) ab. Aïvanhov übertrug auf geniale Weise diesen elektrochemischen Prozess auf die spirituelle Ebene:

> Aus der Sicht der Einweihungswissenschaft zeigt das Phänomen der Galvanoplastik uns, wie wir mit den Kräften des Lebens umgehen sollen. Als erstes sollten wir in unserem Kopf (Anode) Gedanken hegen, die standhaft, unbestechlich und aus kostbarem Gold sind. Zweitens sollten wir in unserem Herzen (Kathode) das Bild eines außergewöhnlichen Wesens oder ein hohes Ideal einprägen, das wir erreichen wollen. Drittens müssen wir uns mit unserem Geist (Batterie) verbinden, der Gott in uns darstellt und von dem wir alle belebenden Kräfte erhalten. Jeden Tag lösen sich feinstoffliche Elemente ab, die der Strom in unser ganzes Wesen trägt. Auf diese Weise entwickeln wir alle Eigenschaften, die der Schöpfer seit der Erschaffung der Welt in uns gelegt hat. Unter ihrem Einfluss ändern sich sogar unsere Gesichtszüge und unsere Körperform...[17]

— *Die spirituelle Arbeit* —

Dieser Aspekt der geistigen Schulung ist seinem Wesen nach Selbstaufopferung. Opfern bedeutet wörtlich heiligen. Das Selbst muss geheiligt werden. Das heißt, wir müssen unsere menschliche Personalität dem Strom der Höheren Realität unterordnen: Wir müssen sterben, um zu leben. Aïvanhov nannte diese Umwandlung auch zweite Geburt. Er sagte:

> Wenn unser Intellekt einmal der Sonne gleicht und unser Herz einer sprudelnden Quelle, dann werden wir ein zweites Mal geboren. (...) Wenn man bestimmte Tugenden in sich vereint, wenn man nach den Gesetzen von Liebe, Weisheit und Reinheit lebt, genügt dies für eine zweite Geburt, für den Eintritt in das neue Leben.[18]

Unsere zweite Geburt verlangt Selbstaufopferung, welche tief verwurzelt ist in der Bereitschaft zu Veränderung und Verwandlung durch das göttliche Wesen. Dies führt zu einer ständigen Offenheit gegenüber höheren evolutionären Möglichkeiten. Als der zeitgenössische geistige Lehrer Sri Chinmoy von einem Sucher gefragt wurde: »Wie soll ich an meinem Bewusstsein arbeiten?«, antwortete er:

> Halte nur die Tür zu deinem Bewusstsein offen, aber achte darauf, ob ein Dieb oder ein Freund hereinkommt. Gestatte nur jenen Zutritt, die du einlassen willst. Lasse die niederen Gedanken draußen. Öffne die Tür für höhere, edle Gedanken. Das ist der erste Schritt bei der Arbeit an deinem Bewusstsein.[19]

Wenn wir einmal unser eigenes psychisches Muster verstanden haben, und wie wir uns von der glückseligen Welt der Höheren Realität abtrennen, müssen wir als nächstes unser Leben neu orientieren, indem wir uns und all unser Tun auf den geistigen Nordpol hin, nämlich das

Göttliche, ausrichten. Wir müssen Verantwortung für die mannigfaltigen Wege übernehmen, auf denen wir versuchen, die Höhere Realität zu umgehen. Aïvanhov stellte fest:

> Den meisten Leuten ist ihr Innenleben nur bewusst, wenn sie Tragödien und Katastrophen durchmachen. (...) Sind aber die Ereignisse weniger beeindruckend, dann sind sie sich ihrer nicht bewusst. Und so lassen sie es zu, dass sich negative Elemente in ihnen ansammeln, von denen sie nach und nach zerstört werden; wenn sie es merken, ist es bereits zu spät, dagegen anzugehen. (...) Nachdem ihr gewacht habt, das heißt, einen Blick auf euer Innenleben geworfen habt, um zu sehen, was dort geschieht, müsst ihr eingreifen, euch der Angelegenheit direkt annehmen, um das eine Element herauszunehmen, ein anderes hinzuzufügen. Ihr müsst die Lage beherrschen, die Feinde daran hindern, dass sie sich ausbreiten und alles verwüsten.[20]

Die Feinde, die ständig unseren inneren Frieden, unsere innere Harmonie bedrohen, sind natürlich jene Gedanken und Gefühle, die dem Prozess der geistigen Evolution zuwider laufen: Angst, Ärger, Hass, Neid, Eifersucht, Gedanken der Selbsterniedrigung oder Selbstverherrlichung und so weiter. Diese Feinde werden bekämpft durch Gedanken und Gefühle von Harmonie, Liebe, Vergebung, Mitgefühl, Segnung und so weiter. »Wenn das Gesicht eines Menschen noch nicht so leuchtend ist wie die Sonne,« sagte Aïvanhov, »liegt es daran, dass das Gute, über das er nachdenkt, noch nicht ausgeprägt genug ist, um auf seinem Gesicht ein solches Leuchten hervorzubringen.«[21]

Die ersten beiden Schritte im spirituellen Leben sind, wie Aïvanhov darlegte, in jenem prägnanten Befehl »Wachet und betet!« enthalten, der dem großen Gottmenschen von Nazareth zugeschrieben wird. Wir müssen auf der

— *Die spirituelle Arbeit* — 213

Hut sein, und wir müssen uns einstimmen auf das, was höher steht als das Drama, das sich ständig auf unserem inneren Bildschirm abspielt. Indem wir uns auf das Göttliche einstimmen, durch Gebet und andere meditative Übungen, verändern wir allmählich unsere psychische Welt, bis wir schließlich so vom göttlichen Licht durchdrungen sind, dass uns die Dunkelheit nichts mehr anhaben kann. Wie Bruder Lorenz, der große Mystiker der Karmeliter des siebzehnten Jahrhunderts bekennen konnte:

> Die Zeit, in der ich meiner Arbeit nachgehe, unterscheidet sich nicht von der Zeit des Gebets; und in dem Lärm und Geklapper meiner Küche, während mehrere Leute gleichzeitig nach verschiedenen Dingen rufen, habe ich Gott in so großer Ruhe in mir, als ob ich beim heiligen Sakrament auf den Knien läge.[22]

Die Aussage von Bruder Lorenz macht klar, dass äußere Arbeit unsere inneren, geistigen Aufgaben nicht behindert. Wir müssen unsere Tätigkeit nicht aufgeben, um unser inneres Leben zu verfeinern. Der deutsche Mystiker Johannes Tauler aus dem vierzehnten Jahrhundert machte dieselbe Feststellung:

> Woher kommt es nun, dass so viel geklagt wird, und jeder klagt über sein Amt, dass es ihn hindere, während es doch von Gott ist und Gott nichts zu einem Hindernis verleiht? Woher kommt denn das Hadern im Gewissen, wo jenes doch von Gottes Geist kommt? Und man hadert dennoch und stiftet Unfrieden! Meine Vielliebe, wisse: was dich in Unfrieden bringt, ist nicht das Amt, sicher nicht, es ist die Unordnung, die du in deinem Arbeiten hast. Tätest du deine Arbeit, wie du sie recht und billig tun solltest, und hättest du dabei ausschließlich und allein Gott im Sinn und nicht das Deinige, we-

der Gefallen noch Missfallen, liebtest du die Arbeit weder zu sehr noch scheutest du sie, so dass weder eigener Nutzen noch eigene Befriedigung darin gesucht würden, sondern allein die Ehre Gottes (...), dann wäre es unmöglich, dass da je Hader oder schlechtes Gewissen darauf fielen.[23]

REINIGUNG UND HARMONIE

Die allmähliche innere Umwandlung, die der spirituelle Praktiker durchläuft, kann als Reinigungsprozess angesehen werden. Aïvanhov verwendete das Bild der Reinigung auf sehr umfassende Weise. Ja, er sprach sogar von einer »psychischen Verschmutzung«, unter der wir alle leiden. Wir sind gerade dabei, die Umweltverschmutzung und ihre schlimmen Folgen, wahrzunehmen, aber wir haben noch nicht erkannt, dass die Verschmutzung von Luft, Boden und Wasser sowie die wachsenden Müllberge um uns herum nur das äußere Zeichen unserer inneren Verschmutzung sind.

Wir haben noch nicht erkannt, dass unsere Gedanken und Gefühle starke Kräfte sind oder, wie Aïvanhov gerne sagte, »lebendige Wesenheiten«. Er formulierte dies sehr anschaulich:

> Jeder Gedanke muss als Individuum betrachtet werden, das versucht, so lange wie möglich zu leben, bis es sich dann schließlich nicht mehr halten kann und stirbt. Zudem vereinigen und verstärken sich alle Gedanken, die gleichartig sind.[24]

Wir betrachten unsere Gedanken und Gefühle üblicherweise als etwas Abstraktes. Dies bedeutet, dass wir sie für belanglos halten, weil wir sie nicht sehen; als echte Materialisten glauben wir nur, was wir sehen und anfassen können. Das ist jedoch eine törichte Einstellung. Schließlich war es ein Gedanke – oder eine Reihe von Gedanken – die zu der Formel führten, die die Wasserstoffbombe möglich machte, die eine größere Auswirkung auf das moderne Leben hatte als jede andere Erfindung. Gedanken und Gefühle nähren Streit, Kampf und Krieg. Aïvanhov sagte einmal:

> Dass es jetzt so viele Kranke gibt, kommt nicht nur durch die Verschmutzung der Luft, des Wassers und der Nahrungsmittel, nein. Wenn die psychische Atmosphäre nicht derartig verschmutzt wäre, würde es dem Menschen gelingen, die äußeren Giftstoffe zu neutralisieren. Das Übel ist zuerst im Inneren zu suchen. Wenn der Mensch sich in Harmonie befindet, reagieren seine inneren Kräfte und entledigen sich der Unreinheiten...[25]

Innere Reinheit ist eine Frage der Harmonie oder der Ausgewogenheit. Die Harmonie stand auch tatsächlich über die Jahre hinweg im Mittelpunkt zahlreicher Vorträge Aïvanhovs. Er bekräftigte:

> Die Harmonie beinhaltet alles, was gut ist: Gesundheit, Kraft, Entfaltung, Freude, Glück, Licht, Inspiration. (...) Wenn ihr etwas für euer Glück, eure Entfaltung tun wollt, dann müsst ihr an die Harmonie denken und daran arbeiten, euch mit dem gesamten Universum in Harmonie zu bringen. Und mit einiger Ausdauer werdet ihr eines Tages spüren, wie von Kopf bis Fuß alles in euch beginnt, mit dem kosmischen Leben zu kommunizieren und in Einklang zu schwingen. In diesem Augenblick werdet ihr begreifen, was das Leben, die Schöpfung, die Liebe ist.[26]

Harmonie ist der Kern unseres Wesens. Aber wir müssen dies erst noch entdecken oder erkennen. Und um unseren harmonischen Kern zu erkennen, müssen wir an uns, unseren Gedanken, Gefühlen, Wünschen und Absichten arbeiten. Wir müssen einen zentralen Gedanken oder eine Idee finden, die, gleich einem starken Strom, alle anderen psychischen Vorgänge polarisiert. Aïvanhov gab folgende Erklärung:

> Die wirklichen Spiritualisten arbeiten für eine göttliche Idee. (...) Wenn ihr nicht für eine göttliche Idee arbeitet, werdet ihr weder Freude noch Glück verspüren, selbst dann nicht, wenn man euch bezahlt, weil ihr nicht mit dem Himmel verbunden seid.[27]

Daran anschließend sagte Aïvanhov:

> Was mich betrifft, ich arbeite für eine Idee. Wenn ich anders bin als die meisten Leute, dann nicht deshalb, weil ich intelligenter, stärker, reicher oder gelehrter wäre, nein, es gibt so viele, die mich darin übertreffen; es liegt ganz einfach daran, dass ich für eine Idee arbeite. Nur geht einmal hin und versucht, den Leuten die Kraft und Wirksamkeit einer Idee begreiflich zu machen, ihnen zu erklären, wie diese Idee wirkt und wie viel Leben in ihr steckt![28]

Diese göttliche Idee ist die Idee, die Kraft der Harmonie an sich. Die Harmonie sollte unser erster Gedanke, unser erstes Ziel und unser letztes sein. Sie sollte im ganzen Tagesablauf unser Leitmotiv sein. Sogar während des Schlafes sollten unsere gedanklichen Vorgänge harmonisch ablaufen. Dies ist die Quintessenz der spirituellen Arbeit, wie sie von Aïvanhov gelehrt wurde.

In der indischen Yoga-Tradition finden wir einen identischen Begriff. So definiert die Bhagavad-Gita, die älteste existierende Yoga-Schrift, den Yoga als Ausgewogenheit oder Gleichmut. Das Sanskrit-Wort dafür lautet ›samatva‹, was wörtlich ›Ausgeglichenheit‹ bedeutet und der Harmonie entspricht. Diese Ausgeglichenheit ist der Hauptaspekt in Krishnas Yoga. In einem weiteren meiner Bücher schrieb ich dazu:

> In einer positiven Gemütsverfassung können wir mit heiterer Gelassenheit auf all die Dinge herabsehen, die uns normalerweise aufregen, ungute Gefühle wecken und unser Urteil vernebeln würden.[29]

Harmonie ist das Gegenteil von Stress, Hektik, Rastlosigkeit, Konkurrenz und den Myriaden anderer Zustände, die für die moderne Psyche und Kultur charakteristisch sind. Harmonie ist sowohl der Prozess des spirituellen Lebens als auch die Höchste Wirklichkeit selbst, die das eigentliche »Lernziel« jeder Schulung ist. Wie Aïvanhov formulierte:

> Es gibt eine Welt der Harmonie, eine ewige Welt, aus der alles hervorgegangen ist, alle Formen, Farben, Töne, Düfte und jeglicher Geschmack, und in diese Welt bin ich vorgedrungen. Vor einigen Jahren hat mir der Himmel diese Harmonie zu kosten gegeben, ich wurde aus meinem Körper herausgehoben und bekam die Sphärenmusik zu hören... Niemals sonst habe ich derartige Empfindungen erlebt, von einer solchen Fülle, einer solchen Intensität... Es gibt nichts Vergleichbares. Das war so schön, so göttlich, dass ich es mit der Angst zu tun bekam; ja, ich hatte Angst vor dieser Pracht, denn ich fühlte, wie mein ganzes Sein derart weit wurde, dass ich Gefahr lief, mich aufzulösen und im unendlichen Raum aufzugehen. Da habe ich diesen Zustand der Ekstase abgebrochen und bin zur Erde zurückgekehrt. Jetzt bedauere ich das... Doch habe ich immerhin einige Augenblicke lang erlebt, gesehen und gehört, wie das gesamte Universum schwingt.(...) Pythagoras, Plato und viele andere

> Philosophen haben von dieser Harmonie gesprochen, aber ich frage mich, wie viele von ihnen sie wirklich erleben durften. Und jetzt erfüllt allein die Erinnerung an dieses Erlebnis meine Seele so sehr, dass dies ausreichen könnte, mein ganzes spirituelles Leben aufrechtzuerhalten, es zu stützen und ihm Nahrung zu geben.[30]

Wir müssen jedoch nicht unbedingt diese Erfahrung gemacht haben, bevor wir uns der spirituellen Praxis zuwenden. Wir können die Darlegung Aïvanhovs und die anderer geistiger Adepten überdenken und dann auf der Basis einer intelligenten und offenen Überlegung unseren Schluss daraus ziehen. Die Harmonie kann unser Bezugspunkt im Leben sein, ohne mit ihr vorher eine mystische Erfahrung zu verbinden. Die Harmonie oder der Friede als Idee macht an sich bereits Sinn. Der deutsche Mystiker Meister Eckehart, eine herausragende Persönlichkeit des dreizehnten Jahrhunderts, äußerte seinen Schülern gegenüber folgende fundamentale Weisheit:

> Der Mensch kann Gott nichts Lieberes bieten als Ruhe. Des Wachens, Fastens, Betens und aller Kasteiung achtet und bedarf Gott nicht im Gegensatz zur Ruhe. Gott bedarf nichts weiter, als dass man ihm ein ruhiges Herz schenke: Dann weckt er solche heimliche und göttliche Werke in der Seele, dass keine Kreatur dabei zu dienen oder (auch nur) zuzusehen vermag.[31]

In ähnlicher Weise war auch Aïvanhov überzeugt, dass wir nicht nebenbei noch mit einer anderen ›göttlichen Idee‹ oder Tugend arbeiten müssen, wenn wir mit der Idee und dem Ideal der Harmonie arbeiten. Die Harmonie schließt sie alle mit ein. Wenn wir versuchen, andere Tugenden zu verwirklichen, ohne zuerst die innere Harmonie gefunden zu haben, werden wir unweigerlich scheitern. Wir können zum Beispiel nicht lieben und mitfühlen, wenn wir nicht mit der Höheren Wirklichkeit in Einklang sind. Wir werden allenfalls als dreiste Schwindler oder als Scheinheilige angesehen, und schließlich werden wir uns selbst verachten.

Wenn wir in Harmonie sind, handeln wir ganzheitlich und wirken dadurch heilend auf uns selbst und andere. In der Harmonie überschreiten wir das Ego, und unser Verstand wird zum Kanal für die Höhere Wirklichkeit. Aïvanhov sagte einmal:

> Ich will nur in Harmonie leben und stelle dabei fest, dass mit einem Mal alle weiteren Tugenden in mir zum Vorschein kommen, denn die Harmonie verlangt es mir ab, intelligent, weise und verständnisvoll zu sein. Herrscht aber in eurem Inneren ein heilloses Durcheinander, dann versucht einmal weise oder auch nur liebenswürdig zu sein. Es wird euch nicht gelingen, weil ihr in einer furchtbaren Disharmonie lebt.(...) Bringt alles in euch in Harmonie, und ihr werdet fähig werden, alles mit einer solchen Weisheit, einem solchen Scharfsinn und so viel Intelligenz anzugehen, dass ihr euch fragen werdet: »Ja, woher kommt mir denn das?«[32]

Die Frage ist: Werden *wir* so handeln?

ANMERKUNGEN

1. Omraam Mikhaël Aïvanhov, *Was ist ein geistiger Meister?* (Izvor 207, Prosveta, 1984), S. 98.
2. Omraam Mikhaël Aïvanhov, *Die wahre Lehre Christi* (Izvor 215, Prosveta, 1985), S. 90, 91.
3. The Notebooks of Paul Brunton, vol 13: *Relativity, Philosophy, and Mind* (Burdett, NY: Larson Publications, 1988), Teil 2, S. 185.

4. Omraam Mikhaël Aïvanhov, *La liberté, victoire de l‹esprit* (Izvor 211, Prosveta, France, 1983), S. 63.
5. R.W.Emerson, *The Conduct of Life* (New York: E. P. Dutton, 1908), S. 267.
6. Omraam Mikhaël Aïvanhov, *Die Kraft der Gedanken,* (Izvor 224, Prosveta, 1995), S. 23.
7. Ibid., S. 24.
8. Ibid., S. 117.
9. Omraam Mikhaël Aïvanhov, *Hrani Yoga: Le sens alchimique et magique de la nutrition* (Oeuvres complètes, Tome 16, Prosveta, France, 1979), S. 109.
10. Omraam Mikhaël Aïvanhov, *Die Harmonie* (Gesamtwerke, Bd. 6, Prosveta, 1993), S. 114.
11. Ibid., S. 105, 106.
12. Omraam Mikhaël Aïvanhov, *Die Kraft der Gedanken,* (Izvor 224, Prosveta, 1995), S. 24.
13. Aïvanhov, *La Nouvelle Religion: solaire et universelle* (Oeuvres complètes, Tome 23, Prosveta, France, 1980), S. 164.
14. Omraam Mikhaël Aïvanhov, *Die Kraft der Gedanken,* (Izvor 224, Prosveta, 1995), S. 33.
15. Siehe op.cit, S. 32, 35.
16. Op.cit., S. 44.
17. Omraam Mikhaël Aïvanhov, *Die geistige Galvanoplastik und die Zukunft der Menschheit* (Izvor 214, Prosveta, 1984), S. 18.
18. Omraam Mikhaël Aïvanhov, *Das Geistige Erwachen* (Reihe Gesamtwerke Band 1, Prosveta 1983), S. 43
19. Sri Chinmoy, *Yoga and the Spiritual Life* (Jamaica,NY: Agni Press, 1974), S. 94.
20. Omraam Mikhaël Aïvanhov, *Die Kraft der Gedanken,* (Izvor 224, Prosveta, 1995), S. 43, 46.
21. Omraam Mikhaël Aïvanhov, *Die Gesetze der kosmischen Moral* (Gesamtwerke, Bd. 12, Prosveta, 1995), S. 22.
22. Brother Lawrence [Nicholas Herman of Lorraine], *The Practice of the Presence of God* (New York: F.H.Revell, 1895), S. 20.
23. Johannes Tauler: *Gotteserfahrung und Weg in die Welt,* hrsg. und übers. von Louise Gnädiger (Olten, Walter Verlag, 1983), S. 132.
24. Omraam Mikhaël Aïvanhov, *Die Kraft der Gedanken,* (Izvor 224, Prosveta, 1995), S. 24.
25. Ibid., S. 56.
26. Omraam Mikhaël Aïvanhov, *Die Harmonie* (Gesamtwerke, Bd. 6, Prosveta, 1993), S. 16, 17.
27. Ibid., S. 18.
28. Ibid., S. 18, 19.
29. G. Feuerstein, *The Bhagavad Gita: Philosophy and Cultural Setting* (Wheaton, IL: Quert Books, 1983), S. 158.
30. Omraam Mikhaël Aïvanhov, *Die Harmonie* (Gesamtwerke, Bd. 6, Prosveta, 1993), S. 29.

31. Aus der Predigt *In omnibus requiem quaesivi*, Hrsg. J.Quint, Meister Eckehart: *Deutsche Predigten und Traktate* (München: Carl Hanser Verlag, 1963), S. 367.
32. Omraam Mikhaël Aïvanhov, *Die Harmonie* (Gesamtwerke, Bd. 6, Prosveta, 1993), S. 35.

9.
DIE SCHULE DES LICHTS

DIE UMWANDLUNG DES TÄGLICHEN LEBENS

Wie wir im vorausgehenden Kapitel gesehen haben, ist spirituelles Leben ein bewusstes Bemühen, das große Wachsamkeit, Hingabe, Geduld und die Bereitschaft erfordert, unser Leben genau zu prüfen und es auf die geistigen Prinzipien abzustimmen.

Zu allererst geht es, wie Aïvanhov erklärte, im spirituellen Leben darum, wie wir ganz bewusst mit den profansten Seiten unserer Existenz umgehen – nämlich unserem Lebensunterhalt, unserer Ernährung, unserem Körpertraining oder unserer Sexualität. Allzu oft stellen sich die Menschen spirituelles Leben als etwas Spektakuläres und Außergewöhnliches vor, wofür sie sich selbst als ungeeignet ansehen. Aber das ist wohl nur eine lahme Entschuldigung dafür, dass sie den ersten Schritt auf dem geistigen Weg nicht machen. Wenn wir die großen spirituellen Traditionen der Welt genauer betrachten, erkennen wir, dass sie alle nicht etwa mit mystischen Erfahrungen beginnen, sondern mit der bewussten Veränderung alltäglicher Tätigkeiten.

Wenn spirituelles Leben schwierig ist, dann nicht deshalb, weil man von uns sofort die inneren Erkenntnisse von weit entwickelten Mystikern oder Weisen verlangt, sondern weil wir unseren Routineaufgaben und Verpflichtungen ein neues Verständnis entgegenbringen und neue Ziele setzen müssen. Wie Aïvanhov sagen würde: Wir müssen die Einfachheit pflegen.

Das Einfache, was ist das, die Einfachheit? Das ist leben; einfach leben, aber göttlich. Es gibt zu viele komplizierte, hochgestochene, trügerische Dinge. Die Leute bluffen, paradieren und machen sich mit schönen Worten etwas vor.[1]

Wir müssen, wie es die Zen-Meister ausdrückten, in uns zur geistigen Einstellung eines Anfängers finden, was sich darin zeigt, dass wir dem Leben und uns selbst gegenüber eine unkomplizierte und natürliche Haltung einnehmen anstatt es als intellektuell anspruchsvollen Lernvorgang hochzustilisieren. Der international angesehene deutsche Psychotherapeut und Zen-Lehrer Karlfried Graf von Dürckheim sagte:

> In der Küche oder am Fließband, an der Schreibmaschine oder im Garten, im Sprechen oder im Schreiben, im Sitzen, Gehen oder Stehen, im täglichen Umgang mit einer Sache oder in der Zwiesprache mit unserem Nächsten – was es auch sei, wir können es von innen her nehmen und als Gelegenheit zum Recht-Werden wahrnehmen. Wir werden dies freilich nur tun, wenn wir den Sinn des Lebens begreifen und uns ihm verantwortlich fühlen. (...) Aber nicht nur die gekonnte Handlung, schon die zum Können hinführende Übung kann dem inneren Werke dienen: in allem und jedem die Verfassung zu pflegen und zu bewahren, die der Bestimmung des Menschseins entspricht. Dann ist der Alltag auch nicht mehr grau, sondern er gerade wird zum Abenteuer der Seele. Die ewige Wiederholung im außen wird zur nie versiegenden Quelle nach innen.[2]

Die Probleme, mit denen es viele, vielleicht sogar die meisten Menschen im Leben zu tun haben, betreffen grundlegende Dinge wie Arbeit, Essen und Beziehungen, besonders sexuelle Beziehungen, die unseren Alltag prägen. Von Menschen, die den spirituellen Weg wählen, wird erwartet, dass sie Schritt für Schritt Bewusstheit, Umsicht und Ausgeglichenheit in alle diese Bereiche einbringen.

Wir haben uns im vorausgehenden Kapitel mit der Arbeit befasst. Ergänzend zu den dortigen Ausführungen müssen wir Buddhas achtfachen Pfad in Betracht ziehen, der »richtiges Verhalten« und »richtigen Lebensunterhalt« einschließt. Die erstgenannte moralische Forderung besteht vornehmlich darin, sozial schädliche Praktiken wie Diebstahl, sittenwidriges Sexualleben oder Totschlag zu unterlassen. Die letztgenannte moralische Forderung versucht sicherzustellen, dass Menschen, die den spirituellen Weg gehen, die Art, wie sie ihren Lebensunterhalt verdienen, mit ihrem geistigen Ideal in Einklang bringen. So wird von ihnen erwartet, dass sie Verrat, Betrug, Wucher und Wahrsagerei unterlassen. Wie viele Politiker, Geldverleiher, Viehzüchter und sogenannte geistige Medien müssten wohl im Lichte dieser ethischen Prinzipien ihr berufliches und persönliches Leben radikal umkrempeln!

DAS GEHEIMNIS DER ERNÄHRUNG

Aïvanhov stellte fest: »Alles beginnt mit der Ernährung.«[3] Einer alten Sanskrit-Maxime zufolge wird die Beschaffenheit unseres Geistes von der Beschaffenheit unserer Nahrung bestimmt: ›yatha annam tatha manah‹. Das ist genau das, was der deutsche Philosoph und Theologe Ludwig Andreas Feuerbach im neunzehnten Jahrhundert darlegte. Er schrieb:

> Nahrung wird zu Blut, Blut wird zu Herz und Gehirn, Gedanken und Denkvermögen. Die menschliche Nahrung ist die Grundlage menschlicher Kultur und menschlichen Denkens. Möchten Sie die Entwicklung eines Volkes vorantreiben? Bieten Sie ihm bessere Nahrung anstelle von Moralpredigten. Der Mensch ist was er isst.[4]

Dies klingt nach einer grob materialistischen Doktrin, und in gewisser Weise ist sie es auch. Aber darin schwingt auch eine der tiefsten Einsichten spiritueller Überlieferung mit. Nach traditionellem Verständnis dienen sich alle Lebensformen gegenseitig als Nahrung. Wir nehmen Pflanzen und Tieren das Leben, um unseren Körper zu ernähren und uns am Leben zu erhalten.

In der alten Taittiriya Upanischad (II.2), die vor 3000 Jahren verfasst wurde, weiht ein anonymer Weiser seinen Schüler in das Geheimnis der Existenz ein. Er sagt seinem Schüler, dass die Nahrung das Leben in Gang hält. Das Leben kann von der Ernährung her verstanden werden. Unser Grundbedürfnis nach Freiheit und Glück ist eine Art Hunger. Glück ist Nahrung. Wenn wir glücklich sind, brauchen wir tatsächlich geringere Mengen an Nahrung, weil das strahlende Glück unsere Leib-Geist-Einheit nährt. Glück ist der unsterbliche Nektar (›amrita‹) nach dem die Yogi-Alchimisten suchen. Wenn wir keine angemessene Menge dieser ›Glücksnahrung‹ erhalten, müssen wir auf Nahrung geringeren Wertes ausweichen, nämlich die gängigen Nahrungsmittel, die uns unsere Zivilisation im Überfluss bietet.

Die Nahrung, die wir zu uns nehmen, ist jedoch nicht nur sichtbare Materie, sondern auch unsichtbare Strahlung. Diese Strahlung steht in Wechselwirkung mit unserem persönlichen Energiefeld. Aber auch die materielle Zusammensetzung der Nahrung, die wir essen, wirkt sich auf unseren Körper durch die chemische Wechselwirkung aus, die bei der Verdauung stattfindet. Dies wird sehr deutlich, wenn wir mit einem vollen Bauch mental arbeiten wollen. Während unsere Verdauungssäfte ihre Arbeit leisten, funktioniert unser Denkapparat eher etwas träge, und unsere Gedanken sind nicht besonders erhebend. Andererseits bewirkt leichtes Fasten eine wunderbare Klarheit im Denken.

Menschen, die auf dem spirituellen Weg sind, und sich seit langem vegetarisch ernähren, sind sehr sensibel gegenüber der psychischen Wirkung von Nahrung, und, wenn sie mal von ihrem vegetarischen Essen abweichen, spüren sie sehr schnell die abstumpfende und beunruhigende Wirkung von Fleisch. Diese Wirkung geht über eine bloße Verdauungsstörung hinaus.

Es steht außer Frage, dass uns das, was wir essen, sehr weitgehend beeinflusst. Essen ist eine Art Energieaustausch von entscheidender Bedeutung. Aïvanhov erklärte:

> Die Nahrung, die wir aufnehmen, geht in unser Blut über und zieht von dort aus Wesenheiten an, die ihr entsprechen. In den Evangelien heißt es: »Wo aber Aas ist, da sammeln sich die Geier.« Das gilt für alle drei Welten: die physische, die astrale und die mentale. Wenn ihr also auf allen drei Ebenen gesund sein wollt, zieht nicht mit Aas die Geier an. Fleisch entspricht einem bestimmten Element bei den Gedanken, Gefühlen und Handlungen. Der Himmel manifestiert sich nicht durch Menschen, die sich von physischen, astralen und mentalen Unreinheiten überfallen lassen.[5]

Wenn wir bedenken, dass alles Energie ist, dann erkennen wir, dass Fleisch eine spezifische Schwingung aufweist. Wenn wir Fleisch zu uns nehmen, nehmen wir auch unweigerlich seine Schwingung an. Aïvanhov drückte dies so aus:

> Außerdem müsst ihr wissen, dass alles, was ihr an Nahrung zu euch nehmt, eine Art innere Antenne darstellt, die bestimmte Wellen aufnimmt. Deshalb verbindet euch das Fleisch mit der Astralebene. Im niederen Bereich dieser Ebene wimmelt es von Wesen, die einander wie wilde Tiere verschlingen. Durch Fleischnahrung verbinden wir uns täglich mit

der Angst, der Grausamkeit und der Sinnlichkeit der Tiere. Wer Fleisch isst, stellt in seinem Körper einen unsichtbaren Kontakt zur Tierwelt her, und könnte er die Farben seiner Aura sehen, würde er erschrecken.[6]

Aber der Fleischverzehr beinhaltet noch wesentlich mehr Aspekte. Bezüglich unserer Essgewohnheiten gibt es da auch noch einen moralischen und ökologischen Zusammenhang, den wir durchschauen müssen. John Robbins, Autor des Bestsellers *Diet for a New America*, sollte das Baskin-Robbins Wirtschaftsimperium leiten, aber verzichtete darauf, um sein Leben dem Wohle seiner Mitmenschen, der Tiere und der Umwelt zu widmen. In seinem gefeierten Buch machte er die Unmenschlichkeit und gigantische Verschwendung der fleischverarbeitenden Industrie deutlich sowie die Ungesundheit nicht-vegetarischer Ernährung. Er schrieb:

> Endlich gab es einen wichtigen Durchbruch in der Ernährungsforschung, und erstmalig erhalten wir unwiderlegbare wissenschaftliche Beweise dafür, wie verschiedene Essgewohnheiten unsere Gesundheit beeinflussen...

Wenige unter uns sind sich dessen bewusst, dass der Essvorgang ein deutliches Bekenntnis zu unserer Verantwortung für unser eigenes Wohlergehen und zugleich für eine gesündere Umwelt sein kann. In *Diet for a New America* erfahren Sie, wie Ihr Löffel und Ihre Gabel zu einem Werkzeug werden können, mit dem Sie das Leben voll auskosten können, ohne dabei Leben zu zerstören. Genauer gesagt, Sie werden entdecken, dass Ihre Gesundheit, Ihr Glück und die Zukunft des Lebens auf der Erde selten so in Ihren eigenen Händen liegen, wie wenn Sie sich zum Essen hinsetzen.[7]

Wenn es unser Ziel ist, in harmonischem Einklang mit dem Universum zu sein, müssen wir selektiv vorgehen bei dem, was wir in unsere Körper-Geist-Einheit aufnehmen, seien es nun Gedanken oder Nahrungsmittel. Es ist wichtig, dass wir erkennen, dass unsere Auswahl sich nicht nur auf uns selbst auswirkt, sondern auf alle anderen Lebensformen dieses Planeten und möglicherweise über die Grenzen des Erdballs hinaus. Wir fördern entweder heilsame Schwingungen in uns und um uns herum, oder wir unterstützen, bewusst oder unbewusst, die Kräfte der Disharmonie und Unordnung im Kosmos. Hierbei gibt es keinen Kompromiss. Aïvanhov hat das Geheimnis einer spirituellen Einstellung zur Ernährung folgendermaßen offen gelegt:

> Erst wenn man bewusst, geistig wach und voll Liebe ist, kann man der Nahrung die allerfeinsten Teilchen entnehmen. Unter dieser Bedingung ist der gesamte Organismus vollkommen bereit, die Nahrung aufzunehmen, die sich dann ihrerseits geachtet fühlt und ihre verborgenen Schätze schenkt. Wenn ihr jemanden liebevoll empfangt, öffnet er sich und gibt euch alles; wenn ihr ihn aber schlecht behandelt, verschließt er sich. (...) Auch die Nahrung öffnet oder verschließt sich je nach unserem Verhalten ihr gegenüber. Wenn sie sich öffnet, schenkt sie uns ihre reinsten, göttlichsten Energien.[8]

LICHT ALS NAHRUNG

Nahrung, sagte Aïvanhov, ist Licht. Aber wir wandeln dieses Licht um je nach unserer psychischen oder mentalen Verfassung. Wir müssen uns somit der Forderung stellen, der Nahrung und dem Essen gegenüber zu einer neuen Einstellung zu gelangen. Wenn wir Nahrung als etwas Heiliges ansehen und Essen als geistige Schulung, dann wird uns das, was wir in uns aufnehmen nicht belasten, sondern auf positive Weise stärken. In seinem lesenswerten Buch *Anna Yoga: The Yoga of Food* beschrieb Jack Santa Maria sehr gut die Einstellung zur Nahrung im Hinduismus:

> Brahman ist der Spender und Träger des Lebens in Form von Nahrung. Deshalb bezeichnet Krishna jemanden, der isst, ohne vorher dem Göttlichen zu opfern, als Dieb... und für Hindus nimmt das Opferritual eine zentrale Stellung beim Nahrungsgenuss ein.... Da das Leben von der Nahrung abhängt, sollte sie immer geachtet werden, und es sollte nie schlecht über sie gesprochen werden. Der Yogaschüler wird dazu angehalten, diesen Respekt vor der Nahrung wachzuhalten, sich bei ihrem Anblick froh und heiter zu fühlen und sie in jeder Hinsicht zu würdigen.[9]

Aïvanhov erinnerte seine Schüler:

> Wenn ich seit Jahren immer wieder auf die Essgewohnheiten zu sprechen komme, so tue ich dies mit einer ganz bestimmten Absicht... Wie oft habe ich das schon wiederholt! Aber man hat das, was ich fordere, weder begriffen noch in die Praxis umgesetzt. Man isst weiterhin gedankenlos, meditiert nicht, verbindet sich nicht mit dem Himmel und man dankt ihm nicht einmal dafür. Ich möchte, dass die Nahrungsaufnahme hier wirklich so erfolgt, dass sie der Einweihungslehre entspricht, denn dadurch wird es möglich, jede auch noch so feinstoffliche Nahrung aufzunehmen: sich von den Gestirnen ernähren, den Bergen, den Flüssen, den Pflanzen, den Bäumen, den Düften, den Tönen, der Musik und sich vom Licht ernähren, das von der Sonne kommt. Im Prinzip ist es immer die gleiche Nahrung, die gleiche Ernährung, die den selben Gesetzen unterliegt und die selben Entsprechungen aufweist.[10]

Der Yoga der Ernährung, den Aïvanhov lehrte, ist ein Weg, mit den subtileren Bereichen der ganzen Natur in Berührung zu kommen, nicht nur mit dem Essen auf dem Mittagstisch. Er besteht darin, dass wir eine bewusste Verbindung zum Göttlichen herstellen, unserer eigentlichen Nahrungsquelle. Wenn wir darüber hinaus unsere Ernährung geistigen Gesetzen unterordnen, halten wir uns nicht nur bei guter Gesundheit, sondern wir tragen zur Umwandlung der Erde bei. Aïvanhov erklärte:

> Die Erde ist so grob und dunkel, dass es Millionen von Jahren dauern und Millionen von Wesen bedarf, um sie zu wandeln. Wie kann sie überhaupt gewandelt werden? Indem sie gegessen wird! Ja, seht ihr, dies ist wiederum eine Frage, die die Wissenschaft nicht vollkommen verstanden hat: Warum isst man? Wir essen Erde. Sie hat natürlich als Gemüse und Früchte eine andere Beschaffenheit angenommen, aber trotzdem handelt es sich um Erde, und diese Erde muss durch uns hindurch gehen. Sie muss aufgenommen, verdaut und wieder ausgeschieden werden, bis sie völlig von unseren durch unsere Gedanken und Gefühle entstandenen Ausstrahlungen und Schwingungen geprägt ist. Wenn die Erde erst einmal auf diese Weise geprägt ist, wird sie lichtvoll und durchsichtig sein.[11]

Welch beeindruckende Vision! In der obigen Passage lieferte uns Aïvanhov eine sehr praktische und realistische Anweisung für die Vergeistigung der Materie, dem Kernpunkt spirituellen Lebens. Natürlich müssen wir dabei bedenken, dass in Aïvanhovs Verständnis der Begriff des Essens wesentlich umfassender ist als lediglich Nahrung mit unserem Mund aufzunehmen.

Eine ähnliche Haltung muss zum Beispiel auch für das Sexualleben von Spiritualisten gelten. Sex ist auch eine Art Energieaustausch, eine Art ernähren und genährt werden, ein Mittel zur Umwandlung von Materie. Wegen der großen Bedeutung der Sexualität werden wir sie getrennt im nächsten Kapitel eingehend behandeln.

Alle spirituellen Empfehlungen Aïvanhovs erfolgten auf der Grundlage der Erkenntnis, dass Natur Energie oder Schwingung ist. Er wählte dafür auch den Begriff der »Manifestation« bzw. der »Variation« des Ur-Lichts. In einem seiner ersten Vorträge sagte er:

> Das Licht steigt herab aus den feinstofflichen Bereichen in immer dichtere Bereiche bis es schließlich die feste Materie erreicht. Auf diesem Weg kommt es immer mühsamer voran.[12]

Er verwies auf die Genesis im Alten Testament und stellte fest, dass das Licht das »allererste Wesen [war], das Gott aus dem Chaos schuf.«[13]

Er erklärte ferner, dass das erstgeborene Licht nicht das sichtbare Licht der Sonne oder der Sterne war, sondern das unsichtbare Ur-Licht. Dieses Licht durchdringt alles. Er bemerkte:

> Ursprünglich, am Anfang der Dinge, ist das Licht; und das Licht ist Christus, der Geist der Sonne.[14]

An anderer Stelle sagte er:

> Das Licht ist der feinstofflichste Zustand der Materie, und das, was wir hier Materie nennen, ist nur die kondensierteste Form des Lichts. Im ganzen Universum handelt es sich also immer um die selbe Materie... oder das selbe Licht... mehr oder weniger feinstofflich, mehr oder weniger verdichtet.[15]

Diese Lehre ist nicht Aïvanhovs Erfindung. Wir finden sie in vielen religiösen Überlieferungen, vor allem im Gnostizismus, wo das Licht als der eigentliche Kern der Schöpfung betrachtet wird. In gewisser Weise versteht nun auch die Wissenschaft diese uralte Wahrheit. Der amerikanische Physiker Roger S. Jones schrieb:

> Oft denke ich, dass das Licht der Schlüssel zur Raumzeit ist. Wie wir unsere Welt sehen und was wir über sie wissen, ist so eng mit Raum und Zeit verknüpft, dass wir uns ohne sie oder außerhalb davon kein Bild von unserer Welt machen können. In der Relativitätstheorie spielt das Licht bei der Integration von Raum und Zeit eine so entscheidende Rolle, dass es schwierig ist, sich Licht nur als physikalisches Phänomen vorzustellen, das innerhalb von Raum und Zeit vorkommt. Es scheint beinahe so, als ob das Licht die Quelle von Raum und Zeit sei.[16]

Wofür die Wissenschaftler im Allgemeinen noch nicht offen sind, ist der Gedanke, dass Licht letztendlich eine spirituelle Realität ist. Physiker unterscheiden beim Licht verschiedene Wellenlängen – von Infrarot bis Ultraviolett und darüber hinaus. Aber alle diese Wellenlängen sind nur Manifestationen ein und derselben ewigen Energie, die den Kosmos entstehen lässt und in Gang hält, und die Spiritualisten im Zustand mystischer Erhöhung direkt an sich erfahren können.

Das sichtbare Licht, vor allem das Licht der Sonne, kann als konkretes Symbol dieses transzendentalen Lichts dienen. Dies führt uns nun zu einer Betrachtung von Aïvanhovs Sonnen-Yoga.

SONNEN-YOGA

Aïvanhov nannte seinen Weg zu spirituellem Leben »Sonnen-Yoga«. Was bedeutet dies? Zunächst sei festgestellt, dass der Begriff ›Yoga‹ aus der Sanskrit-Sprache stammt, dem gelehrten Ausdrucksmittel der Brahmanen in Indien. Wörtlich bedeutet er ›Verbindung‹ oder ›Verknüpfung‹. Im spirituellen Zusammenhang bedeutet er soviel wie ›Schulung‹, ›Disziplin‹. Das Verb ›yuj‹, von dem das Wort ›Yoga‹ abgeleitet ist, kann sowohl ›verbinden‹ als auch ›anschirren‹ bedeuten.

Der Yoga hat mannigfaltige Strukturen, die in viele verschiedene Richtungen weisen. Er ist zugleich eine der ältesten durchgängig überlieferten spirituellen Traditionen der Welt und reicht bis weit ins Altertum zurück. Sehr wahrscheinlich war eine frühe Form des Yoga schon den Menschen der Indus/Sarasvati Kultur bekannt, die vor etwa 5000 Jahren lebten.

Der große Religionshistoriker Mircea Eliade hat den Yoga treffenderweise ein »lebendes Fossil« genannt, denn bis zum heutigen Tag finden die alten Yoga-Lehren ihre überzeugten Anhänger. Ja, die Praktiken und das Gedankengut des Yoga werden sogar ständig weiter verfeinert und den Bedürfnissen der heutigen Sucher angepasst.

Dieser kreative Entwicklungs- u. Erneuerungsprozess ist keineswegs auf Indien beschränkt, dem Ursprungsland des Yoga. Seit der Missionsarbeit des charismatischen Hindu-Führers Swami Vivekananda, der um die Jahrhundertwende in Amerika und Indien wirkte, wurden Millionen von Bewohnern aus dem Westen vom Yoga angezogen. Da sich Aïvanhov in seinen Vorträgen frei innerhalb der verschiedenen Zweige des Yoga bewegte, scheint es angebracht, kurz die traditionellen Yoga-Schulen anzusprechen.

In den westlichen Ländern wenden sich die meisten Männer und Frauen dem Hatha-Yoga zu, dem Yoga der physischen Beherrschung des Körpers, der von vielen Lehrern gelehrt wird. Ziemlich viele Menschen praktizieren den Mantra-Yoga, bei dem heilige Silben wiederholt werden. Im Westen wurde dieser Yoga durch Maharischi Mahesh Yogi bekannt, dem Begründer der Transzendentalen Meditation. Eine beträchtliche Zahl von Menschen sind Anhänger des Kriya-Yoga, bei dem es um Meditation und Energieübungen geht, wie sie in den ersten Jahrzehnten dieses Jahrhunderts von Paramahansa Yogananda gelehrt wurden.

Bhakti-Yoga, der Yoga der absoluten Hingabe und Liebe zu Gott, wird von den zahlreichen Anhängern der Hare-Krishna-Bewegung praktiziert. Dann gibt es noch einige tausend Schüler des Siddha-Yoga, der von Swami Muktananda gelehrt wurde, und in dem die ›Kraft der Schlange‹ (›kundalini-shakti‹) geweckt werden soll, jener schlafenden spirituellen oder psychischen Energie im menschlichen Körper. Es gibt auch noch jene, die sich mit Tantra-Yoga befassen, vornehmlich der Linkshänder-Variante, die in westlichen Ländern durch den verstorbenen Bhagwan (Osho) Rajneesh bekannt wurde.

Dies ist keineswegs eine vollständige Aufzählung der verschiedenen Schulen, die in der westlichen Hemisphäre Fuß gefasst haben. Der Westen hat sogar seine eigenen Mischformen hervorgebracht und dabei Taoismus, Zen-Buddhismus und Paganismus miteinander vermengt. Ungeachtet dieser Entwicklung hat die euro-amerikanische Welt nur wenige wirklich große Adepten mit einer authentischen Lehre hervorgebracht, die ihr Wissen durch persönliche Erfahrung erwarben.

Eine dieser seltenen Ausnahmen ist Mikhaël Aïvanhov. Als Aïvanhov 1959 Indien besuchte, begrüßte ihn ein berühmter Hindu-Weiser als »Sonnen-rishi«. Obwohl er nicht mit Aïvanhovs Lehre vertraut war, hätte er Aïvanhov nicht besser charakterisieren können. Denn Aïvanhov machte die lebenspendende Sonne zum Mittelpunkt seines Lebens und seiner Lehre.

Wie wir in Kapitel 7 gesehen haben, betrachtete Aïvanhov die Sonne nicht nur als riesigen Stern, als gewaltige Masse von Atomen, bei deren innerer Verbrennung das

Phänomen Licht entsteht, sondern als intelligentes Wesen. Er glaubte, dass alles im Universum lebendig, beseelt und von Geist durchdrungen ist; dass alles eine große Intelligenz in sich birgt, die sich in den Wesen und Dingen manifestiert und sich nach außen zeigt, soweit es ihre Strukturen erlauben.

Das sichtbare Sonnengestirn ist nur der physische Körper des Wesens, das wir »Sonne« nennen. Es beherbergt ein unermesslich großes intelligentes Wesen, dessen einziges Ziel es ist, den Kosmos reich mit lebenspendender Energie zu bestrahlen, in einem Akt unvergleichlicher Hingebung und Liebe.

Aïvanhov sah im Licht die bedeutendste Emanation des Göttlichen, die mehr als jede andere Manifestation die Eigenschaften des Göttlichen in sich birgt. Er betonte nachdrücklich:

> Das Licht ist ein lebendiger Geist, der von der Sonne kommt, und der eine direkte Verbindung mit unserem Geist hat.[17]

Aïvanhov vertrat ferner die Ansicht, dass die Sonne als höchst intelligentes Wesen vollkommen auf unsere spirituellen Wünsche und Bedürfnisse eingeht. Er sah die Sonne als »offenes Tor zum Himmel«.[18]

Aïvanhov sagte auch, dass die Sonne sein wichtigster Lehrmeister war, und dass »die Antworten der Sonne blitzartig erfolgen, wie in einem elektronischen Gerät.«[19]

Die bewusste Pflege dieser Nabelschnur zum Göttlichen nannte Aïvanhov »surya-yoga«, »Sonnen-Yoga«. Er erklärte:

> Wer Surya-Yoga übt, steht mit der Kraft in Verbindung, die sämtliche Planeten des Sonnensystems lenkt und belebt – mit der Sonne. Dies bringt unweigerlich Ergebnisse.(...) Kein Buch vermittelt das

> Wissen, das die Sonne schenkt, wenn man das richtige Verhalten ihr gegenüber erlernt. (...) Ihr müsst das bewusste Anschauen erlernen, damit eine tiefe Verbindung zwischen euch und der Sonne entsteht. In diesem Moment bildet sich ein Strömungsfeld, das Formen, Farben, eine neue Welt erschafft.[20]

Eine wichtige Rolle beim ›surya-yoga‹ spielt die Verbindung mit der Sonne bei Sonnenaufgang, was der richtigen mentalen Vorbereitung bedarf. Um der aufgehenden Sonne in meditativem Zustand begegnen zu können, sollte der ›surya-yogi‹ ein ausgewogenes Leben führen, Diät leben, vielleicht sogar fasten, ausreichend schlafen und einen klaren Verstand haben. Der ›surya-yogi‹ schafft Frieden in seinem Herzen und kann so seine Energien sammeln und sich in die Sonne projizieren.

Diese Projektion ist deshalb möglich, weil wir auf den feinstofflicheren Ebenen der Existenz bereits durch und durch mit dem Sonnenwesen in Verbindung stehen. Aïvanhov drückte dies prägnanter aus, als er sagte, dass der Mensch bereits in der Sonne wohnt. Seine Worte:

> Dieser in der Sonne beheimatete Teil unseres Selbst ist unser höheres Ich.[21]

Diese mystische Aussage hat ihre erstaunliche Entsprechung in der Brihad-Aranyaka-Upanischad (II.3.3ff.), die von der »Person« bzw. dem »Geist« (›purusha‹) in der Sonne spricht. Hier ist der genaue Wortlaut dieser Passage:

> Das Gestaltlose nun ist der Wind und der Luftraum (›antariksha‹). Es ist unsterblich, es ist unendlich; es ist das Jenseitige. Die Essenz dieses Gestaltlosen, Unsterblichen, Unendlichen, Jenseitigen ist der Geist (›purusha‹) in der Sonnenscheibe (›Mandala‹). Er ist die Essenz all dessen. So ist die göttliche Offenbarung. (V.3)

Die Form jenes Geistes (›purusha‹) gleicht in der Tat safrangefärbtem Tuch, weißem Schaffell, ist wie ein Leuchtkäfer, wie eine Feuersflamme, wie die weiße Lotusblüte, [oder] wie ein plötzlich aufleuchtender Blitz. Wahrlich, wer ihn so erfährt, dessen Herrlichkeit ist wie ein plötzlicher Blitz (V.6)

In der gleichen Schrift (V.15.) finden wir auch folgendes ekstatisches Gebet zum Sonnenwesen:

> Das Antlitz der Wahrheit ist bedeckt
> mit einem Goldenen Gefäß.
> Oh Ernährer! Entferne dies,
> so dass derjenige, der dem Gesetz der Wahrheit folgt,
> sehen kann.
>
> Oh Ernährer, einsamer Seher, Wächter, Sonne,
> Spross des Schöpfers! Ordne Deine Strahlen!
> Sammle Deinen Glanz!
> Ich [möchte] Deine so wunderschöne Gestalt betrachten.
> Er, der dort ist, das Wesen dort -
> Ich selbst bin Er.

Esoterisch gesehen ist der Mensch ein Abbild der Sonne. Wir haben Teil am Glanz der Sonne, obwohl wir uns dessen normalerweise nicht bewusst sind. Unser ›Höheres Selbst‹, ›atman‹ oder ›purusha‹, ist eins mit dem Göttlichen. Dies ist der Kern der Botschaft der Upanischaden und der Metaphysik des Vedanta, die auf diese Schriften aufgebaut sind. Es ist auch die zentrale Botschaft Aïvanhovs, dessen liberaler Gnostizismus zahlreiche Berührungspunkte mit den Hindulehren hat. Aïvanhovs einzigartiger Beitrag besteht darin, dass er Schülern von heute esoterisches Wissen zugänglich gemacht hat.

GEISTIGE ARBEIT BEI SONNENAUFGANG

Aïvanhov betonte immer wieder, dass wir durch die Konzentration auf die Sonne, durch die Abstimmung auf die »Wellenlängen« der Sonne Heilung im ganzheitlichen Sinne erfahren. Er sprach vom »Essen« und »Trinken« von Licht, der Hauptnahrung des Universums. Er sagte:

> Wir wohnen dem Sonnenaufgang bei, um uns mit dem Licht zu ernähren.(...) Der Mensch braucht das Licht, um sein Gehirn zu nähren. (...) Denn gerade das Licht erweckt im Menschen die Fähigkeit, in die geistige Welt einzudringen.[22]

Aïvanhov, der ein sehr praktisch denkender Mensch war, empfahl folgende Übung:

> Versucht dank eures Denk- und Vorstellungsvermögens, die himmlischen Teilchen aufzufangen, sie in euch eindringen zu lassen. Nach und nach regeneriert dieser Vorgang die gesamte Materie eures Wesens, dann werdet ihr dank der Sonne wie ein Sohn Gottes handeln und denken.[23]

Aïvanhovs ›surya-yoga‹ bietet uns eine wirklich erhabene Sichtweise unseres Sonnensystems. Er ersetzt unsere egozentrische Sichtweise, bei der sich alles um das menschliche Individuum dreht. Gleichzeitig befreit er uns von der Last, Gott spielen zu müssen, anstatt unsere angeborene Fähigkeit zu fördern, über das Selbst (›ahamkara‹) hinauszuschreiten und die Seligkeit des Göttlichen in unserem Leben zu finden. Das Ego ist das größte schwarze Loch. Es saugt Licht in sich hinein, aber sendet keines aus.

Die Sonne ist das genaue Gegenteil zum Ego. Sie schenkt der Welt unaufhörlich Leben. Ihr Leben ist ein echtes Opfer (›yajna‹). Diese geheime Botschaft wurde von den alten Sehern und Weisen klar verstanden. Wir haben ihre feinsinnigen Erkenntnisse und intuitiven Erfahrungen vergessen, vielleicht ist deshalb unsere Zivilisation vom rechten Weg abgekommen.

Aïvanhov erinnerte uns an die Tatsache, dass wir ein Universum bewohnen, das sehr viel wunderbarer ist, als uns die Wissenschaft glauben macht – ein Universum, das geduldig auf unsere bewusste, reife Mitarbeit wartet. Es ist tragisch, dass wir in weit entfernten Galaxien nach intelligentem Leben suchen, während es so nahe bei unserem Heimatplaneten eine überragende Intelligenz gibt, die untrennbar mit unserem Leben verbunden ist. Wir brauchen nicht einmal Milliarden teure Raumschiffe zu bauen, wir müssen uns lediglich für die immer gegenwärtige spirituelle Dimension öffnen.

Das große Abenteuer, das uns im dritten Jahrtausend erwartet, ist nicht die Erforschung des äußeren Weltraumes, obwohl die Technologie zweifellos das Sonnensystem erschließen wird und sogar Wege zu entfernteren Sternen finden wird. Das Abenteuer liegt vielmehr in der viel lohnenderen und Ehrfurcht gebietenden Erforschung des inneren Raumes – der menschlichen Psyche. Es ist sogar zweifelhaft, ob wir den weiten, einsamen Raum zwischen den Planeten und zwischen unserer Sonne und benachbarten Sternen erobern können, ohne eine gewisse Form psychischer Disziplin. Unsere Astronauten werden auch Psychonauten sein müssen.

Was noch wichtiger ist, wir werden nur dann die gegenwärtige Weltkrise heil an Körper und Geist überstehen, wenn wir das Geheimnis des Lichts ergründen, wenn wir mit der Sonne zusammenarbeiten. Aïvanhov brachte seine Sichtweise so zum Ausdruck:

> Es gibt keine würdigere, glorreichere, mächtigere Arbeit als diese Arbeit mit dem Licht.[24]

ANMERKUNGEN

1. Omraam Mikhaël Aïvanhov, *Die Kräfte des Lebens* (Gesamtwerke, Bd. 5, Prosveta, 1994), S. 45.
2. Karlfried Graf von Dürckheim, *Der Alltag als Übung: Vom Weg zur Verwandlung*, (Bern: Huber, 1984), S. 17.
3. Omraam Mikhaël Aïvanhov, *Die geistige Galvanoplastik und die Zukunft der Menschheit* (Izvor 214, Prosveta, 1984), S. 85.
4. Zitiert nach H. Hoffding, *HISTORY of Modern Philosophy*, übersetzt von B.E.Meyer (London, 1900; Nachdruck New York, 1955), Band 2, S. 281.
5. Omraam Mikhaël Aïvanhov, *Yoga der Ernährung* (Izvor 204, Prosveta, 1983), S. 64.
6. Ibid., S. 62.
7. J. Robbins, *A Diet for a New Amerika* (Walpole, NH: Stillpoint Publishing, 1987), S. XV, XVII.
8. Omraam Mikhaël Aïvanhov, *Yoga der Ernährung* (Izvor 204, Prosveta, 1983), S. 44.
9. J.Santa Maria, Anna Yoga: *The Yoga of Food* (London: Rider, 1978), S. 83.
10. Omraam Mikhaël Aïvanhov, *L›amour et la sexualité* (Oeuvres complètes, Tome 14, Prosveta, France, 1976), S. 120, 121.
11. Omraam Mikhaël Aïvanhov, *Die wahre Lehre Christi* (Izvor 215, Prosveta, 1985), S. 115.116.
12. Omraam Mikhaël Aïvanhov, *La deuxième naissance* (Oeuvres complètes, Tome 1 Prosveta, France, 1980), S. 162.
13. Omraam Mikhaël Aïvanhov, *Einblick in die unsichtbare Welt* (Izvor 228, Prosveta, 1991), S. 111.
14. Ibid., S. 114.
15. Omraam Mikhaël Aïvanhov, *Das Licht, lebendiger Geist* (Izvor 212, Prosveta, 1987), S. 22.
16. R. S. Jones, *Physics as Metaphor.* (Minneapolis: University of Minnesota Press, 1982) S. 113.
17. Omraam Mikhaël Aïvanhov, *Das Licht, lebendiger Geist* (Izvor 212, Prosveta, 1987), S. 29.
18. Omraam Mikhaël Aïvanhov, *Auf dem Weg zur Sonnenkultur* (Izvor 201, Prosveta, 1982), S. 31.
19. Omraam Mikhaël Aïvanhov, *Vers une Civilisation solaire* (Izvor 201, Prosveta, France, 1981), S. 35.
20. Omraam Mikhaël Aïvanhov, *Auf dem Weg zur Sonnenkultur* (Izvor 201, Prosveta, 1982), S. 31.
21. Ibid., S. 36.
22. Ibid., S. 79.
23. Ibid., S. 77.
24. Omraam Mikhaël Aïvanhov, *Das Licht, lebendiger Geist* (Izvor 212, Prosveta, 1987), S.69

10.
DIE BÄNDIGUNG DES SEXUELLEN DRACHENS

DAS LICHT JENSEITS SEXUELLER LUST

In unserem Streben nach Glück geraten wir oft auf das Nebengleis bloßen sinnlichen Vergnügens. Aïvanhov unternahm einmal eine Reise auf einem Ozeandampfer und »war sehr über die vielen Vergnügungsmöglichkeiten erstaunt, die man den Passagieren zu jeder Tages- und Nachtzeit anbot.«[1]

Er verglich die Vergnügungsfahrt auf einem Luxusdampfer mit dem zügellosen Leben, das die meisten Menschen führen oder gerne führen würden. Aïvanhov sagte seinen Schülern, dass sie nur ein Leben in Armseligkeit zu erwarten hätten, wenn sie sinnliches Vergnügen über das wahre Glück stellten. Er verwies auf den Trinker, dessen Zukunft im Rinnstein liegt. Er erläuterte dies mit folgendem Bild:

> Gäbe es eine Waage, auf deren eine Waagschale der Mensch den Gewinn und auf deren andere Waagschale er den Verlust legen könnte, den ihm die sinnlichen Vergnügungen einbringen, denen er sich hingibt, so würde er sehen, dass er fast alles verliert und kaum etwas dabei gewinnt.[2]

Vor allem ein Vergnügen übt eine immerwährende Faszination auf fast alle Menschen aus: Sex. Es verschafft dem normalen Menschen das intensivste Lustgefühl und dient unbewusst als Ersatz für das Glücksgefühl, das der mystischen Verwirklichung des höheren Selbst entspringt. Sex ist das Goldene Kalb, das die Menschen seit Jahrtausenden anbeten. Durch den Reiz des Orgasmus verdrängen die Menschen ihre Gefühle von Einsamkeit und Sinnlosigkeit. Sie erkennen dabei jedoch nicht, dass durch den Orgasmus auf erschreckend wirksame Weise Lebensenergie vergeudet wird.

Niemand kann Aïvanhov vorwerfen, er sei ein verbohrter Asket gewesen. Sein selbstgewähltes Zölibat stumpfte ihn gefühlsmäßig nicht ab und trieb seinen Verstand auch nicht zu fieberhaften Phantasien. Er verleugnete die Sexualkraft nicht, sondern arbeitete bewusst an ihrer Sublimierung und lernte dabei, sie zu kontrollieren und nutzbar zu machen.

Aïvanhovs positive Einstellung zur Sexualität wird am besten verdeutlicht mit dem Ratschlag, den er einem jungen Mädchen gab, das überall männliche Genitalien sah und das wegen ihrer ungewöhnlichen Visionen sehr beunruhigt war. Sie hatte mehrere Psychoanalytiker aufgesucht, die sie nicht heilen konnten. Auf Empfehlung kam sie schließlich zu Aïvanhov. Er brach in wohlwollendes Lachen aus und sagte zu ihr:

> Was Ihnen widerfahren ist, ist ganz natürlich, ganz einfach! Sie sind nicht die einzige, die solche Bilder auftauchen sieht. Sie können dieser Situation sehr rasch entgehen, aber nicht, wenn Sie so dagegen ankämpfen, wie Sie das tun. Die Natur ist sehr mächtig; seit Millionen von Jahren hat sie es so eingerichtet, dass die Männer von den Frauen angezogen werden und die Frauen von den Männern, und Sie werden das alles jetzt bestimmt nicht ändern. Die Natur hat die Dinge gut eingerichtet, aber den Menschen fehlt das nötige Verständnis. Alle Männer und Frauen werden von solchen Bildern heimgesucht. Aber es gibt da einen Unterschied, und der besteht darin, dass einige keine Ahnung haben, wie sie damit umgehen sollen, andere jedoch sehr wohl.

> Verstehen Sie mich recht: Wenn diese Bilder vor Ihnen auftauchen, dann erschrecken Sie nicht, lassen Sie keine Übelkeit aufkommen, kämpfen Sie nicht dagegen an, sondern sehen Sie sie in aller Ruhe an und wechseln Sie den Blickwinkel. Stellen Sie sich vor, dass dieses Organ schön, kraftvoll, göttlich ist, denn durch es entsteht Leben. Und in diesem Augenblick sind Sie so voller Bewunderung angesichts der Intelligenz und Weisheit des Schöpfers, dass Sie das Übrige bereits vergessen haben. Sie haben sich dessen nur als Sprungbrett auf dem Weg zum Schöpfer bedient.[3]

Natürlich wurde dem Mädchen durch so klugen Rat geholfen. Aïvanhovs Rat zeigt deutlich, dass er Sexualität als natürliche Gegebenheit menschlicher Existenz akzeptierte. Er lehnte jegliche zwanghafte Askese ab und kritisierte jene traditionellen Geisteshaltungen, die die sexuelle Selbstdarstellung des Kosmos in Abrede stellen. Er erklärte:

> Die meisten frommen Männer der Vergangenheit, die Asketen und Eremiten haben uns eine verheerende Philosophie hinterlassen: Sie versteckten sich in Wäldern und auf Bergen, um der Frau zu entfliehen, denn die Frau war ihrer Ansicht nach eine Ausgeburt des Teufels. Aber die Ärmsten, es gab eben noch die anderen Frauen aus der Astralwelt, die ihnen bis in die Grotten folgten und denen sie nicht entkommen konnten. Ja, die Versuchungen des hl. Antonius...[4]

Als Aïvanhov im Sommer 1969 Griechenland besuchte, bestieg er auch den Berg Athos.[5] Während er die von den Mönchen dort geschaffenen Kunstwerke bewunderte, hatte er das Empfinden, dass ihre Klöster Traurigkeit und Langeweile ausstrahlten. Durch ihre Ablehnung des weiblichen Prinzips als etwas Schädliches und Teuflisches, hatten sie sich eines wesentlichen Teils ihrer eigenen Natur beraubt. Aïvanhov fühlte, dass ihre puritanische Philosophie sie ziemlich in die Irre führte.

In einer weiteren Rede bemerkte er, dass »man zu einem Fall für Psychiater und Psychoanalytiker wird, wenn man gegen die Sexualkraft kämpft und sie gnadenlos unterdrückt, wozu uns die meisten Religionen raten.«[6]

Unterdrückte Impulse führen früher oder später zu neurotischen Zwangsvorstellungen. Auf dem spirituellen Weg geht es deshalb nicht darum, etwas zu verleugnen oder zu unterdrücken, sondern darum, das Selbst auf eine höhere Stufe zu heben und dabei die Freude in noch hellerem Licht erstrahlen zu lassen. Verzicht, bemerkte Aïvanhov, hat nichts mit Entbehrung zu tun. Geistig Eingeweihte müssen nichts entbehren; sie nehmen nur gegenüber all den Tätigkeiten, die den normalen Menschen gefangen nehmen, eine neue Haltung ein.[7] Aïvanhov sprach von »Austausch« und »Übertragung«, was sich auf einen Vorgang bezieht, durch den die Handlungen des Einzelnen nicht einfach abrupt ein Ende finden, sondern wodurch sie reiner, lichtvoller werden: Es ist dies die spirituelle Kunst der Sublimierung.

Wir sind von Sex und Orgasmus deshalb so fasziniert, weil wir uns der unsichtbaren Wirklichkeiten dahinter weitgehend nicht bewusst sind. Wir konzentrieren uns auf die Gefühle, die sie erzeugen. Aber dieses physische Erleben verbirgt eine wesentlich tiefgreifendere Wechselbeziehung, deren Grundlage wahre Liebe ist, jene alles einbeziehende Kraft des Universums. Wir verwechseln Sex mit Liebe und Orgasmus mit höchstem Glück, denn wir sind uns des wahren Ursprungs unserer Sexualität nicht bewusst.

Die universelle Liebe, die den Kosmos erfüllt, und die die Essenz des höheren Selbst darstellt, manifestiert sich in ihrer niedrigsten Schwingung als physische Lust. Metaphysisch gesprochen ist Lust ein Kondensat des Lichts. Folglich sagte Aïvanhov: »Die Sexualkraft und die Energie der Sonne sind ihrer Natur nach gleich.«[8]

Wenn wir aufhören, dem physischen Vergnügen hinterherzujagen, erfährt unser Vergnügen paradoxerweise eine Verstärkung. Es wird größer und gleichzeitig subtiler. Aïvanhov drückte dies so aus:

> Ihr fragt euch natürlich, was euch bleibt, wenn ihr nicht die Lust sucht... In Wirklichkeit werdet ihr eine Lust empfinden, die sogar zehnmal größer ist, aber reiner; und was das Wesentliche ist, eure Kräfte werden nicht verbrannt. Das Ergebnis wird also ein anderes sein: Licht, Licht, Licht.[9]

DIE HEILIGE KRAFT DER SEXUALITÄT

Die Sexualkraft ist nicht schmutzig oder schlecht. Im Gegenteil, sie ist von elementarer Bedeutung für die menschliche und kosmische Existenz. Sie ist nicht nur das Kribbeln nervöser Erregung, das wir gelegentlich in unseren Genitalien verspüren. Sie ist vielmehr eine mächtige Kraft von kosmischer Größenordnung – Eros – der Puls des Lebens. »Die Sexualkraft,« sagte Aïvanhov, »ist unentbehrlich für das Leben und nur sie allein kann in uns die Liebe zum Leben wecken.«[10]

Deshalb sollten wir nie versuchen, die Sexualkraft zu unterdrücken, denn damit würden wir uns selbst die Luft abschnüren. Es würde uns nie gelingen, sie einzudämmen oder gar zu verleugnen. Eros zu verleugnen hieße, sich für den Tod zu entscheiden. Ja, mehr noch, es hieße, die Existenz an sich aufzugeben, denn Eros wirkt sogar auf der subatomaren Ebene als die Anziehungskraft, die die relative Stabilität unseres bekannten Universums bewirkt.

Aïvanhov drückte dies mit folgenden Worten aus:

> In Wirklichkeit ist das ganze Universum von Liebe durchdrungen. Sie ist ein Element, eine Energie, die im ganzen Kosmos verteilt ist. Die Menschen können sie durch ihre Haut, ihre Augen, ihre Ohren, ihr Gehirn aufnehmen... Überall ist Liebe, das hat mich eine Pflanze gelehrt; denn, wie ich schon sagte, ich lerne von den Steinen, Pflanzen, Insekten, Vögeln usw... Eines Tages sah ich in Nizza eine Pflanze, die frei in der Luft hängend wuchs. Sie bezog Wasser und Nahrung aus der Atmosphäre. Ich habe sie lange betrachtet, und daraufhin sagte sie mir: »Es ist mir gelungen, das für mich lebenswichtige Element – die Liebe – aus der Luft zu schöpfen, warum sollte ich mich dann in die Erde eingraben, wie es meine Artgenossen tun? Ich habe das Geheimnis gefunden, wie ich alles, was ich zum Leben brauche, aus der Luft beziehen kann.« Ich meditierte also über die Pflanze und gelangte zu der Erkenntnis, dass auch die Menschen die Fähigkeit besitzen, die Liebe aus der Atmosphäre und aus der Sonne zu schöpfen.[11]

Wenn die Sexualkraft nicht mit genitaler Lust gleichzusetzen ist, sondern mit der kosmischen Kraft der Liebe, die weit über den einzelnen Menschen hinausreicht, würden wir gut daran tun, ihr gegenüber eine Haltung einzunehmen, die gekennzeichnet ist durch Staunen, Dankbarkeit und Ehrfurcht. Genau dies ist Aïvanhovs Gedanke:

> Seht also von nun an die Liebe als göttliche Kraft an, eine Kraft, die von oben kommt, und die auf ihrem Weg nach unten verschiedene Wirkungen hervorruft, je nach dem, durch welchen Leiter sie sich manifestiert. Die Liebe ist wie das Wasser, das von den hohen Bergen kommt: Dort oben ist es durchsichtig, kristallklar, aber auf seinem Weg färbt

es sich gelb oder rot je nach der Beschaffenheit des Bodens, durch den es fließt. Die Liebe ist auch eine reine, kristallklare Kraft, die sich auf göttliche Weise manifestiert.[12]

Die Sexualkraft, als Eros, ist das dynamische Gegenstück zum Geist. Sie ist die Kraft, die den Dingen innewohnt. Gemäß der Kabbala ist die höchste Wirklichkeit grenzenloses Licht. Es wird in Geist und Materie polarisiert. Die Lehrer der Kabbala bezeichnen die Materie mit Shekinah, dem göttlich Weiblichen, das auf ewig mit dem göttlich Männlichen verbunden ist. Diese metaphysische Polarisierung macht kosmische Existenz und menschliches Leben möglich. Denn Gott und Shekinah zusammen schaffen das Universum. Diese Auffassung ist auch ein wesentlicher Bestandteil des indischen Tantrismus, wie wir gleich noch sehen werden. Auch Aïvanhov war mit dieser Auffassung wohlvertraut und pflichtete ihr voll und ganz bei:

> Die Ehe ist ein kosmisches Phänomen. Es handelt sich dabei in erster Linie um ein feierliches Ereignis im Himmel zwischen dem Himmlischen Vater und Seiner Gemahlin, der Mutter Natur. Und die Menschen, die als Ebenbild Gottes geschaffen werden, wiederholen unbewusst, was im Himmel geschieht.[13]

Das göttliche Paar erscheint auf der endlichen Ebene in Gestalt der menschlichen Körper-Geist-Einheit. Diese Verbindung von Geist und Körper ist Aïvanhov zufolge die wahre Ehe. All die anderen Sozialformen, die wir »Ehe« nennen, sind seiner Ansicht nach ehebrecherisch, denn sie beruhen auf einer äußeren Beziehung.[14] Auf der höchsten Ebene der Existenz sind Geist und Materie ständig miteinander vereint, verschmolzen, und ihre enge Umarmung ist die Quelle allen Lichts. Diese ewige beglückende Wechselbeziehung müssen wir in der Tiefe unserer eigenen Psyche entdecken. Dies ist die eigentliche Selbst-Verwirklichung bzw. Gott-Verwirklichung. Der Weg zu dieser Entdeckung ist Eros, Liebe, die Lebenskraft an sich. Wie Aïvanhov prägnant feststellte: »Liebe muss mit dabei sein, wenn wir das Nirwana erreichen sollen«[15] und »Liebe kann zum Licht führen, aber nur, wenn man damit aufhört, sie nur als lustvolles Übersprudeln zu erleben.«[16] Wir müssen die Liebe kultivieren, um ihre göttliche Natur zu erkennen. Um die ewige Quelle vom Fluss des Lebens zu entdecken, müssen wir seinen Lauf zurückverfolgen, vorbei an den träge fließenden Abschnitten, bis zu den immer reineren Wassern der höheren Regionen. Wir können nicht darauf hoffen, die Quelle zu finden, wenn wir die Erscheinungsformen des Flusses ignorieren; wir können Glückseligkeit nicht wiedergewinnen, wenn wir die Lust verleugnen. Wir müssen vielmehr unsere Erfahrungen, Empfindungen und Gedanken umwandeln, so dass sie zunehmend mit dem höchsten Zustand des Daseins übereinstimmen, dem unübertrefflichen Ausdruck von Liebe, Glück, Frieden, reinem Sein.

DIE SUBLIMIERUNG DER SEXUALKRAFT

In unserem Streben nach bleibendem Glück genügt es nicht, die Sexualkraft zu verleugnen, wir müssen sie vielmehr in unser spirituelles Bemühen mit einbeziehen, ihr gewaltiges Potential nutzen und Kontrolle über sie erlangen.

Während die Lebenskraft an sich unendlich und unerschöpflich ist, trifft dies auf unseren menschlichen Körper nicht zu. Unsere Zellen und Organe können nur eine bestimmte Menge an Lebenskraft aufnehmen bevor sie ausbrennen. Dies ist vergleichbar mit dem dünnen Glühfaden im Inneren einer elektrischen Birne, der hell aufleuchtet und dann durchbrennt, wenn der anliegende Strom größer ist als vorgesehen. Umgekehrt, ohne ausreichende Ernährung aus dem Fluss des Lebens welkt unser Körper vorzeitig dahin, erkrankt und wird nutzlos für die schwierige Bewältigung spiritueller Aufgaben. Deshalb, sagte Aïvanhov einmal, haben Eunuchen keine schöpferische Kraft.[17] Er stellte auch fest, dass wir sterben wollen, wenn unsere erotische Kraft schwindet.[18]

Adepten jeden Alters haben die Bedeutung des rechten Umgangs mit unserem Energiehaushalt unterstrichen, der sorgfältigen Pflege der Lebenskraft und insbesondere ihrer sexuellen Komponente. Die Meister des Taoismus zum Beispiel sind der Ansicht, dass jeder Mensch mit einer begrenzten Menge an erotischer Kraft geboren wird. Wenn sie vergeudet wird, werden wir krank und sterben schließlich. Der taoistische Meister des 19. Jahrhunderts Chao Pi Ch'en lehrte, dass derjenige, der sich auf dem spirituellen Pfad befindet, seinen Körper als Land und die Menge an Sexualkraft als dessen Bevölkerung betrachten sollte. Wenn Geist und Atem besondere Zuwendung erfahren, wird der Wohlstand des Landes erhöht, was den Frieden sichert. Jedoch der Samenverlust, der die erotische Kraft schwächt, führt zu Aufruhr und Chaos.

Die Adepten des Taoismus glaubten, dass durch sexuelle Enthaltsamkeit und durch den rechten Umgang mit der Körperenergie der Vorrat an erotischer Kraft wieder aufgefüllt und vermehrt werden kann, was sich auf die Körper-Geist-Einheit auf vielfältige Weise positiv auswirkt. Diese Disziplin soll nicht nur den Körper revitalisieren und heilen, sondern ihn verjüngen, so dass das taoistische Ziel eines langen Lebens erreicht werden kann.

Natürlich waren und sind die Taoisten keine Puritaner. Im Gegenteil, ihre Einstellung zum Sex nimmt zeitweise beinahe kannibalische Züge an. Denn während die männlichen Anhänger darauf bedacht sind, ihre Samenflüssigkeit zu bewahren, tun sie ihr Bestes, die weiblichen Sekrete, die beim Orgasmus vermehrt strömen, zu stimulieren und für sich zu nutzen. Weibliche Anhänger ihrerseits versuchen ihre männlichen Liebhaber zu überlisten, um von deren Samenerguss zu profitieren. Diese ausbeuterische Haltung, die man unter den weniger erleuchteten Taoisten findet, ist nur eine Neuauflage des Kampfes der Geschlechter und hat keinen Platz in einer reifen spirituellen Lebensführung, wo Männer und Frauen einander mit Respekt begegnen müssen, als gleichermaßen wunderbare Manifestationen des Göttlichen.

Ob wir nun Methusalems werden wollen, wie manche Taoisten, oder nicht, so wäre es doch weise, ihre alte Lehre zu akzeptieren: Mit jedem Orgasmus vergeben wir einen Teil unseres Vorrates an Lebenskraft, rauben wir unseren Zellen Kraft zur Erneuerung, und treiben wir Raubbau mit unserer Psyche. Es ist vielleicht kein Zufall, dass die Franzosen den Orgasmus als »kleinen Tod« (›La petite mort‹) bezeichnen.

Amerikaner »sterben« 5000 mal und mehr im Laufe ihres Lebens. Die Situation ist zweifellos ähnlich in Europa und den meisten anderen Teilen der »zivilisierten« Welt, wo Sex als Mittel zum Stressabbau gilt. Aus spiritueller Sicht ist diese Verschwendung an erotischer Kraft bedauernswert, ja sogar fatal.

Deshalb plädieren Lehrer wie Aïvanhov eindringlich für die Bewahrung der sexuellen Energie. Es ist nicht jedermanns Sache von einem Tag auf den anderen auf Sex oder Orgasmus zu verzichten; dies ist auch nicht nötig, um auf dem spirituellen Pfad erfolgreich voranzuschreiten. Jeder kann jedoch die Lebenskraft als kostbares Gut anerkennen und mit seiner Sexualkraft sparsam umgehen.

Wir können diese neue Richtung einschlagen, indem wir uns in unserem Leben ein höheres Ideal zum Ziel setzen. Ein hohes Ideal ist wie ein guter Freund, an den wir uns wenden können, wenn wir in Not sind, und der uns treu einen verlässlichen Rat gibt. Aïvanhov machte klar, dass wir den sexuellen Drang nicht durch bloße Willenskraft überwinden können. Er sagte ganz richtig: »(...) ihr könnt nicht gegen sie ankämpfen; wenn ihr es versucht, wird sie euch zermalmen.«[19]

Anstatt gegen Windmühlen zu kämpfen, sollten wir uns mit dem Wind anfreunden, der die Mühlen antreibt, so dass etwas Gutes dabei herauskommt. Das heißt, wir sollten unser hohes Ideal pflegen, denn es gestattet uns, mit dem Göttlichen in engen Kontakt zu kommen.

Wenn wir zwischen uns und dem Göttlichen einen Kanal herstellen, sei es durch Gebet, Meditation oder Nachdenken über unser Ideal, dann haben wir den mächtigsten Verbündeten im Universum auf unserer Seite. Durch diese Verbindung wird unser Leben verwandelt, und unsere Sexualkraft wird allmählich oder vielleicht sogar plötzlich und vollständig sublimiert, ohne dass wir den üblichen qualvollen Kampf durchstehen müssen. Was dies in der Praxis bedeutet, hat Aïvanhov so ausgedrückt:

> (...) wenn ihr euch in dem Augenblick, wo ihr eine sexuelle Regung verspürt, auf euer Ideal konzentriert, steigt diese Energie wieder zum Gehirn auf, um es zu nähren, und kurz darauf seid ihr befreit und habt den Sieg davongetragen.(...) Richtet alle Energien auf eine erhabene Idee und nicht nur auf das Vergnügen aus, dann stehen sie in euren Diensten und tragen zur Verwirklichung dieser Idee bei.[20]

Sich auf sein Ideal konzentrieren bedeutet, es sich so konkret bildhaft wie möglich vorzustellen, sich seinem wohltuenden Einfluss zu öffnen, es körperlich willkommen zu heißen, es herzlich zu umarmen. Wenn man sich also sein Ideal vergegenwärtigt, ist dies nicht nur ein intellektueller Vorgang. Es ist ein zutiefst emotionaler Vorgang, in dem wir bekunden, wie begehrenswert dieses hohe Ideal ist, das darin besteht, in Gottes Gegenwart zu weilen.

Wir können dieses lebendige innere Bild durch tiefe Atmung unterstützen.[21] Häufig wird die Lebenskraft in niedrigeren Zentren blockiert, weil unsere Atmung so nachlässig ist. Durch tiefe, rhythmische Atmung können wir ihr helfen, durch den ganzen Körper zu fließen und somit die höheren Zentren im Gehirn anzuregen.

Die Sexualkraft kann entweder abwärts und nach außen fließen oder nach innen und aufwärts. Sie kann entweder unsere Genitalien mit kurzen angenehmen Empfindungen befriedigen, oder sie kann zum Gehirn aufsteigen und bestimmte feine psychoenergetische Zentren versorgen. Das Abwärtsfließen hat rein biologische Bedeutung: Es sichert das Überleben der Spezies Mensch. Das Aufwärtsfließen hat jedoch wesentlich größere evolutionäre Bedeutung, denn es ist verantwortlich für die Wandlung des Homo sapiens zum Homo noeticus, die Wandlung unserer im herkömmlichen Sinne intelligenten Spezies zu einer Spezies, deren Intelligenz und Kreativität im Einklang steht mit den geistigen Gesetzen des Universums. Dies ist ein bedeutender Unterschied.

Aïvanhov verglich die Sexualkraft mit Treibstoff, der jene verbrennt, die unachtsam damit umgehen, während die Klugen ihn zu einem Flug in den Weltraum nutzen können.[22] Die Sexualkraft an sich ist weder gut noch schlecht. Es gibt sie einfach. Ihre Wirkung hängt davon ab, wie wir mit ihr umgehen. Wir können sie dazu einsetzen, unsere Vergnügungssucht zu stärken. Oder wir können mit ihr dauerhafte Freude und dauerhaften Frieden entdecken. Die Sexualkraft ist der geheime Schlüssel, der den engen Zugang zur spirituellen Dimension öffnet oder verschließt.

Selbstlosigkeit, Harmonie, Friede, Liebe, Glückseligkeit: Unser gewähltes Ideal erinnert uns beständig an die Richtung, in die wir diesen Schlüssel drehen sollten. Somit ist unsere mentale Einstellung von umfassender Bedeutung. Der amerikanisch-polnische Philosoph Henryk Skolimowski, der als erster in der Welt eine Professur für ökologische Philosophie inne hat, schrieb:

> Von allen Gaben der Evolution ist der Verstand am kostbarsten. Jedoch haben wir ihn zu etwas anderem werden lassen, als er verdient. Sehen Sie sich doch selbst an. Wie viel Schmutz strömt täglich in Ihr Gehirn. Wie viele Nichtigkeiten lassen Sie in Ihr Gehirn eindringen. Das ist nicht die Ökologie des Verstandes wie sie sein sollte. Dieser Müll in Ihrem Gehirn hat Ihre Existenz bagatellisiert, ist die Ursache für Ängste, ist die Ursache für Verwirrung, die Sie daran hindert, richtig zu denken und angemessen zu handeln. Wenn Sie Wert auf die Mitgift Ihres Lebens legen, wenn Sie Wert auf Ihren Verstand legen – dann lassen Sie es nicht zu, dass Ihr Gehirn zum Mülleimer wird.[23]

Das sind sehr direkte Worte. Ihre Aussage erhält noch mehr Gewicht durch die von Skolimowski ergänzend aufgestellte Bedingung, dass ökologisch bewusst denkende Menschen mindestens einmal täglich für fünf Minuten darüber nachdenken sollten, wer sie sind, was sie für ihre größte Stärke halten, und in was für einer Welt sie leben möchten. Dabei ist es wichtig, dass wir bei all unseren geistigen Überlegungen immer bedenken, dass wir nicht isoliert von der übrigen Schöpfung leben, sondern davon abhängig und mitverantwortlich für alle anderen Lebewesen sind.

Deshalb schließt unsere Einstellung zu unserer eigenen Sexualität sehr viel mehr mit ein. Sie schließt tatsächlich alles und jeden mit ein. Sie ist nicht nur etwas Persönliches, Privates. Die sexuelle bzw. erotische Kraft ist, wie wir gesehen haben, universell. Wir haben nur teil daran. Je nach unserer Einstellung nutzen wir sie eigennützig aus oder wir begegnen ihr mit Achtung. Nur wenn wir uns für letztere Einstellung entscheiden, öffnen wir uns für höhere Entwicklungsstufen.

TANTRA-YOGA UND DIE KRAFT DER SCHLANGE

Von allen alten esoterischen Traditionen hat vor allem eine aus der Sexualkraft, dem Eros, einen integralen Bestandteil ihrer spirituellen Lehre gemacht: der Tantrismus. Seine Philosophie und Praxis wird in den hinduistischen und buddhistischen Tantras dargelegt. Dabei handelt es sich um okkulte Werke, die in der Sprache des Sanskrit verfasst wurden. Sie gelten als »neue« Offenbarung, die für das gegenwärtige ›Dunkle Zeitalter‹ (›kali-yuga‹) am besten geeignet erscheint. Die Adepten des Tantra verstanden ihre Lehren als Neufassung von altem, heiligem Wissen, abgestimmt auf die schwachen spirituellen Fähigkeiten der »modernen« Menschheit.

Das ›Dunkle Zeitalter‹ soll im Jahre 3001 v.Chr. mit dem Tod des Gottmenschen Krishna begonnen haben, der die Yogalehre dem Prinzen Arjuna erläuterte, wie in der Bhagavad-Gita geschrieben steht. Es wird noch hunderttausende von Jahren dauern bis die Menschheit den Anbruch eines neuen ›Goldenen Zeitalters‹ in Frieden und spiritueller Gemeinschaft auf Erden erleben wird. Somit ist das gegenwärtige Wassermannzeitalter im Rahmen dieser weiten weltgeschichtlichen Perspektive noch nicht das ersehnte ›Goldene Zeitalter‹, sondern nur ein Abschnitt relativen Aufschwungs innerhalb eines viel längeren Zyklus des Abstiegs.

Die Adepten des Tantra glaubten, dass die Menschheit

im ›Dunklen Zeitalter‹ Hilfe und Halt in ihrem spirituellen Leben brauche, was in vergangenen Zeitaltern völlig unnötig gewesen sei. Am häufigsten wird als tantrische Hilfe das Rezitieren heiliger Laute (›mantras‹) empfohlen, wie zum Beispiel ›OM‹ oder ›RAM‹. Diese Übung soll weder große Charakterstärke noch außerordentliche Intelligenz oder Vitalität erfordern. Jeder kann sie ausführen, vorausgesetzt er oder sie wird von einem qualifizierten Lehrer (›Guru‹) eingeführt, der dem Schüler die für dessen spirituelles Bemühen nötige Kraft mitgeben kann.

Regelmäßiges und anhaltendes Rezitieren eines Mantras stabilisiert den wankelmütigen Verstand und legt somit den Grundstein zu innerem Frieden und macht empfänglich für die göttliche Gnade. Dem liegt der Gedanke zugrunde, dass Töne ebenso als Träger für Wandlungskräfte dienen können wie heilige Gesten (›mudra‹)und die Anrufung und Kontemplation des Lichts, die günstige Bedingungen für die spirituelle Arbeit schaffen können. In einem seiner Vorträge erklärte Aïvanhov: »Die Töne, die wir hören, erzeugen in uns geometrische Figuren.«[24]

Er fuhr fort:

> Unter der Wirkung der Töne, unter der Kraft der Schwingungen richten sich – wenn auch unsichtbar -winzige Teilchen so aus, dass Figuren in uns erstehen. Oft grenzt zeitgenössische Musik an Kakophonie. Hört ihr dieser Musik zu, dann werden die Struktur, die Harmonie und die Ordnung, die der Schöpfer von Anfang an in euch hineingelegt hat, letzten Endes völlig zerstört.[25]

Deshalb betonte Aïvanhov häufig die große Bedeutung harmonischer Klänge, und Musik und Gesang spielen in seiner Lehre eine große Rolle, ebenso wie in der Lehre seines Meisters Peter Deunov.

Die Adepten des Tantrismus wussten wesentlich mehr über den Klang und seine verborgene Wirkung als die moderne Wissenschaft. Aber ihre Forschungen führten sie zu noch sehr viel bemerkenswerteren Entdeckungen. Die herausragendste Entdeckung der Tantra-Meister ist das mittlerweile allseits bekannte, aber immer noch missverstandene Phänomen der »Kraft der Schlange«, auch ›kundalini-shakti‹ genannt. Diese Kraft ist die Grundlage jeglicher spiritueller Arbeit im Tantrismus. Wenn die Tantriker Recht haben, dann ist sie der große geheime Antriebsmotor für die Spiritualität allgemein und auch für alle anderen menschlichen Ausdrucksformen.

Das Sanskrit Wort ›kundalini‹ bedeutet wörtlich »die, die aufgerollt ist«. Es bezieht sich auf die esoterische Tatsache, dass der Mensch durch das feine Energiefeld am unteren Ende der Wirbelsäule mit der kosmischen Sexualkraft verbunden ist. Somit ist die ›kundalini-shakti‹ das riesige psycho-spirituelle Enegiepotential, das im menschlichen Körper ruht. Die Tantra-Arbeit besteht darin, diese schlafende Schlange zu wecken, die schlummernde Kraft zu entfachen und sie von den niedrigeren psycho-energetischen Zentren zum höchsten Zentrum am Scheitel des Kopfes zu lenken.

Der Tantrismus spricht von sieben psycho-energetischen Hauptzentren entlang der Körperachse. Das unterste Zentrum befindet sich am Perineum (Damm); das zweite ist bei den Genitalien; das dritte beim Zwerchfell; das vierte beim Herzen; das fünfte am Hals; das sechste in der Mitte der Stirn (das »dritte Auge«); und das siebte am Scheitel des Kopfes. Der Energiefluss im normalen Körper ist polarisiert in Gott und Göttin – ›Shiva‹ und ›Shakti‹, wie sie die Tantriker nennen. Das Sanskrit Wort ›shiva‹ bedeutet wörtlich »gütig«, wohingegen ›shakti‹ »Kraft« bedeutet.

Aïvanhov war mit der Theorie und Erfahrung der Kundalini-Kraft wohl vertraut. Er war überzeugt, dass seine eigene mystische Erfahrung im Alter von siebzehn Jahren eine Erweckung der Kundalini-Kraft gewesen war:

> Diese Erfahrung habe ich gemacht als ich noch sehr jung war. Als ich siebzehn Jahre alt war, machte ich tagelang Atemübungen, und eines Tages erwachte ganz plötzlich die Kundalini-Kraft. Es war ein schreckliches Gefühl, so als würde mein Gehirn verbrennen, und ich hatte große Angst. Dann setzte ich meine ganzen Kräfte ein, sie wieder einzuschläfern! Ja, es war eine riesige Anstrengung, aber ich habe es geschafft. Die Kundalini-Kraft kann auch in Menschen erwachen, die auf dem geistigen Pfad noch nicht besonders weit fortgeschritten sind. Sie kann auch zufällig erwachen, und da sie eine ungeheure Kraft darstellt, kann der Unvorbereitete durch sie verrückt werden oder sogar bis in die Hölle hinabgezogen werden. Dieses Erlebnis in meiner Jugend hätte für mich das größte Unglück sein können, wenn es mir nicht gelungen wäre, diese Kraft wieder zum Ruhen zu bringen. Zum Glück wachte der Himmel über mich![26]

Wie verheerend die Kundalini-Kraft sein kann, wenn sie in einem nichts ahnenden Menschen geweckt wird, wird anschaulich von dem zeitgenössischen Weisen Gopi Krishna aus Kaschmir in seiner faszinierenden Autobiographie beschrieben.[27] In seinem Buch *Die Kundalini-Erfahrung* beschrieb der amerikanische Psychiater Lee Sannella weitere Fälle, in denen diese Kraft zufällig erweckt wurde. Er war einer der ersten Vertreter seines Berufsstandes, der einräumte, dass diese Erfahrung von psychotischen Zuständen unterschieden werden muss.[28]

Aïvanhov stellte die ›kundalini-shakti‹ auf eine Stufe mit der ›Kraft aller Kräfte‹ von Hermes Trismegistus, und erklärte in diesem Zusammenhang, dass die Kundalini-Kraft eine »Verdichtung des Sonnenlichts« ist.[29]

Nur Eingeweihte können diese schlummernde Kraft willentlich ohne Schaden wecken. Aïvanhov sagte, dass sich bei dem Adepten, der diese schwierige Aufgabe meistert, die Kundalini-Kraft »als Licht manifestiert, das durch die Augen und das Gehirn nach außen strahlt.«[30]

Den Anfängern auf dem geistigen Pfad machte Aïvanhov in mehreren seiner Vorträge klar, dass sie mit dieser Kraft nicht herumspielen sollten. Er empfahl ihnen, sich erst dann mit dieser Kraft zu befassen, wenn sie zu ihrem eigenen Schutz innere Reinheit und Selbstdisziplin erreicht haben. Andernfalls müssten sie damit rechnen, dass die Kundalini-Kraft ihnen in ihrem Leben übel mitspiele.

Eine der häufigen Störungen, die ein verfrühtes Wecken der Kundalini-Kraft auslösen kann, ist die Überreizung des zweiten psycho-energetischen Zentrums, was zu einem übersteigerten Sexualtrieb führt. Eine junge Frau erzählte mir, dass dies bei ihr zu einer nymphomanen Verhaltensweise geführt habe, die beinahe die Beziehung zu ihrem Freund zerstört habe, den sie aufrichtig liebte. Erst als sie merkte, was sie durch ihr unersättliches Sexualverhalten anrichtete, ergriff sie Maßnahmen, um ihr körperliches und geistiges Gleichgewicht wiederzuerlangen. Das Feuer der Kundalini-Kraft brannte noch eine Weile in ihr und erlosch dann auf natürliche Weise.[31]

Zwar ist die Kundalini-Kraft die kosmische erotische Kraft, die sich im menschlichen Körper manifestiert, aber sie ist an sich nicht ausschließlich sexueller Natur. Sie reizt zwar die Genitalien und verlangt nach sexueller Befriedigung, sobald sie das zweite psycho-energetische Zentrum (Chakra bzw. ›cakra‹) anregt, aber wenn die Kundalini-Kraft nach oben steigt, wird ihre Wirkung immer feiner, bis sie schließlich im obersten Zentrum reine, unverfälschte Glückseligkeit auslöst.

Die tantrischen Adepten wollten in diese Glückseligkeit eintauchen, die der mystischen Einheit entspringt. Sie fanden heraus, dass Verlangen, insbesondere sexuelles Verlangen, nicht grundsätzlich schlecht oder zerstörerisch ist. Im Gegenteil, sie taten ihr Möglichstes, um sinnliches Verlangen in ihrem Körper zu entfachen. Adepten, die dem sogenannten ›Weg zur Linken‹ folgten, betrieben sogar Geschlechtsverkehr mit diesem Ziel.

Die tantrischen Adepten ließen sich nicht etwa auf Sex um der Entspannung oder des Lustgefühls willen ein, sondern weil dies die einzige Möglichkeit ist, die natürliche Energie des Körpers auf so intensive Weise zu stimulieren. Auf der psychischen Ebene wird dies als sinnliches Verlangen erlebt, ein Verlangen, das sie mit Bedacht aufrecht erhielten. Sie achteten dabei jedoch sorgsam darauf, dass sich die aufgebaute psychische Spannung nicht orgasmisch entlud.

Obwohl Aïvanhov zeitlebens enthaltsam war, vertrat er eine ähnliche Ansicht. Folgende unorthodoxe Empfehlung, die er einem Mann gab, der einräumte, wenig Selbstkontrolle in sexuellen Dingen zu haben, zeigt dies sehr deutlich.[32] Aïvanhov riet ihm, er solle zum Strand gehen und all die hübschen Mädchen dort anschauen. Dies würde natürlich sexuelles Verlangen in ihm wecken, aber da er es auf der Stelle nicht befriedigen könne, müsse er wohl Selbstkontrolle üben. Er solle dann versuchen, diesen Augenblick des Triumphes über seine sexuelle Begierde weiter auszudehnen. Aïvanhov sagte dem Mann noch, dass er sich auf andere Art prüfen solle, sobald er diese Übung mehrmals mit Erfolg wiederholt habe. Selbstverständlich lehrte ihn Aïvanhov auch die esoterische Nutzung der geweckten Sexualkraft. Anstatt sie durch genitalen Orgasmus zu verschleudern, solle man sie bewusst nach oben entlang des Rückgrates lenken, bis zum Gehirn, bis zum »Himmel«, wie er sagte. In der Verbindung des ›unten‹ mit dem ›oben‹ liegt die Herausforderung für den spirituellen Sucher. Aïvanhov sagte:

> Die höchste Verwirklichung, die dem Menschen möglich ist, ist die Vereinigung zwischen seinem niederen und seinem höheren Ich, also die Vereinigung von Kopf und Schwanz. Der Schwanz besitzt schon einige gute Eigenschaften, sicherlich; er hat wenigstens die Kraft, sich zu bewegen. (...) Der Schwanz soll sich mit dem Kopf verbinden... »Beide Enden müssen zusammengebracht werden«. Seit Jahrhunderten haben die Eingeweihten diesen Weisheitsspruch überall in der Welt verkündet, aber die Menschen haben seinen wahren Sinn vergessen. Heutzutage wird dieser Spruch bloß im Zusammenhang mit der materiellen Ebene verwendet. Am Ende des Monats, wenn das Geld knapp wird, gibt es zum Beispiel im Französischen eine Redensart. Man sagt: »Ich kann beide Enden nicht zusammenbringen!« In Wirklichkeit sind diese beiden Enden Kopf und Schwanz der Schlange; und beide Enden zusammenbringen heißt, sich darauf verstehen, alle Chakras nacheinander zu entwickeln, vom Muladhara unten bis zum Sahasrara oben, um die Einheit herzustellen.«[33]

Das bekannte mythische Bild einer Schlange, die sich in ihren Schwanz beißt, ist eine prägnante Darstellung dieses esoterischen Vorgangs innerer Reinigung, Sublimierung und Vollendung durch den die Sexualkraft, der »geflügelte Drache«, gebändigt wird. Das Bild ist auch auf das tantrische Sexualritual übertragbar.

DIE SEXUELLE VEREINIGUNG

Der tantrische Sexualverkehr, ›maithuna‹ (Paarung) genannt, ist ein anspruchsvolles und langes Ritual. Für die Dauer des Rituals betrachten sich die männlichen und weiblichen Eingeweihten gegenseitig als Gott und Göttin.

Sie streben danach, die Verhältnisse im Himmel auf die Erde zu übertragen. Aïvanhov verglich die tantrischen Adepten mit Perlentauchern, die kühn in die Tiefen des Ozeans hinabtauchen und mit kostbaren Perlmuscheln zurückkehren, ohne sich dabei im Seegras zu verstricken oder Opfer anderer Gefahren des Meeres zu werden. Er sagte: »Sie wagen es, ohne Gefahr in das Unterbewusstsein einzutauchen, wo die Instinkte, die Leidenschaften, die Sinnlichkeit und der Ozean der Lust sind.«[34]

Aïvanhov betonte, dass der Weg des Tantrismus nur für die wenigen Auserwählten bestimmt ist – nämlich diejenigen, welche die universelle Liebe und Glückseligkeit erfahren haben, und die deshalb nicht durch niedrigere Freuden in Versuchung geführt werden können.

Er riet seinen Schülern davon ab, sich auf solche Tantra-Praktiken einzulassen, die er im Übrigen als ungeeignet für die Bewohner der westlichen Hemisphäre ansah. Er erklärte:

> Einige Yogis ließen sich auf gewagte Experimente ein, mit dem Ziel, die Sexualkraft umzuwandeln. Aber meiner Meinung nach ist es nicht nötig, so weit zu gehen. Es gibt andere Methoden (...) Unsere Lehre übertrifft bei weitem alle sogenannten Reinheits-und Keuschheitsrituale, die aus dem Mann eine Art Eunuchen machen wollten, (...) unsere Lehre steht auch über all den anderen Lehren, die die Menschen unter dem Vorwand des Tantrismus zu allen möglichen sexuellen Exzessen verleiten. Im vergangenen Jahrhundert gab es in England einen Okkultisten namens Aliester Crowley, der Experimente durchführen wollte, wie sie die Tibeter kennen, und sich dabei auf die schwarze Magie einließ. Einige der Frauen, mit denen er experimentierte, endeten schließlich im Irrenhaus. Er besaß sicherlich Kräfte, aber wie weit stieg er hinab![35]

Crowley, wie so vielen anderen Praktikern dieser Sorte, fehlte es an der Inspiration durch Liebe, und so wurde er Opfer seiner Machtgelüste. Aïvanhov verurteilte die magischen Sexpraktiken, die Crowley und seine Schüler anwandten. Ohne Liebe bleibt der spirituelle Pfad öde und leer, und der Sucher wird eher auf Hindernisse stoßen als auf Gaben der Gnade.

Sexualverkehr ohne liebevolle Hinwendung an seinen Partner bleibt unerfüllt, enttäuschend und Kräfte zehrend. Seit der sexuellen Revolution der sechziger Jahre wurde es in vielen Kreisen der westlichen Gesellschaft zu einem Dogma, dass Sex eine Höchstleistung darzustellen hat, die beide Partner zum Orgasmus führt. Dies spielt auch hinein in die Tendenz zu emotionaler Entfremdung zwischen den Partnern. Die hohen Scheidungsraten und die wachsende Zahl von Ehe- und Sexberatern beweisen, dass die sexuelle Revolution in einem wesentlichen Punkt versagte: Sie machte die Menschen nicht glücklicher und zufriedener.

Dieser Fehlschlag ist keine Überraschung, denn Glück ist niemals das Ergebnis äußerer Manipulationen, wie zum Beispiel sexueller Vielseitigkeit. Es ist vielmehr eine Frage dessen, in wie weit man zur Liebe findet, dem wichtigsten Nährstoff des Lebens. Nichts kann gedeihen ohne dass die Liebe mit dabei ist; dies gilt besonders für die Sexualität. »Liebe,« sagte Aïvanhov einmal,« ist göttliches Leben, das in die tieferen Regionen herabsteigt, um sie zu erfüllen, zu begießen, zu beleben. «[36]

Für Aïvanhov, ebenso wie für die Tantriker, ist der Sexualverkehr ein heiliger Akt, in dem sich ein tiefgreifender Prozess abspielt. Er erklärte:

> Wenn sich Mann und Frau vereinen, strömen alle Energien des Mannes in den unteren Bereich seiner Wirbelsäule und werden von dort aus auf die Frau übertragen; dann wandern sie an ihrer Wirbelsäule entlang bis zum Gehirn, und werden von dort aus

wieder an den Mann weitergeleitet. Die Frau empfängt also die Energien im unteren Bereich und gibt sie im oberen Bereich an den Mann zurück. Auf diese Weise wird ein großartiger Kreislauf in Bewegung gesetzt.[37]

Dieser Energieaustausch erfolgt ungeachtet dessen, ob wir uns seiner bewusst sind oder nicht. Er ist das Band, das die beiden Sexualpartner verbindet. Sexualverkehr bewirkt eine Energieübertragung zwischen den Partnern. Deshalb ist es immer ein bedeutsamer Schritt, wenn aus Freundschaft eine Liebesbeziehung wird. Mehr als jeder andere Austausch zwischen Menschen schafft Sexualverkehr karmische Verbindungen, die von lang andauernder Wirkung sein können. Deshalb ist Gelegenheitssex, insbesondere einmalige sexuelle Abenteuer, für Mann und Frau in spiritueller Hinsicht höchst schädlich. Aïvanhov stellte klar, dass von Gelegenheitssex, gleichgültig ob zwischen eng Vertrauten oder Fremden, allenfalls niedere Geister – »Elementalen« – profitieren, welche die bei einem solchen Austausch freigesetzte Energie aufsaugen. Er sagte:

> Keiner, der sich mit der Frage der Sexualität beschäftigt hat, sei er nun Physiologe, Psychiater oder Sexualforscher, hat erkannt, was während der geschlechtlichen Vereinigung im subtilen, ätherischen und fluidischen Bereich vor sich geht. Alle wissen, dass es zu Erregungen, Spannungen und Entladungen kommt, die sogar klassifiziert wurden. Sie wissen allerdings nicht, dass es bei rein körperlicher, biologischer, egoistischer Sexualität in den subtilen Sphären zu allen möglichen vulkanartigen Ausbrüchen kommt, die sich durch sehr grobe Formen und äußerst dichte Emanationen in dunklen, verschwommenen Farben manifestieren, in denen Rot – ein sehr schmutziges Rot – dominiert... All diese Emanationen werden von der Erde aufgesogen, wo

schon finstere Wesenheiten darauf warten, ihr Mahl zu halten und sich diese lebenswichtigen Energien gut schmecken lassen. Es handelt sich um wenig entwickelte Kreaturen, die sich oft bei Verliebten nähren. Ihr staunt, aber das ist die reine Wahrheit: Verliebte geben Festmahle in der unsichtbaren Welt.[38]

Wie Aïvanhov betonte: »Wenn Mann und Frau nur vom Verlangen nach Lust getrieben werden, öffnen sie den Dieben Tür und Tor.«[39]

Dieser Gedanke mag uns seltsam und kaum glaubhaft erscheinen. Bevor wir jedoch ein Urteil abgeben, sollten wir sorgfältig die Weltsicht in Betracht ziehen, wie sie in Kapitel 5 dargelegt wird, und in deren Rahmen der Tatsache große Beachtung geschenkt wird, dass das sichtbare Universum nur die Spitze eines riesigen Eisberges ist. Ob wir nun die Existenz von Geistwesen akzeptieren oder nicht, Gelegenheitssex ist aus spiritueller Sicht zerstörerisch. Er vergeudet unsere Lebensenergien und verstärkt all jene Verhaltensmuster in uns, die uns von der freudigen Erfahrung der allgegenwärtigen Höheren Wirklichkeit fernhalten.

Wenn wir uns für Gelegenheitssex entscheiden, wählen wir nichts als Lust; und dabei entscheiden wir uns gegen Glück, Glückseligkeit und Freiheit. Wir werten dadurch auch die andere Person ab, denn wir sehen in ihr nicht die Gegenwart des Göttlichen, ebenso wie wir Seine Gegenwart in uns leugnen.

Erst wenn wir Sexualverkehr als Mittel zu spiritueller Vereinigung respektieren, können wir seine unerwünschten Nebenwirkungen ausschalten und uns seiner mystischen Merkmale erfreuen. Dafür müssen wir uns auf richtige Weise vorbereiten. Unter anderem gab Aïvanhov folgende Empfehlung:

Nähert euch dem Menschen, den ihr liebt, seht ihn an, nehmt ihn in eure Arme und projiziert ihn zum Himmel; verbindet ihn mit der Mutter Gottes, oder mit Christus, dem Himmlischen Vater, dem Heiligen Geist. So habt ihr euch nichts mehr vorzuwerfen; in eurem Inneren gehen Lichter an und ihr fühlt unendliche Freude, unermessliches Glück.[40]

Bei anderer Gelegenheit stellte er fest:

Bevor ihr euch zum Essen an den Tisch setzt, ruft ihr das Licht an. Wenn ihr dies genauso tut, bevor ihr eure Geliebte in die Arme schließt, so wendet ihr euch damit an Gott den Herrn, damit er an eurem Mahl teilnehmen. Eure Geliebte hat somit auf bisher nicht gekannte Weise Anteil am Göttlichen, und ihre Seele wird euch ewig dankbar sein, weil eure Liebe uneigennützig war.[41]

Wie wir in vorausgehenden Kapiteln gesehen haben, ist diese Arbeit mit dem Licht ein zentraler Aspekt in seiner Lehre. Sie hat besondere Bedeutung in Bezug auf unser Sexualleben. Einer der Gründe dafür ist, dass Sexualverkehr hoch konzentrierte Energien freisetzt. Aïvanhov verglich den Sexualakt sogar mit einem Laser.[42] Die männlichen Geschlechtsorgane, sagte er, sind wie eine Laserpistole, die einen Lichtstrahl in das weibliche Organ schickt. Der Eingeweihte muss lernen, vom horizontalen Laser der Geschlechtsorgane auf den vertikalen Laser der Wirbelsäulenachse umzuschalten. Beim vertikalen Laser wird ein Lichtstrahl – die Kundalini-Kraft – vom untersten psychoenergetischen Zentrum an der Basis des Rückgrates zum Zentrum am Scheitel des Kopfes und darüber hinaus gelenkt. Während der horizontale Laser höchstens einen flüchtigen Moment der Lust schenkt, lässt der vertikale Laser den Eingeweihten eintauchen in die unbeschreibliche Glückseligkeit der Verwirklichung des höheren Selbst.

Als die Rede auf die intelligente Anordnung der menschlichen Sexualorgane kam, schockierte Aïvanhov einige seiner Zuhörer damit, dass er den Heiligen Geist mit den Genitalien verband, Christus mit dem Sonnengeflecht und Gottvater mit dem Gehirn.[43] Beim Orgasmus lassen wir den Heiligen Geist durch unsere Genitalien hinausströmen, und dann wundern wir uns, wenn wir keine Kraft mehr haben, höhere Ideale zu verfolgen. Der geheime Yoga des Sexualverkehrs will die Kraftreserven des Körpers – den Heiligen Geist – achten und bewahren. Er vollbringt das Wunder der inneren Wandlung, wodurch wir unser wahres Wesen, das höhere Selbst kennen lernen.

Der Yoga der Sexualität besteht darin, den Heiligen Geist auf die Ebene von Christus zu bringen und dann auf die Ebene von Gottvater. Der Heilige Geist, die ›kundalini shakti‹, ist also die Kraft, durch die die Einheit der Heiligen Dreifaltigkeit in unserem eigenen Körper wiederhergestellt wird.

Unbewusst hungern wir alle nach dieser Ganzheit. Aber wenn wir diese Tatsache nicht anerkennen, werden wir in unserer Ignoranz diesen Urdrang nach Integration, Transzendenz und Identifikation mit dem Göttlichen missdeuten. In diesem Fall neigen wir dazu, uns mit flüchtigem Vergnügen zufrieden zu geben und lassen dabei den Heiligen Geist, jene evolutionäre Kraft in uns, buchstäblich im Stich.

Aus der Sicht des Mannes führt die Jagd nach Lust über sexuelle Befriedigung dazu, der Frau jeglichen spirituellen Impuls in Abrede zu stellen. In unserer patriarchalischen Gesellschaft, wo Sex oft ein Ausdruck von Macht und Kontrolle ist, ist es wichtig die spirituelle Verpflichtung zu unterstreichen, die Männer gegenüber Frauen haben. Aïvanhov brachte dies in folgendem Kommentar sehr gut zum Ausdruck:

Viele Frauen würden lieber von einer geistigen als von einer körperlichen Kraft angeregt und inspiriert werden. Aber da es nur sehr wenige Männer auf Erden gibt, die bewusst, aufgeklärt und beherrscht genug sind, um sie auf höherer Ebene zu inspirieren, müssen die Frauen sich mit dem zufrieden geben, was die Männer ihnen geben. Der Mann befruchtet die Frau genauso wie die Sonne die Erde befruchtet. Aber von nun an sollte er lernen, der Frau einen geistigen Samen zu geben, damit sie in ihrer Seele und ihrem Herzen göttliche Kinder gebiert.[44]

Umgekehrt müssen die Frauen lernen, die Männer in einem anderen Licht zu sehen. Spirituelle Befruchtung oder Empfängnis ebenso wie biologische Empfängnis ist eine gemeinsame Bemühung. Auch die Frauen müssen die volle Verantwortung für den Ausdruck ihrer Persönlichkeit in ihrer Sexualität übernehmen. Aïvanhov sagte:

Die Frau ist ein Wunder, und um nichts in der Welt würde ich diesbezüglich meine Meinung ändern. An dem Tag, an dem ich keine gute Meinung mehr von der Frau hätte, wäre ich am Ende. (...) Denn die Frau wird die ganze Welt verändern. Wenn dies bisher noch nicht eingetreten ist, so deshalb, weil sie sich ihres Auftrages noch nicht bewusst ist. (...) Aber die Welt braucht entschlossene Frauen, die ihre Kräfte im Hinblick auf die Männer einsetzen, nicht um sie zu verführen, sondern um sie zu adeln.[45]

Es ist eine der größten Aufgaben, die unserer Zivilisation bevorsteht, dass Männer und Frauen sich gegenseitig erhöhen. Es ist eine Frage von Respekt, Ehrerbietung und Liebe. »Die Frage der Liebe,« stellte Aïvanhov fest, »wird die zentrale Frage sein, der sich kommende Generationen stellen müssen.«[46]

ANMERKUNGEN

1. Omraam Mikhaël Aïvanhov, *Eine universelle Philosophie* (Izvor 206, Prosveta, 1984), S. 155.
2. Omraam Mikhaël Aïvanhov, *Die Sexualkraft oder der geflügelte Drache* (Izvor 205, Prosveta, 1983), S. 66.
3. Omraam Mikhaël Aïvanhov, *L'amour et la sexualité* (Oeuvres complètes, Tome 15, Prosveta France, 1976), S. 21.
4. Ibid., S. 23.
5. Siehe Omraam Mikhaël Aïvanhov, *Die Sexualkraft oder der geflügelte Drache* (Izvor 205, Prosveta, 1983), S. 57.
6. Omraam Mikhaël Aïvanhov, *Der Schlüssel zur Lösung der Lebensprobleme* (Gesamtwerke, Bd. 11, Prosveta, 1980), S. 239.
7. Siehe Omraam Mikhaël Aïvanhov, *Die Sexualkraft oder der geflügelte Drache* (Izvor 205, Prosveta, 1983), S. 135.
8. Omraam Mikhaël Aïvanhov, *Die geistige Galvanoplastik und die Zukunft der Menschheit* (Izvor 214, Prosveta, 1984), S. 148.
9. Omraam Mikhaël Aïvanhov, *L'amour et la sexualité* (Oeuvres complètes, Tome 15, Prosveta France, 1976), S. 43.
10. Omraam Mikhaël Aïvanhov, *Die Sexualkraft oder der geflügelte Drache* (Izvor 205, Prosveta, 1983), S. 54.
11. Ibid., S. 105.
12. Omraam Mikhaël Aïvanhov, *L'amour et la sexualité* (Oeuvres complètes, Tome 15, Prosveta France, 1976), S. 173.
13. Ibid., S. 198, 199.
14. Siehe Omraam Mikhaël Aïvanhov, *L'amour et la sexualité* (Oeuvres complètes, Tome 15, Prosveta France, 1976), S. 24.
15. Ibid., S. 55.
16. Omraam Mikhaël Aïvanhov, *L'amour et la sexualité* (Oeuvres complètes, Tome 15, Prosveta France, 1976), S. 175.
17. Siehe Omraam Mikhaël Aïvanhov, *Die Sexualkraft oder der geflügelte Drache* (Izvor 205, Prosveta, 1983), S. 58.
18. Siehe Omraam Mikhaël Aïvanhov, *L'amour et la sexualité* (Oeuvres complètes, Tome 15, Prosveta France, 1976), S. 86.
19. Omraam Mikhaël Aïvanhov, *Die Sexualkraft oder der geflügelte Drache* (Izvor 205, Prosveta, 1983), S. 131.
20. Ibid., S. 132.
21. Siehe Omraam Mikhaël Aïvanhov, *Harmonie und Gesundheit* (Izvor 225, Prosveta, 1990), S. 146.
22. Siehe Omraam Mikhaël Aïvanhov, *Die Sexualkraft oder der geflügelte Drache* (Izvor 205, Prosveta, 1983), S. 121.
23. H. Skolimowski, *Ecological Renaissance* (Ann Arbor, Mi.: Eco-Philosophy Center, 1991), S. 4. (Broschüre)
24. Omraam Mikhaël Aïvanhov, *Geistiges und künstlerisches Schaffen* (Izvor 223, Prosveta, 1988), S. 98.
25. Ibid., S. 98.

26. Omraam Mikhaël Aïvanhov, *Was ist ein geistiger Meister?* (Izvor 207, Prosveta, 1984), S. 47, 48.
27. Siehe G. Krishna, *Kundalini: The Evolutionary Energy in Man* (London: Robinson & Watkins, 1971).
28. Siehe L. Sannella, *The Kundalini Experience: Psychosis Or Transcendence?* (Lower Lake, CA: Integral Publishing, 1991).
29. Siehe Omraam Mikhaël Aïvanhov, *Das Licht, lebendiger Geist* (Izvor 212, Prosveta, 1987), S. 145.
30. Ibid., S. 145.
31. Zu diesem Fall findet sich ein ausführlicher Bericht in meinem Buch Sacred Sexualitiy: Living the Vision of the Erotic Spirit (Los Angeles: J.P. Tarcher, 1992), S. 41-43.
32. Siehe Omraam Mikhaël Aïvanhov, *Der Schlüssel zur Lösung der Lebensprobleme* (Gesamtwerke, Bd. 11, Prosveta, 1980), S. 266, 267.
33. Omraam Mikhaël Aïvanhov, *Geheimnisse aus dem Buch der Natur* (Izvor 216, Prosveta, 1993), S. 87, 88.
34. Omraam Mikhaël Aïvanhov, *L›amour et la sexualité* (Oeuvres complètes, Tome 15, Prosveta France, 1976), S. 139.
35. Ibid., S. 143.
36. Omraam Mikhaël Aïvanhov, *L›amour et la sexualité* (Oeuvres complètes, Tome 14, Prosveta France, 1976), S. 110.
37. Omraam Mikhaël Aïvanhov, *Weihnachten und Ostern in der Einweihungslehre* (Izvor 209, Prosveta, 1983), S. 68.
38. Omraam Mikhaël Aïvanhov, *Die Sexualkraft oder der geflügelte Drache* (Izvor 205, Prosveta, 1983), S. 25.
39. Ibid., S. 76.
40. Omraam Mikhaël Aïvanhov, *L›amour et la sexualité* (Oeuvres complètes, Tome 15, Prosveta France, 1976), S. 216.
41. Omraam Mikhaël Aïvanhov, *L›amour et la sexualité* (Oeuvres complètes, Tome 14, Prosveta France, 1976), S. 116.
42. Omraam Mikhaël Aïvanhov, *Das Licht, lebendiger Geist* (Izvor 212, Prosveta, 1987), S. 136.
43. Siehe Omraam Mikhaël Aïvanhov, *Die Sexualkraft oder der geflügelte Drache* (Izvor 205, Prosveta, 1983), S. 146.
44. Omraam Mikhaël Aïvanhov, *Die geistige Galvanoplastik und die Zukunft der Menschheit* (Izvor 214, Prosveta, 1984), S. 148.
45. Omraam Mikhaël Aïvanhov, *L›amour et la sexualité* (Oeuvres complètes, Tome 15, Prosveta France, 1976), S. 66, 67.
46. Omraam Mikhaël Aïvanhov, *L›amour et la sexualité* (Oeuvres complètes, Tome 14, Prosveta France, 1976), S. 117.

11.
DIE TIEFERE BEDEUTUNG DES CHRISTENTUMS

DAS DRITTE TESTAMENT

Aïvanhov war ein höchst praktisch veranlagter Mensch. Er hegte die Hoffnung, der Menschheit unserer Zeit durch seine Lehre einen Ausweg aus der kulturellen und spirituellen Sackgasse zu zeigen, in der sie festgefahren ist. Er bot realistische, praktisch orientierte Verhaltensregeln, die es ermöglichen, im Einklang mit den kosmischen und spirituellen Gesetzen zu leben. Ein wesentlicher Aspekt seiner Lehre betrifft, wie wir in den vorausgehenden Kapiteln gesehen haben, die rechte Pflege geeigneter Ideen und Ideale. Wie Aïvanhov lehrte: »Das größte Geheimnis ist die Idee, die Idee, für die ihr arbeitet.«[1]

Die Ideen und Ideale, die Aïvanhov seinen Schülern nahe legte, sind Teil eines umfassenden spirituellen Ansatzes. Dieser Ansatz liegt innerhalb einer weit reichenden Philosophie bzw. Metaphysik, deren Kernpunkte aus Aïvanhovs veröffentlichten Vorträgen entnommen werden können.

Wie setzt sich dieses philosophische Rahmenwerk zusammen, das Aïvanhov so intensiv zu vermitteln suchte? Ich habe diese Frage zum Teil bereits in Kapitel 4 beantwortet. Es ist nun an der Zeit, dieser Frage in Zusammenhang mit Aïvanhovs eigenen spirituellen Wurzeln nachzugehen. Sie zeigen uns die große historische Linie auf, die uns zu einem besseren Verständnis seiner Botschaft und seiner Mission verhilft. Wir sehen dabei, dass Aïvanhov selbst seine Lehre als integralen Bestandteil des »Dritten Testaments« ansah. Jesus von Nazareth reformierte das mosaische Gesetz, das im Alten Testament begründet war, verkündete seine eigene Botschaft, die nun den Kern des Neuen Testaments bildet. Die Propheten des Alten Testaments predigten den alleinigen Gott, den Schöpfer aller Dinge, dessen Willen man sich zu unterwerfen hat. Dem fügte Jesus das Gesetz der Liebe hinzu, wodurch er die mosaische Regel des »Auge um Auge« abmilderte. Aïvanhov nannte Jesus »den größten Revolutionär unter den Boten Gottes.«[2]

Aber was ist das Dritte Testament? Zunächst einmal sei festgestellt, dass das Dritte Testament nicht Aïvanhovs persönliche Erfindung ist. Er sah sich selbst nie als spirituellen Neuerer. Er sah seine Aufgabe vielmehr darin, alte Wahrheiten den Menschen von heute zugänglich zu machen. Grundlage für seine Lehre war die Lehre von Peter Deunov wobei er sie erweiterte und veränderte, wo er es für nötig hielt. Er war ein Meister in der Auswertung des alten esoterischen Wissens für seine Zeitgenossen, die ihr ererbtes Wissen nahezu vergessen haben.

Aïvanhov war zutiefst christlich eingestellt, obwohl dies die führenden Vertreter des Christentums vehement in Abrede stellen. Sie denunzieren ihn so wie sie Peter Deunov denunzierten und, vor ihm, die Bogomilen und Katharer, die eng mit der spirituellen Geschichte Bulgariens verbunden sind. Aïvanhov folgte der gnostischen Tradition im weitesten Sinn. Gnostizismus war für Christen über Jahrhunderte hinweg ein Unwort. Heutzutage ist eine emotionslosere und genauere Betrachtung dieser uralten religiösen Tradition möglich, und ich möchte kurz einige Grundgedanken dieser Tradition ansprechen und ihren Zusammenhang mit Aïvanhovs Werk.

Aïvanhovs Drittes Testament ist seiner Anlage nach ein Evangelium, eine Lehre, die geboren wird. Obwohl ihre Wurzeln weit in die spirituelle Vergangenheit zurückreichen, ist sie keine Lehre der Vergangenheit, sondern der

Zukunft. Das Dritte Testament ist das Evangelium des neuen Zeitalters der Menschheit, dessen zarte Anfänge wir heute erleben. Mit Aïvanhovs Worten ausgedrückt:

> Es wird in der Philosophie und Religion der Menschen zu Veränderungen kommen. Für sie ist es im Augenblick ganz natürlich, zwischen sich und Gott einen Abstand zu haben, alle sind davon überzeugt, dass dies so sein muss... Ich habe schon oft gesagt, dass es in der Zukunft ein Drittes Testament geben wird, das die beiden vorhergehenden vervollständigen wird; darin wird unmissverständlich klar werden, dass der Mensch lernen muss, Gott näher zu kommen, so nahe, dass er innerlich Seine Gegenwart spürt. Und dann wird er nie mehr den Eindruck haben, allein gelassen zu sein.[3]

Wenn wir Aïvanhovs Lehre näher betrachten, überrascht uns nicht nur ihre Tiefe, sondern auch ihre Tragweite. Natürlich mögen oberflächliche Leser beeindruckt sein von der intellektuellen Breite von Aïvanhovs Büchern, während sie ihre spirituelle Tiefe nicht zu schätzen wissen. Aïvanhov gelang es, Wissen, Erfahrung und Weisheit aus vielen verschiedenen Strömungen zusammenzuführen. Dies gelang ihm zweifellos deshalb, weil er praktisch orientiert war und stets alles persönlich ausprobierte und überprüfte.

Einige Leute haben seine Lehre als ›synkretistisch‹ bezeichnet und meinen damit, er habe überall nur das Beste herausgesucht. Dieses Etikett ist jedoch völlig falsch. In seinem Bemühen, Herr über sich selbst zu werden, die Welt zu verstehen und weise in ihr zu leben, sowie in seinem ständigen Streben, anderen Wege zur Spiritualität aufzuzeigen, bediente sich Aïvanhov ganz einfach jeder Methode, Technik und Idee, die ihm nützlich und angemessen erschien. Er verglich seine Lehre mit einem »reich gedeckten Tisch«.[4]

Omraam Mikhaël Aïvanhov

Es findet sich für jeden Geschmack etwas: Viele Wege führen zu Gott.

So verwendete Aïvanhov das Chakra-Modell, Astrologie, die Kabbala, alchimistische Symbolik, Physiognomik, die Shiva-Shakti Polarität, die Farbsymbolik und eine ganze Reihe weiterer tradierter Vorstellungen.[5] Dennoch war er kein Hindu, kein Kabbalist, kein gottloser Astrologe. Er entlehnte seine Ideen zwar aus verschiedenen Schulen, aber er prägte sie mit dem Atem seines Lebens und machte sein eigenes Erleben zu ihrem Prüfstein. Jedenfalls seinem eigenen Verständnis nach war Aïvanhov ein Christ, der die christliche Lehre lebte. »Das, was ich euch sage,« bemerkte er einmal, »ist die Lehre Christi.«[6]

Er betonte, dass nichts in seiner Lehre dem Ur-Evangelium von Jesus widerspräche. Er erlaubte sich jedoch die Bemerkung, dass sehr wohl ein Widerspruch zum gegenwärtigen Dogma und Glauben bestehen könne. Um Aïvanhovs Einbindung ins Christentum und seine Bedeutung für die Zukunft der Christenheit zu verstehen, müssen wir einen kurzen Blick auf die historische Entwicklung des Christentums selbst werfen.

DIE VERBORGENE LEHRE JESU CHRISTI

Das Christentum blickt auf eine zweitausendjährige Geschichte zurück, wobei sein Einfluss in der Welt stetig zugenommen hat. Heute gibt es schätzungsweise 1,6 Milliarden Christen in der Welt, und man findet sie in fast jedem Land. Viele sind zweifellos nur Christen auf dem Papier, aber sie stehen ebenfalls mehr oder weniger unter dem Einfluss christlicher Werte und Glaubensvorstellungen.

Über die Jahrhunderte hinweg gab es zahlreiche Veränderungen in der christlichen Doktrin und Glaubenspraxis. Das christliche Gebäude hat viele Räume und beherbergt manchmal sehr verschiedene Ansichten. Außerdem muss jede neue Generation in der westlichen Hemisphäre und in anderen Teilen der Welt ihre eigene Antwort auf diese sich verzweigende große Überlieferung finden. Es gibt Niedergang und Aufstieg. Aber diese Phasen des Aufstiegs gehen oftmals nur einher mit einem neuerlichen Missverstehen des Ur-Evangeliums von Jesus, wobei authentische Spiritualität mit dem, was man unter Religion versteht verwechselt wird. Der Unterschied zwischen Spiritualität und Religion ist entscheidend und muss klar erfasst werden.

Religion, so wie sie weit verbreitet praktiziert wird, ist eine Art sozialer Gruppierung, die an die inneren Kraftquellen des Menschen minimale Ansprüche stellt. In diesem Sinne hatte Karl Marx Recht, wenn er Religion als »Opium« bezeichnete. Jedoch liegen im Kern der großen religiösen Überlieferungen eine Reihe von Werten, Glaubensvorstellungen und Praktiken, die eher ›spirituell‹ als religiös sind.

Im Gegensatz zu Religion im alltäglichen Sinne bedeutet Spiritualität, dass man sich auf dem schmalen Grat des Lebens bewegt, d.h. dass man sich mit offenen Augen, offenem Verstand und offenem Herzen auf das Abenteuer des Menschseins einlässt und dabei seine äußerste Grenze zu erreichen sucht. Diese äußerste Grenze ist nichts anderes als der Geist bzw. das höhere Selbst. Eigentlich stellt der Geist jedoch keine Grenze dar, denn er ist eins mit der Höchsten Realität, dem Göttlichen, das zeitlos und allgegenwärtig ist. Spiritualität ist immer esoterisch, denn der Geist existiert im Verborgenen und offenbart sich nur, wenn wir innerlich zur Ruhe finden und unsere Herzen rein sind. Spiritualität ist mystisches Verlangen. Paul Brunton drückt dies so aus:

> Die Religion war zur Unterstützung der Massen gedacht. Die Mystik sollte den einzelnen Menschen unterstützen. Sobald die Religion einen Menschen

an die Schwelle zu tieferen Wahrheiten führt, als sie selbst bieten kann, ist ihre Aufgabe erfüllt. Ihren eigentlichen Wert gewinnt sie erst in der Mystik.[7]

Brunton vertritt auch die Ansicht, dass die wahre Religion »so allgemein gültig ist wie der Wind«.[8] Aïvanhov betonte auch immer wieder, dass wahre Religion eine Einweihungswissenschaft sei, und dass Wissenschaft auf allgemein gültigen Prinzipien beruhe. Wirkliche Religion oder Spiritualität bezieht sich auf das höchste menschliche Potential, welches von Natur aus über den Menschen allgemein und den Einzelnen hinausreicht. Der Geist lässt sich nicht auf den Körper des einzelnen Menschen eingrenzen. Er wird nie durch das Ego oder die Personalität definiert. Im Gegenteil, er versucht ständig all jene Begrenzungen zu durchbrechen, die wir in unserem Menschsein als »normal« ansehen. »Der Geist« sagte Aïvanhov, »drängt immer von innen nach außen.«[9]

Der Geist ist der eigentliche Urheber der Evolution. In Aïvanhovs gnostischer Sprache heißt dies, dass der Geist die Materie durchdringen will und sie dabei verwandelt. Er drückte dies so aus:

> Der Geist hat keine Evolution nötig. Im Gegenteil, seine Rolle ist die Involution, das heißt, herabzukommen und die Materie zu beleben. In seiner feinstofflichen Region ist er vollkommen (...), doch auf der materiellen Ebene ist er machtlos, solange die Organe des physischen Körpers nicht bereit sind, für seine Manifestation zu sorgen.[10]

Aïvanhov fuhr fort:

> Gebt dem größten Geiger eine Geige mit lockeren Saiten, er wird nicht spielen können. Der Geist ist auch ein Virtuose, der zum Spielen ein gutes Instrument braucht.

Man verlangt zu viel vom Geist: Man gibt ihm einen zerrütteten Körper und erwartet, dass er Wunder vollbringt. Oh nein, er kann es nicht; es ist wie mit einem Funken, den man mit einem feuchten Streichholz entzünden will, man kann es nicht.[11]

Aus esoterischer Sicht ist die menschliche Evolution die Reaktion der materiellen Welt (einschließlich menschlichem Körper und Kultur) auf den ständigen Druck der spirituellen Welt. Im Großen und Ganzen läuft diese Reaktion unbewusst ab. Spiritualität ist die bewusste Antwort auf das Streben des Geistes. »Der wahre Fortschritt ist der Fortschritt des Geistes,« sagte Aïvanhov.[12]

Die Geschichte des Christentums kann man als allmähliche Bewegung weg von der Esoterik Jesu hin zur exoterischen Lehre der Kirche bzw. Kirchen betrachten – eine Bewegung von individueller Spiritualität zu organisierter Religion. Im Zuge dieser Wandlungen verlor die Botschaft Jesu ihre Reinheit, wie Aïvanhov feststellte.[13] Das Christentum verlor seine Spiritualität.

In seinem Buch *The Secret Gospel* (Das geheime Evangelium) legte der amerikanische Theologe Morton Smith neue Beweise dafür vor, dass Jesus zusätzlich zu seinem Wirken in der Öffentlichkeit im Geheimen lehrte. 14) In Markus 4.11-12 wird von Jesus berichtet, er habe gesagt: »Euch ist's gegeben, das Geheimnis des Reiches Gottes zu wissen; denen aber draußen widerfährt es alles durch Gleichnisse, auf dass sie es mit sehenden Augen sehen, und doch nicht erkennen, und mit hörenden Ohren hören, und doch nicht verstehen, auf dass sie sich nicht dermaleinst bekehren und ihre Sünden ihnen vergeben werden.«

In seinem Brief an die Korinther deutete auch der heilige Paulus an, dass es eine geheime Lehre gab, die den wenigen Auserwählten vorbehalten war. Das Thomas-Evangelium, das man in Nag Hammadi fand, soll geheime Worte enthalten, die von Jesus stammen.

Smiths Buch ist ein ausgezeichnetes Stück detektivischer Arbeit zu einem Brief des berühmten christlich-gnostischen Theologen Klemens von Alexandria, der im zweiten Jahrhundert n.Chr. lebte. Klemens räumte in seinem Brief das Vorhandensein eines geheimen Markusevangeliums ein und zitierte einige Passagen aus diesem verloren gegangenen Text. Aus den zitierten Worten schloss Smith, dass das geheime Markusevangelium wahrscheinlich älter ist als das Johannesevangelium, zu dem es manche Ähnlichkeiten aufweist, und dass beide auf eine gemeinsame Quelle zurückgehen, möglicherweise in aramäischer Sprache.

Was Smith herausfand, macht es auch wahrscheinlich, dass es sich bei dem großen Geheimnis der nicht öffentlichen Lehre Jesu um die Taufe bei Nacht handelte, während derer die Initiierten lediglich ein Leintuch auf ihrem nackten Körper trugen. Das Markusevangelium (14.51f) erwähnt in der Tat, wie Jesus in seiner letzten Nacht in Freiheit, als die Soldaten kamen, um ihn gefangen zu nehmen, nur mit einem Jünger zusammen war, während all die anderen schliefen. Der junge Mann trug ein Leintuch auf seinem nackten Körper. Als die Soldaten ihn ergriffen, fiel das Tuch zu Boden und er lief fort. Der Vorfall wurde nie angemessen erklärt und blieb unverständlich. Smiths Entdeckung zeigt uns jedoch, dass Jesus jemanden im Geheimen einweihte. Worum handelte es sich bei dieser Taufe? Smith bemerkte abschließend:

> Wahrscheinlich war es somit Jesus, der aus der Taufe ein Ritual machte, in welchem der Initiierte von einem Geist besetzt wurde. Zu Pauls Zeit nahm man an, dass es Jesu Geist sei. Jesus hatte das wahrscheinlich auch geglaubt.[15]

Smith zeigte auch auf, wie der Taufritus sich einfügte in Jesu magische Einstellung zum Leben und in das Bild vom großen Magiers, das seine Gefolgschaft und die Welt von ihm hatte und hat. Smith gelingt es jedoch nicht immer, seine gelehrtenhafte Sicht der Dinge zu überschreiten, und so entgeht ihm die tiefere Bedeutung des spirituellen Prozesses, der mit der geheimen Lehre verbunden ist.

Aïvanhov zufolge kannte Jesus nicht nur die Geheimwissenschaften, sondern er beherrschte sie selbst. Er war ein voll erleuchtetes Wesen und ein Wundertäter, der unbeschreibliche Kräfte besaß.

Aïvanhov sagte:

> (...) Nur wenige Menschen ahnen, dass Jesus seine Jünger in bedeutende Wissensgebiete einführte: die Alchemie, die Kabbala, die Astrologie, die Magie. Man will in den Aposteln immer noch arme, unbeholfene und unwissende Fischer sehen. Als ob Jesus solche Männer zur Verkündung der höchsten Wahrheit hätte aussehen können! Oberflächlich betrachtet mag es zwar so sein, dass die Apostel einfache, ungebildete Fischer waren, aber in Wirklichkeit waren sie hoch entwickelte Geister, die in ihren früheren Leben bedeutsame Einweihungen erfahren hatten, und die bereits eine wichtige Rolle als Propheten und Diener Gottes in der Menschheitsgeschichte gespielt hatten. Ihre Seele und ihr Geist waren also schon auf die große Aufgabe vorbereitet, die sie auf der Erde zu erfüllen hatten. In seiner Apokalypse zeigt der heilige Johannes fundierte kabbalistische und astrologische Kenntnisse, und durch ihre Krankenheilungen bewiesen die Apostel, dass sie über große geistige Kräfte verfügten.[16]

Gegen 200 n.Chr. wurde die christliche Gemeinde von Spezialisten beherrscht, die eine regelrechte Institution aufbauten – nämlich die Kirche mit ihren Bischöfen, Priestern und Diakonen, die in der Nachfolge des hl. Paulus die »wahre« Lehre Jesu festlegten und verteidigten. Der spirituelle Kern der Lehre Jesu wurde durch doktrinäre Querelen und schablonenhafte Rituale immer mehr verwischt.

Als dieses offizielle Christentum die Gunst von Monarchen und Kaiserreichen gewann, wurden von der Staatskirche abweichende Gruppen, die die geheime Überlieferung weiterhin pflegten, zunehmend geächtet und verfolgt. Aber sie wurden nie völlig ausgelöscht, wovon das Auftreten großer spiritueller Meister wie Peter Deunov und Omraam Mikhaël Aïvanhov zeugt.

DAS LICHT DER GNOSIS

Aïvanhov betrachtete sich eher als Schüler des heiligen Johannes als der Heiligen Petrus und Paulus. Er sagte:

> Alle diese Eingeweihten der Vergangenheit, die Reinsten und Gelehrtesten, sie alle waren Schüler des heiligen Johannes; und die anderen in der offiziellen Kirche, die ihr Überlegenheit weder annehmen noch ertragen konnten, haben nicht aufgehört, sie zu verfolgen. Aber die Kirche des heiligen Johannes, obgleich sie immer schon im Verborgenen wirken musste, bringt weiterhin Söhne und Töchter Gottes hervor und sie wird jetzt kommen und sich vor der ganzen Welt offenbaren, um ihre Überlegenheit und ihren Reichtum zu zeigen. Dann wird sich die Kirche des heiligen Petrus reformieren und wandeln müssen, ob sie will oder nicht.[17]

Aïvanhovs Vorliebe für den heiligen Johannes überrascht nicht. Er war immer schon ein beliebter Apostel in gnostischen Kreisen, die sein Evangelium für sich in Anspruch nahmen. In seinem Kommentar zur *Apokalypse* stellte Aïvanhov fest: »Jesus gab dem heiligen Johannes eine Lehre weiter, die er den anderen Jüngern nicht gab.«[18]

Es ist ein kleines Wunder, dass die Kirche das Johannes-Evangelium in das Neue Testament aufnahm, wohingegen sie das Thomas-Evangelium ausschloss.

Wie Elaine Pagels in ihrem bekannten Buch *The Gnostic Gospels* (Die gnostischen Evangelien) mutmasste, liegt ein möglicher Grund dafür, dass der heilige Johannes dem Schicksal anderer gnostisch-christlicher Verfasser entging darin, dass er die berühmten Worte Jesu zitierte: »Niemand kommt zum Vater, es sei denn durch mich.«[19]

Die Kirche hat dies immer so gedeutet: »Niemand kommt zum Vater außer durch die kirchliche Institution, die ich geschaffen habe.« Es gibt keinen Beweis dafür, dass diese im Eigeninteresse der Kirche erfolgte Interpretation korrekt ist. Wesentlich überzeugender ist die Erklärung, die die Gnostiker lieferten. So finden wir im Thomas-Evangelium folgenden apokryphischen Ausspruch Jesu: »Es ist Licht in einem Menschen des Lichts, und er erleuchtet die ganze Welt. Wenn er nicht leuchtet, herrscht Finsternis.«[20]

Das Erleben des göttlichen Lichts ist ein zentrales Thema im Gnostizismus. Es ist dieser Zugang zu einer verfeinerten Wahrnehmung bzw. zur Erleuchtung, der den einzelnen Menschen durch und durch verwandelt. Diese innere Verwandlung ist die Frucht der Weisheit bzw. der ›Gnosis‹, die einem im Augenblick der Erleuchtung zuteil wird. Die gnostische Überlieferung ist schwer zu definieren, denn sie umfasst voneinander abweichende Glaubensvorstellungen und Praktiken, und ihre Grenzen zu anderen ähnlichen Überlieferungen sind manchmal verschwommen. Allen gnostischen Schulen ist jedoch gemeinsam, dass ihre Lehren eher esoterisch als exoterisch sind. Insofern sind die Leitgedanken des Gnostizismus vergleichbar mit esoterischen Überlieferungen wie etwa Hindu Yoga und Sufismus. Einige seiner Vorstellungen und Standpunkte decken sich sogar mit diesen Überlieferungen.

Religionswissenschaftler sind verschiedener Meinung über die Ursprünge des Gnostizismus. Viele meinen, dass er innerhalb des Christentums entstand, während einige seine Wurzeln im Judentum und anderen frühen religiösen Überlieferungen sehen. Die wahrscheinlichste Erklärung ist, dass er mit dem Christentum eng verbunden war, aber sich nicht direkt davon als häretische Bewegung abspaltete. Er stammte aus dem gleichen kulturellen Milieu, aus dem auch die urchristliche Religionsgemeinschaft hervorging. Es gab also sowohl christliche als auch nichtchristliche Gnostiker.

Es ist nicht sicher, in wie weit hinduistische oder buddhistische Glaubenssätze einige gnostische Schulen beeinflusst haben. Bekannt ist, dass der Apostel Thomas, der Bruder Jesu, im ersten Jahrhundert n.Chr. in Südindien predigte. Zweifellos gab es zu dieser Zeit einen regen Waren- u. Gedankenaustausch zwischen Indien und dem Mittleren Osten.

Das Thomas-Evangelium, das man in Nag Hammadi fand, enthält einige Aussagen, die nach Meinung einiger Wissenschaftler eher von Buddha stammen könnten als von Jesus. Wir wissen, dass etwa zu dieser Zeit buddhistische Missionare in Alexandria wirkten. Es gibt auch eine wenig bekannte mündliche Überlieferung, die besagt, dass Jesus nach seiner »Auferstehung« nach Kaschmir zog, wo er unter dem Namen Issa bekannt war und wo vermutlich seine Grabstätte liegt.[21]

Obwohl der Gnostizismus fortwährend angegriffen wurde und seine Anhänger oft verfolgt wurden, existiert er nun schon so lange wie die christliche Kirche selbst. So ist die mandeanische Glaubensgemeinschaft im heutigen Irak ein direkter Nachfolger der frühen gnostischen Tradition. Der Gnostizismus ist auch eine Facette bestimmter zeitgenössischer Bewegungen wie etwa der Theosophie. Im Erbe von Peter Deunov und Omraam Mikhaël Aïvanhov haben wir ein weiteres Beispiel für das Weiterleben christlich-gnostischer Vorstellungen in der heutigen Zeit. Obwohl der Gnostizismus viele verschiedene Formen und Schulen aufwies, können wir folgende gemeinsame Merkmale erkennen:

1. Esoterik bzw. eine unkonventionelle Auslegung allgemein anerkannter religiöser Wahrheiten;
2. Synkretismus bzw. die Tendenz, sich vieler verschiedener Quellen zu bedienen und zu einer neuen einheitlichen Sichtweise zusammenzuführen;
3. sein Schwerpunkt auf offenbartem Wissen (Gnosis), um Eingeweihte zu erwählen;
4. der Erlösungscharakter der ›Gnosis‹;
5. seine auf die Einweihung gegründete Struktur;
6. der hierarchische Aufbau der Wirklichkeit mit Gott an der Spitze der Pyramide;
7. dualistische Vorstellungen, die jedoch eher in eine monistische Metaphysik integriert sind;
8. kosmogonische Strukturprinzipien, die eine Erklärung bieten für die entartete Natur der Menschheit;
9. eine Welt oder Schöpfung, die an sich schon negativ oder schlecht ist;
10. eine Theologie auf zwei Ebenen: Der wahre Gott ist und bleibt unbekannt; er steht auf ewig über dem Schöpfergott (›demiourgos‹) und dessen Schöpfung;
11. die Auffassung, dass das Übel eine degenerierte Ebene des Göttlichen ist, der Bodensatz beim Schöpfungsvorgang;
12. die Auffassung, dass der Mensch sowohl niedere Tiernatur als auch »göttlicher Funke« (griechisch ›spinther‹) ist;
13. das Ideal der Vervollkommnung durch ständige Reinigung;

14. die Vorstellung von einem Erlöser oder Retter, der jemand anderer ist als Gott, jedoch eine Emanation Gottes ist, ein göttlicher Gesandter, Mittler und Mahner;
15. apokalyptische Gefühle und Vorstellungen.

Aïvanhovs Lehre enthält alle diese Elemente mit einer begrüßenswerten Ausnahme: Es fehlt das Konzept des von Grund auf schlechten Kosmos. Aïvanhov sah seine Arbeit als in hohem Masse esoterisch an, und seine Auslegung der Evangelien, insbesondere der darin enthaltenen Berichte, ist zutiefst spirituell und alles andere als religiös im konventionellen Sinne. Wie bereits erwähnt verstand er es auch meisterhaft, eine Synthese aus den verschiedensten Lehren und Geheimwissenschaften herzustellen. Er stellte Weisheit über bloßes intellektuelles Wissen und war der Ansicht, dass uns erstere die Rettung bringen werde.

Außerdem gründete er eine spirituelle Gemeinschaft, deren Mitglieder seiner Lehre folgen und somit also einen Lebensstil pflegen sollten, der einer Einweihungslehre gerecht wurde. Seine Auffassung vom Göttlichen war insofern klar gnostisch orientiert, als dass gemäß seiner Lehre Gott nicht nur der Schöpfer der Welt sondern zugleich deren Essenz selbst ist und somit untrennbar mit uns verbunden ist. Dem empirischen Bewusstsein erscheint die Welt so, als sei sie in zahllose Gegensätze polarisiert, aber diese sind letztlich im Göttlichen vereint, welches über die Dinge, die es erschafft, hinausreicht. Somit wird die Dualität von der Nicht-Dualität transzendiert und Dualismus wird überragt von Nicht-Dualismus. Das Göttliche kann intellektuell nicht erfasst werden. Nur indem man sich damit identifiziert wird es erfahrbar. »Wo keine Grenzen mehr sind, ist göttliches Sein. Der Herr weilt im Unbegrenzten, Unsterblichen, Ewigen, Unendlichen.«[22] Dies war eine von Aïvanhovs meistverwendeten Definitionen des Göttlichen.

Aïvanhov sprach häufig von der entarteten Natur der Menschheit, dennoch betonte er immer wieder, dass wir unseren freien Willen einsetzen können, um unseren gegenwärtigen Zustand zu überwinden und die Herrlichkeit des Urzustandes wiederzuerlangen, in dem wir unablässig die Gegenwart des Göttlichen erfahren konnten. Das Übel ist genau genommen ein Produkt des Schöpfungsvorganges, der vom Göttlichen ausgeht. Deshalb kann es niemals ausgeschaltet werden. Wir können es jedoch überwinden, indem wir uns unseres göttlichen Wesenskerns entsinnen, jenes »göttlichen Funkens« in uns. Wir können uns unsere wahre Natur in Erinnerung rufen, das höhere Selbst bzw. den Geist, indem wir unseren Verstand und unser Herz reinigen.

Und schließlich kommt das apokalyptische Element in Aïvanhovs Lehre in seiner Überzeugung zum Ausdruck, dass wir an der Schwelle eines neuen Zeitalters stehen und dass der Anbruch des Wassermann-Zeitalters wohl mit Mühsal und Schmerz verbunden sein wird.

DIE BOGOMILEN UND KATHARER

Durch Peter Deunov, der das alte gnostische Erbe seines Heimatlandes wieder aufleben ließ, kam Aïvanhov in Berührung mit einer mächtigen Strömung, die bis auf die Bogomilen des 10. Jahrhunderts n.Chr. und frühere gnostische Schulen zurückreicht. Da das Bogomilentum in Bulgarien eine so bedeutende Rolle spielte, erscheint es angebracht, hier kurz darauf einzugehen. Es ist möglich, dass die Bogomilen direkt von den alten Paulianern abstammten, die in der byzantinischen Welt weit verbreitet waren. Im Jahre 872 wurden die Paulianer, die es gewagt hatten gegen den byzantinischen Kaiser Krieg zu führen, in Mazedonien (Thrakien), Aïvanhovs Geburtsland, angesiedelt. Sie bekamen diesen Namen, weil sie sich als Anhänger des hl. Paulus verstanden. Sie versuchten, das Ur-Christentum wiederzubeleben. Sie hatten auch einige manichäische Thesen und Praktiken übernommen und waren Bilderstürmer im wahrsten Sinn des Wortes, indem sie vehement gegen den weit verbreiteten Ikonenkult in der byzantinischen Welt kämpften. Sie widersetzten sich auch der weit verbreiteten Heiligenverehrung.

Die Paulianer stammten ursprünglich aus Armenien und Syrien, wo wir ihnen schon im 7. Jahrhundert begegnen. Trotz jahrhundertelanger Verfolgung bestanden bis ins 17. Jahrhundert kleine Gruppen in Bulgarien. Da Bulgarien zwischen den beiden Großmächten von Byzanz und Rom lag, war es dem Einfluss beider religiöser Großreiche ausgesetzt. Zur Zeit des Niedergangs der Paulianer war Bulgarien noch weitgehend heidnisch. In früheren Jahrhunderten hatten die Bulgaren sogar Christen verfolgt. Dies änderte sich unter König Khan Boris (Michael), der sich selbst 864 oder 865 taufen ließ und dann sein Volk mit dem Schwert zum Christentum bekehrte.

Erst im 10. Jahrhundert finden wir die ersten konkreten Hinweise auf nennenswerte häretische Bewegungen in Bulgarien, die den Klerus von Konstantinopel und Zar Peter stark beunruhigten. Das besondere Augenmerk galt dabei jenen, die man als Paulianer identifizierte. Theophylactos, Patriarch von Konstantinopel (933-956), hatte einen Brief an Zar Peter geschrieben, in dem die bulgarischen Paulianer verdammt wurden.

Zu dieser Zeit war die Kirche ziemlich korrupt. Cosmas, ein freimütiger Priester, dessen Predigt auf wundersame Weise die Wirren der Zeit überstand, verurteilte die Bischöfe als »Schäfer, die ihre Herden molken und scherten, sich aber nicht um sie kümmerten.« Priester gaben sich dem Müßiggang und der Sünde hin, wurden dick und fett auf Kosten des armen Volkes, das sie betrogen und dem sie Angst einflössten. Männer verließen ihre Familien

— *Die tiefere Bedeutung des Christentums* — 287

um Mönche zu werden, zogen jedoch alsbald wieder die Kutte aus und kehrten zu Weib und Kind zurück. Es gab jedoch auch jene Geistlichen, die das asketische Leben in abgelegenen Berghöhlen pflegten.

Cosmas war es auch, der als erster die »ketzerischen« Bogomilen erwähnte, die während der Herrschaft von Zar Peter lebten. Von ihm erfahren wir auch, dass die Bogomilen die Taufe, die Eucharistie und die Mariendoktrin ablehnten. Er erwähnte auch in seiner Predigt, dass sie Kreuze umlegten und sie für profane Zwecke nutzten. Dies zeugt von ihrem Glauben, dass der Kreuzestod Jesu keine Bedeutung habe, und dass die Erlösung nur in der geistigen Lehre Jesu zu finden sei. Für die Bogomilen bedeutete dies, ein streng asketisches Leben zu führen.

Anders als die Paulianer sahen sich die Bogomilen nicht als Gefolgschaft des hl. Paulus. Es gibt Parallelen zwischen diesen beiden Bewegungen, aber es ist unwahrscheinlich, dass sich die Bogomilen von den Paulianern abspalteten. Dennoch waren beide gnostisch orientiert, und zweifellos hatten die Paulianer einen gewissen Einfluss auf die Entstehung des Bogomilismus, der seinerseits einen starken Einfluss auf die Entwicklung der Katharer ausübte.[23]

Zu Beginn des 12. Jahrhunderts begann Byzanz die Bogomilen zu verfolgen. Aïvanhov sprach in einem seiner ersten Vorträge von den Bogomilen, ihrer Bedeutung und ihrem Leid; er sagte:

> Die Bogomilen waren überaus reine, tugendhafte Menschen, bereit, sich eher foltern und verbrennen zu lassen, als ihren nach dem Evangelium ausgerichteten Lebenswandel aufzugeben. Eingeweihte und hohe Weißmagier waren unter ihnen, denen das Volk vertraute und folgte. Seit jeher wurden die Erleuchteten von den Kurzsichtigen, die in Dunkelheit, Unwissenheit und Habsucht leben, als störend

empfunden. Die Bogomilen wurden verfolgt und viele von ihnen getötet. Die Überlebenden flohen aus Bulgarien und ließen sich teils in Italien, teils in Frankreich nieder (...).[24]

Aïvanhov fügte hinzu:

Bulgarien wurde wegen der gegen die Bogomilen verübten Verbrechen grausam bestraft. Fünf Jahrhunderte lang musste es unter türkischer Herrschaft leiden, wobei Tausende erwürgt, gehängt wurden oder in qualvoller Sklaverei lebten.[25]

Um die Mitte des 12. Jahrhunderts hatten sich gnostische Schulen wie die der Bogomilen in ganz Westeuropa ausgebreitet. Den Bogomilen gelang es sogar in Bosnien eine eigene Kirche zu gründen, die bis ins 15. Jahrhundert fortbestand.

Die Albigenser (benannt nach der Stadt Albi in Südfrankreich) und die Katharer (»die Reinen«) erschienen um die Mitte des 12. Jahrhunderts, und stellten für Rom die gleiche häretische Bedrohung dar, die die Paulianer und Bogomilen für Konstantinopel dargestellt hatten. Sie gewannen viele Menschen für ihren Glauben und Ende des 12. Jahrhunderts formierten sie sich als Kirche, aber bald darauf kam ihre Bewegung zum Stillstand.

Die Katharer jedoch veränderten ihr bogomilisches Erbe in mehrfacher Hinsicht. Von besonderer Bedeutung ist, dass Luzifer nicht mehr als gefallener Engel gilt, sondern als »Gott der Finsternis« geschaffen wurde, einer Art Antigott. Während der gute Gott im Himmel lebt, residiert der böse Gott in der sichtbaren Welt, wo er allmächtig ist.

Die Katharer empfanden Abscheu gegenüber dem physischen Körper. Sie entsagten der Heirat aus dem gleichen Grund, aus dem sie kein Fleisch aßen: besonders weil die Tiere sich durch Geschlechtsverkehr vermehrten, und weil sie glaubten das Körperliche sei ein Werk des Teufels. Ein weiterer Grund, weshalb einige Katharer kein Fleisch aßen, war ihr Glaube an die Reinkarnation. Sie durften Fisch verzehren, weil dieser ein Wesen des Wassers und nicht des Blutes ist. In diesem Punkt ist Aïvanhov ähnlicher Ansicht. Er übernahm jedoch nicht die körperfeindliche Philosophie der Katharer.

Die Geschichte der Paulianer, Bogomilen und Katharer war gekennzeichnet von Unterdrückung und Blutvergießen. Die Institution Kirche konnte Häresie kaum tolerieren und verwandte ihren materiellen Reichtum und ihre politische Macht darauf, diese aufrührerischen Stimmen im Keim zu ersticken. Es gibt einen plausiblen Grund dafür, weshalb diese häretischen Bewegungen so erfolgreich waren: Sie boten den Menschen eine überzeugendere Orientierung im Leben, wobei jeder Einzelne in der Gemeinschaft mit anderen die Verantwortung für sein spirituelles Los übernehmen und sich die Bedeutung der Geburt Christi bewusst machen konnte. Anscheinend konnte ihnen die Kirche diese Möglichkeit nicht bieten.

DER KOSMISCHE CHRISTUS

Im esoterischen Christentum bzw. der christlichen Gnostik dreht sich alles um die Geburt Christi. Die Geburt Jesu war ein bedeutendes Ereignis, das die Geschichte der Menschheit radikal veränderte. Aber aus mystischer oder esoterischer Sicht ist nur die ›Geburt Christi‹ von Bedeutung. Wie Aïvanhov erklärte: »Es genügt nicht, dass Jesus vor 2000 Jahren auf die Welt gekommen ist.«[26] Es genügt nicht, an Jesus zu glauben, wie mancher Prediger im Fernsehen uns glauben machen möchten. Die Christen müssen vielmehr das höhere spirituelle Prinzip begreifen, das sein Leben und Wirken widerspiegelt.

Die Person namens Jesus ist nur der äußere Aspekt von etwas viel Umfassenderem, Großartigerem, nämlich Christus. Solange Christen nicht Christus begegnen und durch seine Gegenwart eine Wandlung erfahren, sind sie genau genommen noch keine Christen, sondern nur Anhänger Jesu.

Die transformative und regenerative Begegnung mit dem Christusprinzip ist unter dem Begriff ›Geburt Christi‹ bekannt. Aïvanhov bezeichnete es als eine »äußerst wichtige Frage, mit der sich alle Eingeweihten beschäftigen müssen.«[27]

Die ›Geburt Christi‹ im eigenen Leben – oder der Seele, wie Aïvanhov sagen würde, ist auch bekannt als sogenannte ›zweite Geburt‹. Es ist sozusagen eine Geburt ›nach oben‹, eine Geburt in die geistige Dimension hinein. Es ist die mystische ›Auferstehung‹, die erfolgt, wenn die Psyche – oder Seele – durch persönliche Reinheit, Liebe, Anbetung und Aufrichtigkeit in das Reich des Geistes emporgehoben wird. Die Vereinigung von Psyche und Geist führt zur ›Geburt Christi‹. Im Buddhismus sagt man zu diesem Vorgang, dass wir dabei unsere Buddha-Natur wiedererlangen. Die Taoisten kennen die ›Goldene Blume‹, die im Inneren blüht.

Meister Eckehart, einer der bedeutendsten christlichen Mystiker, sprach in seinen Predigten oft von der »Geburt des Sohnes« oder »des Wortes«. Er predigte:

> Das ist die größte Gabe, dass wir Gottes Kinder seien und dass er seinen Sohn in uns gebäre. Die Seele, die Gottes Kind sein will, soll nichts in sich gebären, und die, in der Gottes Sohn geboren werden soll, in die soll sich nichts anderes gebären. Gottes höchstes Streben ist gebären. Ihm genügt es nimmer, er gebäre denn seinen Sohn in uns. Auch die Seele begnügt sich in keiner Weise, wenn der Sohn Gottes in ihr nicht geboren wird.[28]

— Die tiefere Bedeutung des Christentums — 291

Diese mystische Sichtweise wirkt sich tiefgreifend auf unsere Einstellung zu Leben und Tod und zum Kosmos als Ganzes aus. Aïvanhov bemerkte:

> Ja, die Geburt des göttlichen Prinzips ist ein so bemerkenswertes inneres Ereignis, dass kein Zweifel darüber bestehen kann. Es ist, als ob der ganze Himmel vor euch offen wäre, ihr spürt die Gegenwart eines anderen Wesens, das euch unterstützt, erleuchtet, schützt und erfreut. Selbst unter den schrecklichsten Umständen, bei völliger Entmutigung, fühlt ihr seine helfende Anwesenheit. Ja, ihr habt das Gefühl einer Gegenwart, einer ständigen Verbindung. Es ist, als begleite euch die Flamme einer Lampe, die nie erlischt.[29]

Daraus wird klar, dass die ›Geburt Christi‹ nicht nur ein mentaler Vorgang ist, der auf einer entfernten spirituellen Ebene stattfindet.[30] Seine Wandlungskräfte machen sich vielmehr auf allen Ebenen unseres Seins einschließlich des Körpers bemerkbar.

Aïvanhov betonte, dass wir unserer Erde Ehrfurcht entgegenbringen müssen, damit sich die ›Geburt Christi‹, die Geburt des ›unsterblichen Kindes‹ in uns, auch in der physischen Welt vollziehen kann.

> Wenn also die Beziehung des Menschen zur Erde gestört ist, kann Christus im Handeln des Menschen, in seinem Körper nicht geboren werden. Man denkt nie daran, dass die Erde ein intelligentes Wesen ist. Sie wird nur nach geographischen Aspekten, in Bezug auf Einwohner, Meere, Ozeane, Seen, Berge, Flüsse usw. erforscht. Sie ist das unbekannteste, das am meisten verachtete Geschöpf, und gerade diese Einstellung zieht großes Unheil nach sich.[31]

Diese tiefschürfende ökologisch-theologische Sichtweise der Welt birgt noch einen weiteren Berührungspunkt mit Meister Eckehart und der heutigen Auffassung von der geistigen Natur der Schöpfung. Der amerikanische Theologe Matthew Fox, ein prominenter Vertreter dieser Betrachtungsweise der Schöpfung, machte diesbezüglich folgende Aussage:

> Das passende Symbol für den ›Kosmischen Christus‹, der in Jesus Gestalt annahm, ist meiner Meinung nach Jesus als gekreuzigte Mutter Erde, die dennoch täglich aufersteht. Wie komme ich zu dieser Ansicht? Zunächst, weil Mutter Erde heutzutage gekreuzigt wird und tiefe Wunden aufweist.... Sie versorgt uns seit 4,5 Milliarden Jahren auf segensreiche Weise mit Wasser; teilt Kontinente, sorgt für den richtigen Wasserstoff-, Sauerstoff- und Ozongehalt in unserer Atmosphäre; bringt Blumen, Pflanzen, Tiere, Fische, Vögel zu unserer Freude hervor, die dazu noch durch ihr Wirken Luft und Boden für uns zuträglich machen. Kurzum, die Erde liebte uns – und tut dies immer noch – obwohl wir sie täglich kreuzigen. Dennoch, wie Jesus, steigt sie täglich aus ihrem Grab.[32]

Matthew Fox fuhr fort:

> Es ist nicht so entscheidend, ob das Christentum ins nächste Jahrtausend hinein überlebt. Ich vertrete allerdings die Ansicht, dass das Christentum, wie wir es kennen, nicht überleben wird, denn es lagert in spröden, alten, undichten Schläuchen. Nichts wird überleben, wenn Mutter Erde nicht überlebt.[33]

Hier bringt Fox exakt Aïvanhovs Einstellung zum Ausdruck. Aïvanhovs Lehre ist durch und durch ökologisch, und seine ehrfürchtige Haltung gegenüber der Natur sollte eigentlich nunmehr klar sein. Die Natur ist lediglich eine Manifestation des Göttlichen. Wo sonst könnten wir den ›kosmischen Christus‹ entdecken, wenn nicht inmitten der schwirrenden Vielfalt des Universums?

REINKARNATION: IMMER VON NEUEM GEBOREN WERDEN

Die ›Geburt Christi‹ in der Psyche des Menschen ist gleichzusetzen mit der spirituellen Wiederauferstehung. Wie Aïvanhov sagte: »Die Wiederauferstehung findet nicht aus dem Grab heraus statt. Wenn man einmal beerdigt ist, ist die Sache vorbei.«[34] Nach dem Tod ist der Körper dem Zerfall ausgeliefert. Wiederauferstehung bedeutet konzentrierte spirituelle Arbeit hier und jetzt. Mit Aïvanhovs Worten:

> Wenn ihr selbst auferstehen wollt, dann müsst ihr wieder auf die Erde zurückkommen und weiter lernen, ihr müsst alle Schwächen ablegen und euch wie eine Raupe verpuppen, das heißt, ihr müsst alle egoistischen, eigennützigen Gedanken aufgeben.[35]

Was Aïvanhov hier sagt, heißt ganz einfach, dass das Leben eine Schule ist – eine Vorstellung, der wir schon in einem vorausgehenden Kapitel begegneten. Wir müssen bestimmte Lektionen lernen, und wenn wir die Prüfungen nicht bestehen, die das Leben selbst bietet, müssen wir die Klasse so lange immer wieder wiederholen, bis die Lektion gelernt wird. Anders ausgedrückt, durch den Tod entkommen wir nicht den Verantwortungen des Lebens, denn wir werden erneut in den Kreislauf eintreten, bis wir bereit sind zum Aufstieg in höhere Ebenen des Seins.

Der Glaube an die Wiederverkörperung, der in Aïvanhovs Lehre einen so zentralen Platz einnimmt, war auch ein integrierter Bestandteil im frühen Christentum. Erst auf dem ersten Konzil von Nizäa im Jahre 325 n.Chr. wurde dieser Glaube formell aus der Kirche verbannt. Aïvanhov sah in diesem kirchlichen Entschluss einen der Hauptgründe für den folgenden spirituellen Niedergang der Kirche und des Christentums. Er stellte fest, dass ohne den Glauben an die Reinkarnation, nichts im Leben Sinn macht.[36] Somit enthielt die Kirche den Menschen ein vertieftes Verständnis ihres Lebens vor, indem sie ihnen effektiv den Zugang zu authentischer Spiritualität verwehrte. Aïvanhov äußerte auch folgende harte, aber zutreffende Kritik:

> Als die Kirche den Gedanken der Reinkarnation verwarf, machte sie Gott zu einem Despoten, einem Ungeheuer. Das Christentum erbte aus dem Alten Testament den eifersüchtigen, rächenden, schrecklichen Gott, der die Welt mittels Strafe beherrschte. Diese Vorstellung von Gott trifft nicht zu.[37]

Aïvanhov argumentierte, dass es für Jesus ohne jeden Sinn gewesen wäre, seine Jünger dazu anzuhalten, so vollkommen wie Gott zu werden, wenn er sie nicht auch etwas über die Reinkarnation gelehrt hätte. Denn nur durch unsere wiederholte Geburt in diese oder andere Welten können wir uns allmählich über viele Leben hinweg reinigen und schließlich unsere Einheit mit Gott wiedererlangen.[38]

Es gibt keine Vollkommenheit außer diesem makellosen transzendentalen Zustand. Aïvanhov wies auch auf verschiedene Passagen in den Evangelien hin, die ohne die Reinkarnationslehre nur schwer verständlich sind. Der vielleicht überzeugendste Beweis findet sich im Matthäus-Evangelium (Kapitel 11 und 17), wo Jesus von Johannes dem Täufer als vormaligem Elias spricht. Es gibt auch Passagen in Matthäus 16.13-14, wo Jesus seine Jünger fragt: »Wer sagen die Leute, dass ich bin?« Offenbar dachten einige von Jesu Zeitgenossen, er sei Johannes der Täufer, andere, er sei Elias, und andere glaubten, er sei Jeremias.

Diese Äußerungen ergeben keinen Sinn, wenn wir nicht davon ausgehen, dass zumindest einige der damaligen Hebräer an die Reinkarnation glaubten. Es ist in der Tat so, dass viele Moses als Reinkarnation von Abel, einem der Söhne Adams, ansahen. Sie glaubten auch, dass Adam selbst ein zweites Mal als David gekommen war, und dass der erwartete Messias eine weitere Reinkarnation Adams sein würde. Später wurde diese Lehrmeinung von den meisten Kabbalisten offiziell anerkannt. Sie war auch Bestandteil des Glaubenssystems der Bogomilen und Katharer.

Während die Reinkarnation immer noch von der offiziellen Kirche abgelehnt wird, zeigten mehrere Meinungsumfragen der achtziger Jahre in den USA, dass überraschenderweise 20% der Leute glauben, dass sie weder zum ersten noch zum letzten Mal geboren wurden. Wenn Millionen von Männern und Frauen diese Überzeugung hegen, dann nimmt es Wunder, dass nur so wenige ihr Leben nach hohen moralischen Werten ausrichten. Sie fühlen sich offenbar nicht von dem Gedanken angesprochen, die Früchte ihres gegenwärtigen Handelns in einer zukünftigen Wiederverkörperung zu ernten, oder aber sie spielen lediglich mit dem Gedanken der Wiedergeburt.

DER LICHTKÖRPER

Wir haben dann die Lektionen des Lebens gelernt, wenn wir ernsthaft damit beginnen, unseren inneren Lichtkörper zu entwickeln. Aïvanhov bezeichnete diese neue Form als »Glorienkörper« (»Corps de la gloire«) bzw. als »Körper der Auferstehung«. Er sagte:

> Bevor der Mensch diesen Körper in sich herangebildet hat, ist er lichtarm, düster, schwach, verletzlich und kränklich. Und doch trägt jeder in sich den Christusfunken, den er entwickeln kann. (...) Dem Schüler muss es also gelingen, über sich selbst hinauszuwachsen, um die reinsten und lichtvollsten Partikel aus dem ätherischen Ozean anzuziehen und sie seinem Lichtkörper hinzuzufügen. Heute schon kann er sie bekommen, zuerst in kleiner Menge, und dann jeden Tag ein wenig mehr.[39]

Der ›Glorienkörper‹ existiert als Keim in jedem von uns. Es ist der göttliche Funke, von dem Meister Eckehart und andere Mystiker so beredt sprachen. Im spirituellen Leben wird dieser Keim oder Funke bewusst fortentwickelt. Immer wenn wir aufrichtig meditieren, beten, dem Göttlichen huldigen, über das Leben der Heiligen nachsinnen, erbaulicher Musik lauschen, ein schönes Bild betrachten, höhere Lebensideale überdenken oder Mitgefühl und Liebe für andere Wesen empfinden, dann steigern wir die Leuchtkraft des ›Lichtkörpers‹.

Aïvanhov versicherte seinen Schülern, dass dieser leuchtende Körper eines Tages so strahlend und kraftvoll wird, dass er sogar den physischen Körper zu levitieren vermag.[40] Diese esoterische Fähigkeit wird in vielen religiösen Überlieferungen einschließlich des Christentums erwähnt. So soll der berühmte italienische Mönch Padre Pio Leuten erschienen sein, die hunderte von Kilometern voneinander entfernt waren, manchmal anscheinend sogar zur gleichen Zeit.

Aïvanhov fuhr erläuternd fort:

> Manche haben bei gewissen Eingeweihten, die eine Ekstase, eine Verzückung erlebten, den Lichtkörper erblicken können: Ihr Gesicht strahlte, und ihr ganzes Wesen war mit Licht erfüllt. Mit diesem Lichtkörper können die Eingeweihten sich auch frei im

Raum bewegen, Gebirge durchqueren und sogar bis ins Zentrum der Erde vordringen, denn für sie gibt es kein materielles Hindernis. Sie können sogar über Entfernungen auf Wesen einwirken und ihnen helfen.(...) Der Mensch kann sich sogar von seinem physischen Körper lösen, nur noch mit dem Lichtkörper leben und mit ihm ewig existieren.[41]

Als der auferstandene Jesus Maria Magdalena am Grab erschien, war dies sein ›Lichtkörper‹, den sie sah, und deshalb erkannte sie ihren Lehrer nicht, bis er sich zu erkennen gegeben hatte. Erst in der Folge gelang es Jesus, seinen ätherischen Körper so weit zu materialisieren, dass er das vertraute Äußere seines physischen Körpers annehmen konnte.

Aïvanhov war sich absolut sicher, dass wir den Christuskeim in uns bis zu einem Punkt entwickeln können, wo er sich zu jenem unanfechtbaren, unsterblichen Lichtkörper entfaltet. Ravi Ravindra, ein Physikprofessor, stellte fest, dass mit der Vertiefung unseres spirituellen Lebens, zugleich auch unser physischer Körper eine Wandlung erfährt. Geist und Materie stehen nicht in radikalem Gegensatz zueinander, und, wie Aïvanhov betonte, der Geist versucht ständig, die Materie zu verwandeln. Ravindra drückte dies folgendermaßen aus:

> Höheres Bewusstsein (...) beeinflusst den Körper in chemischer Hinsicht – obwohl es vielleicht eher angebracht ist, von einem alchemistischen Einfluss zu sprechen aufgrund seiner feinstofflichen und transformierenden Eigenschaften. Umgekehrt benötigt höheres Bewusstsein einen neuen Körper, damit es sich manifestieren kann. Es ist vielleicht erwähnenswert, dass aus dieser spirituellen Perspektive heraus der Impuls zum Evolutionsprozess von oben nach unten gerichtet ist, wobei der Geist nach immer komplexeren materiellen Organisationsfor-

men verlangt, damit er sich körperlich darin manifestieren kann. Zur umfassenden Manifestation des Geistes auf der Erde, bedarf es eines sensibleren (menschlichen) Körpers.[42]

Damit der Geist sich voll manifestieren kann, muss unser Körper radikal zu einem ›Lichtkörper‹ umgestaltet werden. Diese spirituelle Arbeit erfordert grenzenlose Hingabe. Aïvanhov erklärte:

> Selbstverständlich braucht der Aufbau dieses Körpers viel Zeit, denn schaut einmal, wie viele Jahre eine Eichel braucht, bis sie eine große Eiche wird! Man muss also dem Lichtkörper öfter und reichlicher Nahrung geben: Das bedeutet, dass ihr euer Leben so gestalten sollt, dass ihr euch die besten Bedingungen für ein spirituelles Leben schafft. (...) Wenn Jesus auferstanden ist, so können auch wir auferstehen.[43]

Das Christentum wurde als Religion der Hoffnung bezeichnet. Jedoch Hoffnung ohne die Basis der Vernunft ist nur Selbsttäuschung. Das esoterische Christentum, wie Aïvanhov es darlegt, bietet uns eine vernünftige Grundlage für Hoffnung. Natürlich wird dadurch gleichzeitig die konventionelle christliche Einstellung unterminiert, die durch passives Warten auf unsere eigene spirituelle Auferstehung am Tage des Jüngsten Gerichts gekennzeichnet ist. Das esoterische Christentum stellt an uns eine kompromisslose Forderung: Wir müssen unser eigenes spirituelles Schicksal erarbeiten, indem wir mit der Höherentwicklung des Christusprinzips Schritt halten.

— *Die tiefere Bedeutung des Christentums* —

ANMERKUNGEN

1. Omraam Mikhaël Aïvanhov, *Alchimistische Arbeit und Vollkommenheit* (Izvor 221, Prosveta 1996)
2. Omraam Mikhaël Aïvanhov, *Die wahre Lehre Christi* (Izvor 215, Prosveta, 1985), S. 57.
3. Omraam Mikhaël Aïvanhov, *Le Verseau et l´avènement de l´Age d´Or* (Oeuvres complètes, Tome 26, Prosveta France, 1990), S. 66, 67.
4. Omraam Mikhaël Aïvanhov, *Die Sexualkraft oder der geflügelte Drache* (Izvor 205, Prosveta, 1983), S. 125.
5. Zum Chakra-Modell siehe Omraam Mikhaël Aïvanhov ›*Geheimnis Mensch. Seine feinstofflichen Körper und Zentren*‹; zur Astrologie siehe ›*Mensch und Kosmos im Tierkreis*‹; zur Kabbala siehe ›*Die Mysterien von Yesod*‹, und ›*Surya-Yoga*‹; zur alchimistischen Symbolik siehe ›*Alchim. Arbeit und Vollkommenheit*‹; zur Physiognomie siehe ›*Das Geistige Erwachen*‹; zur Shiva-Shakti Polarität siehe ›*Liebe und Sexualität*‹; zur Farbsymbolik siehe ›*Surya-Yoga*‹.
6. Omraam Mikhaël Aïvanhov, *Der Wassermann und das Goldene Zeitalter* (Gesamtwerke Doppelband 25/26, Prosveta 1997)
7. The Notebooks of Paul Brunton, vol. 1: *Reflections* (Burdett, NY: Larson Publications, 1984), S. 216.
8. Ibid., S. 218.
9. Omraam Mikhaël Aïvanhov, *Die Kraft der Gedanken*, (Izvor 224, Prosveta, 1995), S. 125.
10. Omraam Mikhaël Aïvanhov, *Das Licht, lebendiger Geist* (Izvor 212, Prosveta, 1987),S. 96, 97.
11. Ibid., S. 97, 98.
12. Omraam Mikhaël Aïvanhov, *Die Kraft der Gedanken* (Izvor 224, Prosveta, 1995), S. 135.
13. Siehe Omraam Mikhaël Aïvanhov, *Die wahre Lehre Christi* (Izvor 215, Prosveta, 1985), S. 107, 108.
14. siehe M. Smith, *The Secret Gospel* (Clearlake, CA: Dawn Horse Press, 1982).
15. Ibid., S. 104.
16. Omraam Mikhaël Aïvanhov, *L´alchimie spirituelle* (Oeuvres complètes, Tome 2, Prosveta France, 1980), S. 36, 37.
17. Omraam Mikhaël Aïvanhov, *Le Verseau et l´avènement de l´Age d´Or* (Oeuvres complètes, Tome 26, Prosveta France, 1990), S. 46.
18. Omraam Mikhaël Aïvanhov, *Approche de la cité céleste* (commentaires de l´Apocalypse, Izvor 230, Prosveta France, 1989), S. 29.
19. Siehe E. Pagels, The Gnostic Gospels (New York: Random House, 1979), S. 119-120.
20. Zitiert nach Pagels, op.cit. S. 120.
21. Siehe H. Kersten, *Jesus lebte in Indien* (München: Droemersche Verlagsanstalt, 1983).
22. Omraam Mikhaël Aïvanhov, *Der Schlüssel zur Lösung der Lebensprobleme* (Gesamtwerke, Bd. 11, Prosveta, 1980), S. 80, 81.

23. Nach M. Loos, *Dualist Heresy in the Middle Ages* (The Hague, Netherlands: Marktinus Nijhoff/ Prague: Academia, 1974). Einige Forscher stellen die starke Verbindung zwischen den Paulianern und den Bogomilen in Abrede.
24. Omraam Mikhaël Aïvanhov, *Das geistige Erwachen* (Gesamtwerke, Bd. 1, Prosveta), S. 141.
25. Ibid., S. 141.
26. Omraam Mikhaël Aïvanhov, *Die Harmonie* (Gesamtwerke, Bd. 6, Prosveta, 1993), S. 233.
27. Omraam Mikhaël Aïvanhov, *Weihnachten und Ostern in der Einweihungslehre* (Izvor 209, Prosveta, 1983), S. 36.
28. Meister Eckehart, *Deutsche Predigten und Traktate,* herausg. und übertragen von J. Quint (München: Hanser Verlag, 1955), Predigt 12, S. 208.
29. Omraam Mikhaël Aïvanhov, *Weihnachten und Ostern in der Einweihungslehre* (Izvor 209, Prosveta, 1983), S. 52.
30. siehe op. cit. S. 36, 37.
31. Ibid., S. 37.
32. Matthew Fox, *The Coming of the Cosmic Christ* (San Francisco: Harper & Row, 1988), S. 145.
33. Ibid., S. 149.
34. Omraam Mikhaël Aïvanhov, *Weihnachten und Ostern in der Einweihungslehre,* (Izvor 209, Prosveta, 1983), S. 113.
35. Ibid., S. 113.
36. Siehe Omraam Mikhaël Aïvanhov, *Die wahre Lehre Christi* (Izvor 215, Prosveta, 1985), S. 68.
37. Omraam Mikhaël Aïvanhov, *Le Verseau et l´avènement de l´Age d´Or* (Oeuvres complètes, Tome 26, Prosveta France, 1990), Band 26, S. 40.
38. Siehe Omraam Mikhaël Aïvanhov, *Die wahre Lehre Christi* (Izvor 215, Prosveta, 1985), S. 70.
39. Omraam Mikhaël Aïvanhov, *Die Gesetze der kosmischen Moral* (Gesamtwerke, Bd. 12, Prosveta, 1995), S. 116.
40. Siehe Omraam Mikhaël Aïvanhov, *Geistiges und künstlerisches Schaffen* (Izvor 223, Prosveta, 1988), S. 141.
41. Omraam Mikhaël Aïvanhov, *Weihnachten und Ostern in der Einweihungslehre* (Izvor 209, Prosveta, 1983), S. 147.
42. R. Ravindra, *Science and Spirit* (New York: Paragon House, 1991), S. 50.
43. Omraam Mikhaël Aïvanhov, *Weihnachten und Ostern in der Einweihungslehre* (Izvor 209, Prosveta, 1983), S. 153.

12.
AÏVANHOVS LEHRE UND DIE ERNEUERUNG DER WELT

DIE STUNDE DER ENTSCHEIDUNG

Wir leben in einer Zeit der Entscheidungen. Die Art, wie wir unser Leben gestalten, bestimmt nicht nur unsere eigene Zukunft, sondern die Zukunft der Menschheit insgesamt. Alles weist darauf hin, dass allzu viele von uns noch die falschen Entscheidungen treffen. Deshalb lauert das Gespenst der weltweiten Zerstörung durch Verschmutzung von Erde, Wasser und Luft drohend am Horizont. Es ist nicht von der Hand zu weisen, dass wir in einer schwierigen Krisenzeit leben. Krisen können so oder so ausgehen; das liegt in ihrer Natur. In einer Krise kann sich der Zustand eines Patienten erkennbar bessern, oder aber er wird aus der Intensivstation mit einem Tuch über dem Gesicht hinausgefahren. Unsere Spezies und die Umwelt auf unserem Planeten durchleben die Agonie eines solchen Kampfes auf Leben und Tod.

Zahlreiche betroffene Wissenschaftler, Gelehrte, Schriftsteller, Künstler und andere sensible Menschen einschließlich einer Handvoll weitblickender Politiker bestätigen diesen Sachverhalt. Ihre Stimmen trafen bisher jedoch weitgehend auf taube Ohren. Die rücksichtslose Verwüstung unserer Umwelt geht unvermindert weiter, während täglich weitere 300 000 Menschen auf unserem ohnehin schon übervölkerten Planeten hinzukommen und so die Krise exponentiell verschärfen.

Die Bevölkerungsexplosion ist nur ein Aspekt eines viel tiefer liegenden Problems – die Krise des menschlichen Geistes. Wie Aïvanhov erläuterte:

> Auf der Erde werden gegenwärtig alle Werte auf
> den Kopf gestellt: Das Wertvolle wird in den
> Schmutz gezogen, und das Wertlose nimmt den
> ersten Platz ein. (...) Die Menschen haben das ganze
> Wertesystem zu Fall gebracht, und nichts befindet
> sich mehr am richtigen Platz.[1]

Die Hindus fassen den gegenwärtigen Zustand in dem Begriff ›kali-yuga‹ (›Zeitalter der Finsternis‹) zusammen. In der gegenwärtigen Epoche ist die Menschheit am weitesten von ihren geistigen Ursprüngen entfernt. Wir haben, wie Aïvanhov sich ausdrückte, das Band zwischen Himmel und Erde durchtrennt, und durch diese Trennung haben wir unsere Glaubens- und Liebeskraft verloren; was übrig blieb, ist moralische Unsicherheit und ein triebhaftes Verhalten im Leben. Er sagte:

> Wenn die Menschen aufhören, an die Existenz einer
> Intelligenz, [einer Hierarchie] zu glauben, die alles
> lenkt, [wenn sie nicht mehr an die unsichtbare Welt,
> an die Unsterblichkeit der Seele glauben], dann er-
> kennen sie im Leben keinen Sinn mehr.[2]

Aïvanhov kritisierte Philosophen und Wissenschaftler, weil sie nicht einsehen, dass sie durch die Zerstörung der Glaubensgrundlagen das gesamte Gebäude unserer Zivilisation zum Einsturz bringen. In ihrem Bestreben, der Vernunft den höchsten Rang als Entscheidungsinstanz für die menschliche Zukunft einzuräumen, haben sie pauschal jegliche spirituelle Überlieferung abgelehnt und sich somit ihrer eigenen geistigen Quelle beraubt. Die Vernunft hat durchaus ihren Platz in der dinglichen Welt, aber sie ist ein armseliger Ersatz für geistige Wahrnehmung, Weisheit, Glaube und göttliche Gnade.

Der maßlose Gebrauch der Vernunft nimmt unseren menschlichen Fähigkeiten den nötigen Raum zur Entfaltung. Dies bedingt unweigerlich eine einseitige Betonung des Egos, das Aïvanhov als ›niederes Selbst‹ bezeichnete, was jedoch niemals im Sinne des Evolutionsprozesses sein kann. So hat uns der Rationalismus in eine gefährliche Sackgasse getrieben. Wir sehen uns nun zahllosen Problemen gegenüber, die aus einer ungezügelten Technokratie, Bürokratie, imperialistischen Ideologie und Verbrauchermentalität erwachsen, welche letztlich nur das äußere Zeichen einer einseitigen, egoistischen Lebenseinstellung sind. Nur eine Zivilisation, die an extremer geistiger Kurzsichtigkeit leidet, könnte diese Mängel als Fortschritt ansehen.

Der schweizer Philosoph und Dichter Jean Gebser, einer der wenigen westlichen Denker, die die spirituelle Seite der gegenwärtigen Krise erkennen, sah mit kritischem Auge die Begrenztheit der Vernunft. Wie Aïvanhov und andere, sprach auch er von einer neuen Ära, die er als eine Art neues Bewusstsein ansah – ein Bewusstsein, das weder ausschließlich rational noch irrational ist, sondern arational und ganzheitlich. Er schrieb:

> Dieses neue Zeitalter ist eine Überwindung der vergehenden rationalen Epoche, die zudem stark antireligiös gefärbt war, und es ist zugleich die Gegenströmung zu dem unchristlichen Nihilismus unserer Tage. Damit ist auch gesagt, dass dieses Zeitalter nicht mehr antireligiös sein kann noch sein wird. Nur das rationale Denken ist antireligiös; das arationale Denken wird, schon seiner Transparenz wegen, ein neues, gestärktes Verhältnis zur Religion gewinnen.[3]

Eine wachsende Zahl von Menschen macht sich darüber Gedanken und kommt zur selben Schlussfolgerung. Es ist dringend notwendig, das Ungleichgewicht zu korrigieren, das durch die Verherrlichung der Vernunft, die Überbewertung der linken Gehirnhälfte und das Leugnen der übrigen Kräfte unserer Psyche in unserer Gesellschaft entstand. Die heutigen holistischen Bestrebungen, die wachsenden Zuspruch erfahren, gehen alle von dieser Notwendigkeit aus.

Einzeln und in der Gemeinschaft können wir nur als ganzheitliche Wesen hoffen zu überleben. Innerhalb unserer Ganzheitlichkeit muss es eine Verbindung zur Höchsten Wirklichkeit, zum Göttlichen geben. Wie Aïvanhov bemerkte: »Bewusst oder unbewusst suchen alle Wesen das eine, nämlich ihr komplementäres Prinzip (...) Gott Selbst.«[4]

Nur wenn wir uns im Einklang mit dem Göttlichen befinden, können wir unser Gefühl der Gespaltenheit, Unvollständigkeit, Isolation und Entfremdung überwinden.

Wir müssen also unsere verloren gegangene spirituelle Verankerung wiederfinden. Eigentlich ist sie gar nicht verloren gegangen; wir haben sie nur durch unser Handeln ziemlich gut verschleiert. Die Höchste Wirklichkeit, die allgegenwärtig ist, kann letztendlich nicht verloren gehen. Das Band, von dem Aïvanhov sprach, kann nicht definitiv zerstört werden. Es gleicht eher einem Gummiband, das immer dünner wird, je mehr man es dehnt. Schließlich ist es so gedehnt und dünn, dass wir damit kaum noch die Verbindung zwischen dem Göttlichen und uns aufrechterhalten können. Wenn wir jedoch das Band nicht noch weiter dehnen und uns auf jenen anscheinend so weit entfernten Punkt besinnen, an dem es befestigt ist, wird uns allmählich klar, dass dieses Band unsere Lebensader ist.

Nach unserer Geburt wird die Nabelschnur durchtrennt, und wir müssen lernen, außerhalb der schützenden Umgebung des Mutterleibes zu leben. Nach unserer spirituellen Wiedergeburt – unserem geistigen Erwachen – erkennen wir jedoch, dass wir nie völlig vom kosmischen Leib getrennt werden. Wir müssen zudem lernen, wie wir diese Versorgungsleitung zum universellen Nährboden, dem Göttlichen, instand halten. Dabei gilt es zu lernen, sich auf dem schmalen Grat zwischen Unabhängigkeit und Abhängigkeit, bzw. zwischen harter Arbeit und göttlicher Gnade zu bewegen.

Das vernunftgebundene Ego ergötzt sich am Gefühl seiner Selbstüberhebung und strebt mit allen Mitteln nach Unabhängigkeit. So ist die trotzige Auslassung des deutschen Philosophen Friedrich Nietzsche zu deuten, als er im vergangenen Jahrhundert Gott für tot erklärte. Das allerhöchste Ideal des Egos ist die Freiheit. Sein Verständnis von Freiheit ist jedoch seltsam verdreht, da es nun einmal zu einer gewissen Zügellosigkeit anstatt zu Selbstüberwindung tendiert. Aber Freiheit ist nur möglich, wenn man die niedere Personalität, das Ego, beherrschen lernt. Und diese Beherrschung bringt es mit sich, dass wir uns dem Göttlichen hingeben können. Paul Brunton brachte dies auf dramatische Weise zum Ausdruck:

> Wenn das Ego auf die Knie in den Staub gezwungen wird, gedemütigt aus seiner Sicht, geschätzt oder gefürchtet, beneidet oder geachtet aus der Sicht anderer Menschen, dann ist der Weg frei für den Strom der göttlichen Gnade.[5]

Das Ego darf nicht zerstört werden, sondern muss unter die Kontrolle des höheren Selbst gebracht werden. Ebenso wenig dürfen wir versuchen, Vernunft und Logik auszuklammern, denn wir würden uns dadurch nur selbst verstümmeln. Wir müssen statt dessen danach trachten, die Vernunft mit dem Licht des höheren Selbst, des Geistes zu erhellen. Dann wird es uns gelingen, ein Gleichgewicht zwischen unserem Innenleben und der äußeren Umwelt herzustellen.

ÖKOLOGIE UND SPIRITUALITÄT: WIR SIND DIE WELT, IN DER WIR LEBEN

Die Wechselbeziehung zwischen dem inneren und äußeren Leben findet seit kurzem auch bei einer kleinen aber wachsenden Gruppe innerhalb der Ökologie-Bewegung Beachtung. Die Arbeit des Philosophen Henryk Skolimowski und der Ökologin Charlene Spretnak steht stellvertretend für diese Avantgarde. Sie sprechen von ›Öko-Spiritualität‹ – der Verknüpfung von ökologischen und spirituellen Werten, zur Heilung unseres Planeten und unserer selbst.

Die großen spirituellen Traditionen der Welt entstanden lange bevor die Umweltprobleme auftauchten, die heute unsere Existenz bedrohen. Im Großen und Ganzen sind sie auf die Erlösung des einzelnen Menschen ausgerichtet, und basieren auf dem Ideal der Weltentsagung. Heute taucht jedoch eine neue Denkweise, eine neue Art von Spiritualität auf, die sich in mancher Hinsicht radikal von den traditionellen Ansichten abhebt. Diese Neuorientierung wurde von Aïvanhov treffend dargelegt:

> Wer seine eigenen Angelegenheiten auf Kosten der Allgemeinheit regeln will ist ein Dummkopf. Seine Überlegungen taugen nichts. Denn wenn es in der Gesellschaft zu Unruhen kommt, und er ist ja selbst Teil der Gesellschaft, dann fragt man ihn nicht nach seiner Meinung, er wird ganz einfach niedergemacht. Wenn jedoch die Lebensbedingungen der gesamten Gemeinschaft gut sind, wird jeder Einzelne seinen Nutzen daraus ziehen.[6]

Öko-Spiritualität gründet sich auf die Tatsache, dass wir nicht isoliert leben, sondern dass Leben immer ein Prozess des Miteinander ist. Skolimowski charakterisierte diese innovative Betrachtungsweise als teil der heutigen

›ökologischen Renaissance‹. Diese Renaissance, erklärte er, »preist das Leben als Teil des aufblühenden Universums, den Menschen als wesentlichen Teil des kosmischen Plans und den Kosmos als Heimat des Menschen.«[7] Er fuhr fort:

> Spiritualität ist ein erhebendes Thema. Große Denker und Seelen haben darüber nachgedacht und viele aufschlussreiche Einsichten hinterlassen. Dennoch müssen wir uns wieder damit befassen, und sei es auch nur um zu beweisen, dass wir spirituell wach sind. Unsere Lebensumstände und Probleme sind bisher ohne Beispiel, und sie erfordern eine neue spirituelle Antwort, eine neue Form von Spiritualität.[8]

Die neue Spiritualität muss nach Skolimowski die Welt als etwas Heiliges betrachten und in uns Achtung vor dem Leben und dem Kosmos als Ganzes wachrufen. Für ihn bedeutet Ökologie »gelebte Ehrfurcht«, welche die scheinbare Kluft zwischen Subjekt und Objekt, Geist und Materie, Mensch und Universum überbrückt. Die neue Ökologie bedingt also eine klare moralische Ordnung. Skolimowski beschrieb diese Ordnung knapp und präzise:

> Wir müssen uns gegenseitig so behandeln, dass es auch dem entspricht, was wir potentiell werden können: göttliche Lichter, die sich emporschwingen und anderen dabei helfen, zu gesunden, sich zu integrieren, Ehrfurcht zu empfinden. Die Arbeit an uns selbst, damit wir dem Göttlichen in uns freien Raum zur Entfaltung geben können und die Arbeit in der äußeren Welt zur Heilung der Erde sind komplementäre Aspekte der ökologischen Spiritualität.[9]

Diese Worte, die von einem Philosophen stammen, stehen einem Weisen an. Skolimowski gehört tatsächlich jenem neuen Kreis von weisen Philosophen an, für die sich die Philosophie nicht nur in semantischen Spitzfindigkeiten und Wortspielen erschöpft, sondern das ist, was sie ursprünglich war: die Liebe zur Weisheit. Diese Art ernsthafter philosophischer Arbeit ist es, die die gegenwärtige Verschmelzung von modernem Denken und alter heiliger Überlieferung verkörpert. Sie zeugt von der Neuorientierung dem Leben gegenüber, dem neuen Bewusstsein, das Aïvanhov nicht nur in seinen vielen Vorträgen verkündete, sondern auch persönlich vorlebte.

Charlene Spretnak, eine bekannte amerikanische Sprecherin für Umwelt- u. Frauenpolitik, bezeichnete dieses neue Bewusstsein, diese neue Haltung als »ökologischen Postmodernismus«. In ihrem bemerkenswerten Werk States of Grace (Im Stand der Gnade) forderte Spretnak, dass wir jetzt »Zynismus und Posen der Hoffnungslosigkeit« ablegen müssen. Wir müssen statt dessen unsere Rolle als vollwertige Mitwirkende auf der Bühne des Kosmos übernehmen. Sie sagte:

> Das Universum hat dafür gesorgt, dass für diese Entwicklungsmöglichkeiten unserer Existenz die nötige Anleitung und Inspiration zur Verfügung steht: es sind dies die Kernaussagen in den großen Weisheitslehren. Durch ihre Praktiken, durch die Tatsache, dass sie der Entwicklung [des Menschen] so großes Gewicht beimessen, können wir die weiten Bereiche des Verstandes, der Natur, des Körpers und der Gemeinschaft erspüren.... Wir sind bereit wie nie zuvor, die großen Weisheitslehren gebührend zu würdigen.[10]

Spretnaks Buch legt dar, was dies in der Praxis bedeutet – wie wir im Einklang mit der Natur leben können, wie wir der Gnade körperliche Gestalt geben können, wie wir das Heilige in unserem Körper und im Körper der Erde entdecken können. In den spirituellen Überlieferungen der Welt liegt ein Schatz von unermesslichem Wert verborgen. Es ist jetzt an der Zeit, ihren Reichtum zu erschließen. Mit Spretnaks Worten:

> Man kann die überlieferten weisen Lehren wegen ihrer jeweiligen segensreichen Wirkung würdigen, aber auch wegen des in ihnen vorhandenen Potentials, einem multikulturellen Dialog über wichtige Gedanken und Themen zu jenem tiefgreifendem Verständnis zu verhelfen, das bisher durch die Moderne ausgegrenzt wurde. Ich glaube, dass der ökologische Postmodernismus, d.h. die kulturelle Überwindung der Fehlentwicklungen der Moderne, selbst zu einer weisen Überlieferung werden könnte. Er könnte somit diesem Dialog durch die vertiefte Beschäftigung mit dem Fortgang der Entwicklung auf den verschiedensten Gebieten neue Impulse geben.[11]

Aïvanhov war in vieler Hinsicht der Überlieferung zutiefst verbunden. Er war ein Sprachrohr der Weisheitslehren. Er vertrat, wie er sagte, den »Standpunkt der Einweihungslehre«. Dennoch war er auch höchst modern, ja sogar postmodern, denn er versuchte stets, die überlieferte Weisheit auf die heutigen Probleme anzusetzen. Er war der Meinung, dass die überlieferten Einweihungslehren eine klare Antwort auf unser heutiges Dilemma boten.

Zugleich zögerte Aïvanhov nicht, die Lehre, die er von Peter Deunov empfangen hatte, abzuwandeln, um sie besser an die heutigen Bedingungen anzupassen. Anders als Deunov, gab er zum Beispiel dem Thema Sexualität breiten Raum, weil er der Ansicht war, dass sie im Leben vieler Menschen ein großes Hindernis darstellt.

Aïvanhov war ein Mittler zwischen den Welten, und dies in zweifacher Hinsicht. Zum einen diente er als Wegweiser, der uns aufforderte, die immaterielle, geistige Dimension ins Auge zu fassen und dabei gleichzeitig unsere Körperlichkeit zu akzeptieren und in der materiellen Welt voll aktiv zu wirken. Zum anderen befand er sich im fließenden Übergang zwischen althergebrachter Überlieferung und erwachender Zukunft. Dabei verkündete er vorbehaltlos die Weisheit vergangener Zeitalter und forderte uns gleichzeitig mit Nachdruck dazu auf, für eine seiner Vision nach glanzvolle Zukunft der Menschheit zu arbeiten.

DIE MORGENDÄMMERUNG EINES ›GOLDENE ZEITALTERS‹?

Wenn wir die zahlreichen zerstörerischen Kräfte in Betracht ziehen, die beinahe unangefochten unser planetarisches Heim verwüsten, dann scheint alles Gerede von einem ›Goldenen Zeitalter‹ nur eine vage Hoffnung zur Jahrtausendwende zum Ausdruck zu bringen. Dennoch, es ist genau dieses neue, freundlichere Zeitalter, das uns Aïvanhov und andere Seher ernsthaft versprochen haben, als uns vom Schicksal bestimmte Zukunft. Aïvanhov ging sogar so weit, dass er uns sagte, dass das Goldene Zeitalter nicht Generationen oder Jahrhunderte entfernt ist, sondern unmittelbar bevorsteht. In einem Vortrag vom 10. Dezember 1966 sagte er:

> Das neue Zeitalter wird das Wassermannzeitalter sein. Zuerst wird es verheerende Umwälzungen geben, und danach wird das Goldene Zeitalter kommen.[12]

In einem weiteren Vortrag, den er vier Jahre vorher gehalten hatte, am 24. März 1962, war er in seinen Angaben noch genauer:

> Das Reich Gottes wird kommen, das verspreche ich euch, und das Goldene Zeitalter wird kommen. Astrologen haben Berechnungen angestellt, die besagen, was ich euch schon vor Jahren sagte: Das Goldene Zeitalter wird gegen Ende des Jahrhunderts kommen.[13]

Aïvanhov stellte aber auch klar, dass das Wassermannzeitalter eigentlich erst in etwa 200 Jahren beginnen wird, wenn der Frühlingspunkt des Tierkreises in das Sternbild des Wassermanns gewandert ist. Er war sich jedoch sicher, dass wir den Einfluss der neuen astrologischen Stellung zur kommenden Jahrtausendwende spüren werden.[14] Nur die Zeit wird zeigen, ob seine Vorhersage zutreffend war.

Aïvanhov, ebenso wie andere Seher unserer Zeit, sagten für das neue Zeitalter alles andere als eine leichte Geburt voraus. Er wies vielmehr wiederholt darauf hin, dass die Menschheit eine weit reichende Läuterung erfahren werde, bevor das ›Goldene Zeitalter‹ Einzug hält. Er sagte:

> Unter dem Zeichen des Wassermanns werden jetzt alle alten Formen und Werte, die die Menschen für endgültig hielten, umgewälzt und zerbrochen.[15]

Aïvanhov stellte ferner fest:

> Die Menschen erhoffen sich Harmonie, Frieden und ein strahlendes neues Leben, aber dafür müssen sie leiden; solange sie sich nicht abquälen, nicht am Boden zerstört sind, begreifen sie nichts und sind nicht bereit, für das Reich Gottes zu arbeiten.[16]

Aïvanhov vergeudete jedoch nie seine Zeit damit, der negativen Seite einer Situation allzu viel Beachtung zu schenken. Er liebte Schönheit und Harmonie. So warnte er zwar einerseits vor den Prüfungen und Leiden, die vor uns liegen, aber andererseits sprach er lieber von der glanzvollen Zukunft der Menschheit und gab uns damit für unsere Arbeit ein positiv orientiertes Idealbild.

Das ›Goldene Zeitalter‹ wird schließlich nicht einfach automatisch an der richtigen Stelle einrasten. Seine Geburt erfordert die Zusammenarbeit vieler weitblickender Menschen, die sich nicht ausschließlich mit der Bürde ihres eigenen Schicksals beschäftigen, sondern die die nötige innere Reife besitzen und innerlich offen genug sind, den Ruf der Evolution aufzunehmen und darauf reagieren zu können. In gewisser Weise ist Aïvanhovs beharrliche Behauptung, dass das ›Goldene Zeitalter‹ gegen Ende des zweiten Jahrtausends kommen wird, mit der sprichwörtlichen Karotte vergleichbar, die verlockend vor uns baumelt. Es ist jedenfalls eine stark motivierende Vorstellung.

Es gibt aus dieser Perspektive keine klare Antwort auf die Frage, ob das ›Goldene Zeitalter‹ Mythos oder Realität ist. Es ist beides. In dem Maße, wie wir dem Mythos, dem Leitbild, Einfluss auf unser Handeln gewähren, wird es für uns zur Realität. Oder anders ausgedrückt, in dem Maße, wie das ›Goldene Zeitalter‹ zur historischen Realität wird, verliert es seine mythische Komponente. Wenn wir das ›Goldene Zeitalter‹ als »zu schön um wahr zu sein«, ansehen, rauben wir uns selbst alle Kraft. Unser Glaube und unsere Vorstellungen bestimmen unsere Wirklichkeit, unsere Zukunft, wie Aïvanhov nachdrücklich betonte. Wir tun daher gut daran, Vorstellungen und Einstellungen zu pflegen, die für das Leben förderlich sind und die es uns und kommenden Generationen erlauben, unser menschliches Potential voll zu entfalten.

Aïvanhov erinnerte seine Schüler immerfort daran, dass wir ein Universum bewohnen, das weit wunderbarer ist als uns die Wissenschaft glauben machen will – ein Universum, das geduldig auf unsere bewusste, reife Mitarbeit wartet. Wir haben unser evolutionäres Potential bisher kaum angerührt.

Aïvanhov erwies unserer Spezies einen unschätzbaren Dienst, indem er uns an seinem Blick weit voraus in die Zukunft teilhaben ließ, denn nur so erhalten wir einen Hinweis darauf, welche positiven Entwicklungsmöglichkeiten in der Menschheit vorhanden sind. Er sprach von der kommenden Sonnenkultur, die auf eine vertiefte spirituelle Wahrnehmung gegründet ist. Er setzte sie sogar mit dem Reich Gottes gleich. Was er damit meinte, kommt in der folgenden Passage klar zum Ausdruck:

> Das Reich Gottes ist nicht das, was sich die Materialisten darunter vorstellen. Es ist keine physische, sondern eine geistige Wirklichkeit. Das Reich Gottes ist ein Bewusstseinszustand, und um ihn zu erreichen, ist entsprechendes Wissen nötig. Ich habe ein Programm, einen Plan, und wenn ich diesen Plan der Welt verkünden kann, wird es ein Leichtes sein, das Reich Gottes zu verwirklichen. Das bedeutet nicht, dass es in all unseren Köpfen sofort entsteht, nein; für einige wird dies erst in einigen tausend Jahren der Fall sein. Aber wenn das Reich Gottes kommt, dann wird dies mit einer Neuordnung der Welt verbunden sein, und sobald diese neue Ordnung an der Spitze festgefügt ist, werden sich die übrigen »Mitglieder« der neuen Ordnung anschließen.[17]

Daraus ergibt sich, dass das ›Goldene Zeitalter‹ zuerst aus einem Wandel besteht, der sich im Geist und im Herzen vollzieht und erst zu einem späteren Zeitpunkt auf der materiellen Ebene wirksam wird und Frieden, Harmonie, Liebe, Freude, Gerechtigkeit und Überfluss mit sich bringt. Aïvanhov war fest davon überzeugt, dass viele unsichtbare Wesen – die Universelle Weiße Bruderschaft – aktiv daran arbeiten, die Bedingungen für das ›Goldene Zeitalter‹ auf der geistigen Ebene zu schaffen. Er bemerkte:

Die Gedanken und Gefühle aller erleuchteten Menschen bilden eine lichtvolle Kraft, die sich über alle menschlichen Gehirne ausbreitet und auf sie einwirkt, und eines Tages wird die ganze Welt von diesem neuen Licht beeinflusst und angesteckt sein. Wenn man der Menschheit verschweigt, dass Gedanken eine wirkungsstarke Kraft sind, hält man sie – wie ich euch immer schon sagte – beträchtlich in ihrer Entwicklung zurück. Wir kennen aber die Macht der Gedanken, der Meditation, des Gebetes und deren wohltuende Wirkung auf die Menschen und nehmen deshalb an der lichtvollen Arbeit teil, um das Ideal der Universellen Weißen Bruderschaft auf der ganzen Welt zu verbreiten. Die Universelle Weiße Bruderschaft hat nur einen Wunsch: Sie möchte, dass aus der ganzen Welt eine einzige große Familie wird.[18]

DIE ERLÖSENDE KRAFT UNIVERSELLER BRÜDERLICHKEIT

Das hohe Ideal der Brüderlichkeit zwischen allen Menschen wurde schon von vielen Weisen und Heiligen gelehrt, aber in erster Linie von Jesus von Nazareth, der forderte, dass unsere Liebe sogar unseren Feinden gelten solle. Dieses erhabene Ideal ist auch ein Grundpfeiler in Aïvanhovs Lehre. Er definierte brüderliches Leben bzw. Bruderschaft als

> (...) Gemeinschaft, in der mehr Liebe, Wärme, Hilfsbereitschaft und Zusammengehörigkeit zu finden ist, wo jeder Einzelne bewusst für das Wohl der anderen arbeitet.[19]

Aïvanhov sah in der Bruderschaft, die er gegründet hatte, ein Spiegelbild der Kosmischen Bruderschaft, der

Gemeinschaft hoch entwickelter spiritueller Wesen, die die Geschicke der Menschheit von höheren Ebenen der Existenz aus lenken. »Wir verrichten,« sagte er einmal, »eine sehr bedeutende Arbeit zum Wohl der ganzen Menschheit.«[20]

Die sichtbaren Bemühungen der menschlichen Bruderschaft werden von einer großen Gemeinschaft von Wesen in den unsichtbaren Reichen unterstützt. Um das Ideal universeller Brüderlichkeit bzw. Bruderschaft zwischen allen Wesen zu verwirklichen, ist nach Aïvanhov eine Weltregierung unabdingbar und unvermeidbar. »Die ganze Welt muss eine Familie werden,« sagte er.[21] Heute, da sich Soziologen und Psychologen mit dem Niedergang des Familienlebens befassen, kommt Aïvanhovs Botschaft eine besondere Bedeutung zu. Er glaubte, dass der Zusammenhalt der Familie nicht ohne das umfassendere Konzept einer Menschheitsfamilie wieder hergestellt werden könne. Er vertrat die Ansicht, dass die Familie im Rahmen der Evolution dem Zwecke dient, uns zu Mitgliedern der »universellen Familie« zu erziehen. Er sagte, dass die Familie bis heute ihren Zweck nicht erfüllt hat. Die Familie ist heute selten mehr als eine Brutstätte für unzufriedene, egoistische Individuen. Die hohe Scheidungsrate, die Zahl der jugendlichen Straftäter und orientierungslosen Teenager, die vielen alleingelassenen alten Menschen und die dramatisch hohe Zahl emotional und geistig unreifer Erwachsener sind ein klares Zeichen dafür, dass die moderne Familie ihre Funktion nicht erfüllt. So feierte der britische Psychiater David Cooper unlängst denn auch den »Tod der Familie«.[22] Was heute in unserer postindustriellen Gesellschaft als Familie bezeichnet wird, ist seiner Meinung nach im Großen und Ganzen wenig mehr als ein neurotischer »Suizid-Pakt«, der Menschen in eine Falle lockt und ihnen jegliche Spontaneität und echte Liebe raubt; es ist eine Übereinkunft zwischen kranken Seelen.

Da die Familie als Kernzelle des Sozialgefüges gilt, machen sich die Sozialplaner verständlicherweise Sorgen um den Zusammenbruch des Familienlebens. Es fehlt ihnen jedoch offenbar die nötige Weisheit, um dauerhafte, praktische Lösungen anbieten zu können, wie das Ideal eines stabilen, harmonischen Familienlebens zu verwirklichen ist.

Die Familie kann sicherlich nur gerettet werden, wenn wir sie in den größeren Zusammenhang der geistigen Evolution stellen, so wie auch unser Einzelleben sinnlos ist ohne seine Einbindung in die spirituelle Dimension. Aïvanhov zufolge, müssen wir unser Familienkonzept erweitern, damit es »die ganze Welt umfasst«[23], wenn wir die Familie retten wollen.

Unsere typische ›Kernfamilie‹ - sie besteht nur aus Eltern und Kindern – ist eine moderne Erfindung. Wenn wir vorindustrielle Stammesgesellschaften näher betrachten, sehen wir, dass dort der Begriff Familie wesentlich mehr Menschen umfasst. Soziologen prägten für diesen Typ von Familiengemeinschaft den Begriff ›erweiterte Familie‹. Aber diese Bezeichnung ist sicher falsch. Es wäre zutreffender, wenn wir unsere eigene Kernfamilie als reduzierte Familie bezeichnen würden, denn sie schließt andere radikal aus.

Um das Ideal universeller Bruderschaft zu verwirklichen, muss sich unsere Einstellung grundlegend wandeln. Aïvanhov betonte, dass dieser Wandel bei den werdenden Müttern seinen Anfang nehmen muss. »Die Erziehung beginnt vor der Geburt.«[24] Die Mediziner erkennen allmählich, dass das Baby im Mutterleib höchst empfindsam und durch alle möglichen äußeren Reize beeinflussbar ist.

Aber Aïvanhov ging in seiner Vorstellung noch weiter. Er glaubte, dass Eltern durch ihre ganze Lebenseinstellung bestimmte Seelen anziehen. Der Augenblick der Empfängnis ist ein getreues Spiegelbild ihrer allgemeinen Einstellung und ihrer Neigungen. Selten ist dieser Moment ein heiliger Augenblick, der einem höheren Wesen signalisiert, dass die Eltern die richtigen Bedingungen für seine oder ihre geistige Weiterentwicklung bieten. Aïvanhov legte dar, dass das Wesen, das in die menschliche Welt hineingeboren werden soll, bis zum Augenblick der Geburt, wenn das Kind seinen ersten Atemzug tut, die Mutter umschwebt. Dann vereinigen sich der feinstoffliche Körper und der junge physische Körper, und es entsteht ein neues Individuum.

Deshalb tragen Mütter eine besonders große Verantwortung bei der Schaffung der richtigen vorgeburtlichen Bedingungen für das in ihrem Leib heranwachsende Kind. Diese Verantwortung, die Aïvanhov »geistige Galvanoplastik« nannte, wurde in der Vergangenheit sehr wohl verstanden, und Mutterschaft wurde unter den Frauen als eines der großen Geheimnisse des Lebens gefeiert. Aïvanhov sah in den Frauen, mehr als in den Männern, die geistigen Hüter der Menschheit. Er sagte:

Die Natur hat den Frauen Fähigkeiten gegeben, die sie nicht oder nur schlecht nutzen. Sie müssen sich bewusst werden, dass sie diese Fähigkeiten besitzen, und dass die Zukunft der Menschheit von ihnen abhängt. Wenn die Frauen mich verstehen wollten, würden sie eine unbeschreibliche Macht in der Welt darstellen. Nichts kann ihnen widerstehen. (...) Von heute an sollen sich alle Frauen der Welt zusammenschließen mit dem Ziel, der Menschheit neue Lebensimpulse zu geben. Auf diesem Gebiet können die Männer trotz ihrer Intelligenz und ihrer Fähigkeiten nicht viel ausrichten. Nein, diese Aufgabe hat die Frau, die Mutter erhalten, denn die Natur hat ihr die Fähigkeit verliehen, auf das ungeborene Kind einzuwirken.[25]

Dies bedeutet nicht, dass die Männer hierbei keine Verpflichtungen haben. Im Gegenteil, sie müssen hart arbeiten, um die Irrtümer und Vorurteile abzubauen, die im Laufe vieler Generationen patriarchalischer Herrschaft angehäuft wurden. Das Patriarchat ist die institutionalisierte Vorherrschaft der Männer über die Frauen nicht nur innerhalb der Familie, sondern in der Gesellschaft allgemein, wobei den Frauen ihre Kraft und ihr Einfluss genommen wird. Es ist diese patriarchalische Mentalität, die weitgehend dafür verantwortlich ist, welchen Weg unsere Zivilisation nimmt – einschließlich endloser Kriege, Konkurrenzkampf in Wirtschaft und Sport und nicht zuletzt der rücksichtslosen Ausbeutung der Naturreichtümer der Erde.

Das nachweisbare Scheitern und die Ungerechtigkeit der patriarchalischen Ideologie führte in den letzten Jahrzehnten zu der rasch anwachsenden Frauenbewegung. Eine große Gruppe innerhalb dieser Bewegung versucht das Gleichgewicht dadurch wieder herzustellen, dass sie ein neues Zeitalter des Matriarchats einleitet. Jedoch das Vorhaben, eine weiblich dominierte Gesellschaft zu schaffen, ist lediglich eine Gegenreaktion. Sie ist aus historischer Sicht verständlich, aber nicht zu rechtfertigen. Sollte jemals auf diesem Planeten das Matriarchat herrschen, hat es sicherlich keine Zukunft, denn es stellt nur eine weitere einseitige Auffassung vom Leben dar.

Es ist jedoch die Herausforderung unserer Zeit, solche von Grund auf begrenzenden Sichtweisen zu überwinden. Im Goldenen Zeitalter geht es nicht um Macht, Herrschaft, Kontrolle und Ausbeutung. Es geht um Menschen, die ausgeglichen sind und sich ganzheitlich sehen. Es geht um eine Zivilisation, die ihre Wurzeln nicht im gegenseitigen Misstrauen und in Ausbeutung hat, sondern in den Idealen von Liebe, Mitgefühl und freiwilliger Zusammenarbeit. Am heutigen Punkt der Menschheitsgeschichte muss dies ohne Abstriche gelten, alles andere wäre unglaubwürdig. Wir müssen uns vorwärts bewegen, und zwar ungehindert durch Ideologien und soziale Zwangsjacken aus der Vergangenheit.

Bis heute war die Menschheitsgeschichte eine Tragikomödie aus Stammestreue und, später, staatlicher Hoheit, Schaffung eines Weltreiches und kapitalistischem oder kommunistischem Imperialismus. All dies sind nur die äußeren Zeichen des primitiven Dranges nach materieller Sicherheit und nach Macht über andere. Für Aïvanhov ist eine Weltregierung eine politische Innovation, die unausweichlich mit dem geistigen Reifungsprozess der Menschheit verknüpft sein wird.

Mit der Gründung der Vereinten Nationen im Jahre 1945 gab es in der Geschichte der Menschheit ein völlig neues politisches Element. Die Vereinten Nationen waren eine direkte Antwort auf die Sinnlosigkeit und Unmenschlichkeit des 2.Weltkrieges. Obwohl diese Organisation in ihrer gegenwärtigen Form alles andere als vollkommen ist – einige erklärten sie für handlungsunfähig und bezeichneten sie als Zerrbild – verkörpert sie dennoch ein Ideal, das unter allen Umständen lebendig gehalten werden muss. Es ist das Ideal weltweiter Brüderlichkeit, wie es in der Charta der Vereinten Nationen steht, die am 26. Juni 1945 in San Francisco unterzeichnet wurde:

> tolerant zu sein und in Frieden miteinander in guter Nachbarschaft zu leben.

Obwohl die Charta in ihrem juristischen Sprachgebrauch die Wörter »Brüderlichkeit« und »Liebe« nicht erwähnt, könnte man ihre weit reichenden Ziele in diesem Sinne ohne weiteres umformulieren. Dies wird dadurch erhärtet, dass Artikel 1 der Erklärung der Menschenrechte, der ohne Gegenstimme von den Vereinten Nationen im

Dezember 1948 angenommen wurde, eindeutig festlegt:

> Alle Menschen sind frei und gleich an Würde und Rechten geboren. Sie sind mit Vernunft und Gewissen begabt und sollen einander im Geiste der Brüderlichkeit begegnen.

Der Geist der Brüderlichkeit oder Gemeinschaft ist in der Tat das Wertvollste überhaupt sowohl in den internationalen Beziehungen als auch im Privatleben. Ohne ihn werden wir immer Fremde füreinander bleiben. Die Weltregierung, von der Aïvanhov sprach, kann als kristallisiertes Prinzip universeller Brüderlichkeit verstanden werden. Die gegenwärtige Krise unserer Zivilisation hat viele Aspekte, und es gibt ebenfalls viele Abhilfemaßnahmen, die wir jetzt einleiten müssen. Wenn wir jedoch diese ernste Angelegenheit unsystematisch angehen und so tun, als könne man jedes Problem getrennt für sich lösen, werden wir sehr wenig ausrichten. Es ist so, als würden wir einem Brandopfer mit Heftpflaster helfen wollen.

Der einzige Weg, uns und unseren leidenden Planeten zu heilen, besteht darin, an die Wurzel des Problems zu gehen, nämlich unsere geistige Fehlorientierung, unsere leichtfertige, aber schon zur Gewohnheit gewordene Missachtung der höchsten Quelle allen Lebens. Wir müssen unsere Verbindung zum Göttlichen wieder herstellen. Nur so gewinnen wir unser Urvertrauen zurück und die Kraft und die Weisheit für ein Leben in Harmonie. Geben wir abschließend Aïvanhov mit einem Zitat noch einmal das Wort:

> Also diese Verbindung ist wichtig, dieser kleine Draht, der eingesetzt werden muss, um den Kreislauf zwischen der Erde und dem Himmel, zwischen der unteren und der höheren Welt wiederherzustellen. Dann werden alle Wesen voller Liebe erstrahlen und die Menschheit wird einen neuen Weg einschlagen.[26]

ANMERKUNGEN
1. Omraam Mikhaël Aïvanhov, *Der Mensch erobert sein Schicksal* (Izvor 202, Prosveta, 1982), S. 100, 101.
2. Omraam Mikhaël Aïvanhov, *Die Gesetze der kosmischen Moral* (Gesamtwerke, Bd. 12, Prosveta, 1995), S. 270.
3. Jean Gebser, *In der Bewährung: Zehn Hinweise auf das neue Bewusstsein* (Bern/München: Francke Verlag, 1962), S. 65.
4. Omraam Mikhaël Aïvanhov, *Die geistige Galvanoplastik und die Zukunft der Menschheit* (Izvor 214, Prosveta, 1984), S. 23, 25.
5. The Notebooks of Paul Brunton, vol.1: *Perspectives* (Burdett, NY: Larson Publications, 1984), S. 98.
6. Omraam Mikhaël Aïvanhov, *Le Verseau et l´avènement de l´Age d´Or* (Oeuvres complètes, Tome 25, Prosveta France, 1979), S. 31.
7. Henryk Skolimowski, Ecological Renaissance (Ann Arbor, Mi.: Eco-Philosophy Center, 1991), S. 8.
8. Ibid., S. 21.
9. Ibid., S. 22, 23.
10. Charlene Spretnak, *States of Grace: The Recovery of Meaning in the Postmodern Age* (San Francisco: Harper San Francisco, 1991).
11. Ibid., S. 230, 231.
12. Omraam Mikhaël Aïvanhov, *Le Verseau et l´avènement de l´Age d´Or* (Oeuvres complètes, Tome 25, Prosveta France, 1979), S. 14.
13. Omraam Mikhaël Aïvanhov, *Le Verseau et l´avènement de l´Age d´Or* (Oeuvres complètes, Tome 25, Prosveta France, 1979), S. 31.
14. Siehe Omraam Mikhaël Aïvanhov, *Le Verseau et l´avènement de l´Age d´Or* (Oeuvres complètes, Tome 25, Prosveta France, 1979), S. 183.
15. Omraam Mikhaël Aïvanhov, *Eine universelle Philosophie* (Izvor 206, Prosveta, 1984), S. 31.
16. Omraam Mikhaël Aïvanhov, *L´amour et la sexualité* (Oeuvres complètes, Tome 15, Prosveta France, 1976), S. 268.
17. Omraam Mikhaël Aïvanhov, *Le Verseau et l´avènement de l´Age d´Or* (Oeuvres complètes, Tome 25, Prosveta France, 1979), S. 201.
18. Omraam Mikhaël Aïvanhov, *Eine universelle Philosophie* (Izvor 206, Prosveta, 1984), S. 115, 116.
19. Ibid., S. 199.
20. Ibid., S. 213.
21. Ibid., S. 115.
22. David Cooper, *The Death of the Family* (Harmondsworth, England: Penguin Books, 1973).
23. Omraam Mikhaël Aïvanhov, *Eine universelle Philosophie* (Izvor 206, Prosveta, 1984), S. 106.
24. »*Die Erziehung beginnt vor der Geburt*« ist der Titel in der Reihe Izvor, Band 203, Prosveta, 1983, und auch der Titel eines Vortrages, der in diesem Band abgedruckt ist.
25. Omraam Mikhaël Aïvanhov, *Die Erziehung beginnt vor der Geburt* (Izvor 203, Prosveta, 1983), S. 45, 46.
26. Omraam Mikhaël Aïvanhov, *Die Gesetze der kosmischen Moral* (Gesamtwerke, Bd. 12, Prosveta, 1995), S. 274.

WICHTIGE DATEN IM LEBEN VON OMRAAM MIKHAËL AÏVANHOV

1900	31. Januar: ungefähr um 0.25 Uhr wird Aïvanhov im Dorf Serbtzi in Mazedonien, Bulgarien, geboren;
1907	sein Dorf wird von griechischen Nationalisten niedergebrannt; seine Mutter zieht mit ihm nach Warna, wo sein Vater Arbeit gesucht hatte;
1908	Tod seines Vaters;
1916	während einer Meditation hört er die ›Sphärenmusik‹ – ein Erlebnis von entscheidendem Einfluss;
1917	erste Begegnung mit dem bulgarischen Meister Peter Deunov, dessen spiritueller Name Beinsa Duno lautet (12. Juli 1864 bis 27. Dezember 1944);
1923 – 1931	Universitätsstudium in verschiedenen Fachrichtungen;
1932	Lehrer an einer höheren Schule;
1935	Leiter einer höheren Schule bei Sofia;
1937	22. Juli: Ankunft in Paris, wo er für den Rest seines Lebens auf Geheiß seines Lehrers Peter Deunov dessen Lehre verkünden sollte;
1938	29. Januar: erster öffentlicher Vortrag in der Saale de Luxembourg, Place de La Sorbonne, Paris; 9. Juni: erster öffentlicher Vortrag in Lyon mit dem Thema: ›Geistige Galvanoplastik‹;
1945	Frühjahr: Gründung der Bruderschaftsgruppe in der Schweiz; Weihnachten: Veröffentlichung der ersten Sammlung von Reden unter dem Titel ›Amour, Sagesse et Vérité‹ (Liebe, Weisheit, Wahrheit), mit einem Vorwort von Lanza del Vasto;
1948	16. Januar: die Vereinigung wird offiziell als ›Fraternité Blanche Universelle‹ eingetragen; 21. Januar: er wird aufgrund falscher Zeugenaussagen wegen Spionage verhaftet;
1950	März: nach 26 Monaten Haft wird er entlassen, nachdem sich die gegen ihn erhobene Anschuldigung als falsch erwiesen hat;
1953	erster Sommer-Kongress im Bonfin, dem Zentrum der Bruderschaft bei Fréjus, an der französischen Riviera;
1958	erster Besuch nach seinem Prozess bei Schülern in der Schweiz, wo er fast jedes Jahr einige Zeit verbringt;.

1959	11. Februar: Abreise nach Indien, wo er ein Jahr verbringt und verschiedenen Meistern begegnet; 17. Juni: Begegnung mit Babaji, einem Meister von legendärem Ruf, sowie dem deutsch-tibetischen Lama Anagarika Govinda;
1960	28. September: juristische Rehabilitation;
1961	Juni: Reise nach England, Aufenthalt in London;
1962	Mai: Reise nach Spanien;
1964	Mai: Reise nach Italien, Griechenland und Jugoslawien; in Serbtzi, seinem Geburtsort, trifft er seine Mutter, die er seit seiner Abreise 1937 nicht mehr gesehen hatte;
1965	Frühjahr: Reise nach Deutschland, Schweden und Holland; Juni: Besuch bei König Simeon von Bulgarien in Spanien;
1966	Frühjahr: Reise nach Italien;
1967	Mai /Juni: Reise in die USA (Florida, Kalifornien, Hawaii) und Kanada (Weltausstellung in Montreal);
1968	Frühjahr: Reise nach Heidelberg; Mai /Juni: Er verbringt zwei Wochen in Israel (Haifa, See Genezareth, Totes Meer, Safed, Eilat, Qumran, Jerusalem und Tel Aviv, wo er mit Premierminister Ben Gurion zusammentrifft;
1969	Mai: Reise nach Griechenland (Delphi, Patmos, Berg Athos) und in die Türkei (Istanbul);
1970	Mai /Juni: Reise nach Ceylon, Hong-Kong und nach Japan (Weltausstellung in Osaka);
1971	Mai /Juni: Reise nach Marokko, Ägypten, Äthiopien, in den Libanon (Baalbek) und nach Griechenland;
1973	5. August: Tod seiner Mutter in Warna im Alter von 97 J.;
1977	5./6. März: Teilnahme an einer interkonfessionellen Tagung in Paris, die von dem Sufi-Meister Pir Vilayat veranstaltet wurde;
1978	20. Dezember: sechsmonatige Reise in die Karibik, nach Nordkalifornien und Hawaii;
1981	Frühjahr: vierwöchige Reise in die USA; (in Virginia Beach trifft er Hugh Lynn Cayce, Sohn des berühmten amerikanischen Hellsehers und Propheten Edgar Cayce); anschließend Reise nach Kanada; 18. Juni: Reise nach Bulgarien auf Einladung des Kulturministers; Teilnahme an der 1300-Jahrfeier (Gründung Bulgariens und Gedenken an die Heiligen Kyrillos und Methodios); Herbst: Reise in die USA (Greenwich in Connecticut, New York, Arizona und Los Angeles);

	Weihnachten: Abreise für einen zweimonatigen Aufenthalt in Thailand;
1982	4. Februar: Ankunft in Indien (Neu Dehli, Amritsar); zwei Monate Aufenthalt;
	Herbst: Reise nach England und Schottland;
1983	Januar: Reise von England nach Ägypten;
	28. April: zehnwöchige Reise nach Norwegen, Schweden, Finnland;
1984	18. Januar: Reise in die USA (Texas, Kalifornien, New York, Washington D.C. und Greenwich); es kommt zu Treffen mit Präsident Reagan und der Hellseherin Jeane Dixon;
	Mai/Juni: Aufenthalt in Kanada;
1985	Januar bis Ende April: Besuch in den USA (Denver, Los Angeles und Nordkalifornien);
	Mai/Juni: Reise nach Kanada; von dort am 10. Juni kurze Botschaft über Satellit anlässlich des Benefizkonzertes ›LIVE AID‹;
1986	25. Dezember: Während er im Bonfin weilt, scheidet er um 21.25 Uhr aus dieser Welt. In seiner letzten Botschaft an die Schüler ermahnt er sie, die Einheit und Harmonie zu bewahren und trägt ihnen auf, seine Lehre in der ganzen Welt zu verkünden.

AUSWAHLBIBLIOGRAPHIE

Die folgende Literaturauswahl war mir eine besondere Hilfe beim Schreiben dieses Buches. Ich möchte auch besonders auf die Literatur hinweisen, die zu jedem Kapitel jeweils in den Anmerkungen aufgeführt ist.

Aïvanhov, Omraam Mikhaël, *Reihe Gesamtwerke*, 32 Bände, Prosveta Frankreich.
Aïvanhov, Omraam Mikhaël, *Reihe Izvor*, 36 Bände, Taschenbuchausgabe, Prosveta Verlag Frankreich.
Banchi, Ugo, *Selected Essays on Gnosticism, Dualism and Mysteriosophy*, Leiden (Niederlande): E. J. Brill, 1978.
Berendt, Joachim-Ernst, Nada Brahma: *Die Welt ist Klang*, Reinbek: Rowohlt, 1985.
Brunton, Paul, *The Notebooks of Paul Brunton*, Burdett, NY: Larson Publications, 1984-1988, 16 Bände.
Chopra, Deepak, *Quantum Healing: Exploring the Frontiers of Mind/Body Medicine*, New York: Bantam, 1990.
Dossey, Larry, *Space, Time, and Medicine*, Boston, MA: Shambhala, 1982.
Recovering the Soul: A Scientific and Spiritual Search, New York: Bantam, 1989.
Meaning and Medicine, New York: Bantam Books, 1991.
Duno, Beinsa (Peter Deunov), *Le Maître parle*, Paris: Courier du Livre, 1982.
Appell au disciple – Les paroles sacrées du Maître, Terranova (Frankreich): Télesma, 1989.
Ferguson, Marilyn, *The Aquarian Conspiracy*, Los Angeles: J.P. Tarcher, 1987.
Feuerstein, Georg, *Yoga: The Technology of Ecstasy*. Los Angeles: J. P. Tarcher, 1986.
Sacred Paths, Burdett, NY: Larson Publications, 1991.
Wholeness or Transcendence? Ancient Lessons for the Emerging Global Civilization, Burdett, NY: Larson Publications, 1992.
Sacred Sexuality: Living the Vision of the Erotic Spirit, Los Angeles, CA: J. P. Tarcher, 1991.
Fox, Matthew, *The Coming of the Cosmic Christ*, San Francisco: Harper San Francisco, 1991.
Gebser, Jean, *Ursprung und Gegenwart*, Stuttgart: Deutsche Verlagsanstalt, 1965.

Harman, Willis, *Global Mind Change*, Indianapolis, IN: Knowledge Systems, 1988.
Hedrick, Charles W./Robert Hodgson, jr., Hrsg., *Nag Hammadi, Gnosticism, and Early Christianity*, Peabody, MA: Hendrickson Publishers, 1986.
Hixon, Lex, *Coming Home:* The Experience of Enlightenment in Sacred Traditions, Los Angeles: J. P. Tarcher, 1989.
Houston, Jean, *The Possible Human*, Los Angeles: J. P. Tarcher, 1982.
Hubbard, Barbara Marx, *The Revelation: Our Crisis Is a Birth*, Sonoma, CA: Foundation for Conscious Evolution, 1993.
Jonas, Hans, *The Gnostic Religion:* The Message of the Alien God and the Beginnings of Christianity. Boston, MA: Beacon Press, 2. erw. Auflage, 1963.
Liberman, Jacob, *Light: Medicine of Our Future*, Santa Fe, NM: Bear & Co., 1991.
Lorimer, David, *Prophet for Our Times:* The Life & Teachings of Peter Deunov, Shaftesbury, England/Rockport, MA: Element Books, 1991.
The Circle of Sacred Dance: Peter Deunov´s Paneurhythmy, Shaftesbury, England/Rockport, MA: Element Books, 1991.
M. P. (anonymous), *Beinsa Duno* (Peter Deunov): Reminiscences – Talks with the Master, Los Angeles: Sunrise Press, 1968.
Murphy, Michael, *The Future of the Body*, Los Angeles: J. P. Tarcher, 1992.
Pagels, Elaine, *The Gnostic Gospels*, New York: Random House, 1979.
Pearson, Birger A, *Gnosticism, Judaism, and Egyptian Christianity*, Minneapolis, Mn: Fortress Press, 1990.
Petrement, Simon, *A Separate God:* The Christian Origins of Gnosticism, San Francisco: Harper & Row, 1990.
Robinson, James M., *The Nag Hammadi Library in English*, San Francisco: Harper & Row, 3. überarb. Auflage, 1988.
Rudolph, Kurt, *Gnosis: Wesen und Geschichte einer spätantiken Religion*, o.a.J. UTB, 2.Aufl., 1987.
Smith, Morton, *The Secret Gospel: The Discovery and Interpretation of the Secret Gospel*
According to Mark, Clearlake, CA: Dawn Horse Press, 1982.
Tart, Charles, *Waking up: Overcoming the Obstacles to human Potential*, Boston, MA: Shambhala, 1987.
Wegscheider Hyman, Jane, *The Light Book: How Natural and Artificial Light Affect Our Health, Mod., and Behavior*, New York: Ballantine Books, 1990.
White, John, *The Meeting of Science and Spirit*, New York: Paragon House, 1990.

STICHWORTVERZEICHNIS

A

Abel, 293
Adam, 119, 293
adbhuta, 173
Affinität, Gesetz der, 170, 172
Agartha, 80
ahamkara, siehe auch ego 236
Aïvanhov, Omraam Mikhaël
  Ableben, sein, 105
  als bodhisattva, 106
  als Christ, 190, 269
  als Heiler, 97
  als Sonnen-rishi, 232
  Anklage wegen Spionage, 79
  erstes ekstatisches Erlebnis, 38, 42, 45, 135, 215
  Geburtsort u. -jahr, 25
  Heilung durch Deunov, 56
  im Alltag, 57
  in Frankreich, 66-69
  Kindheit, 23
  Lehrjahre, 54
  Omraam, Bedeutung des Namens, 83
  sein Gnostizismus, 280
  sein Sprachtalent, 68-69, 103
  sein Vater, 29
  seine Ausdrucksweise, 274
  seine Einfachheit, 78, 90
  seine Erziehung, 29, 33
  seine Großmutter, 33
  seine Lehre, 70, 106, 271
  seine Mutter, 25, 40
  seine Reisen, 82, 101
  seine übernatürlichen Kräfte 37, 61
  seine Vorträge, 75
  über Deunov, 55
  und Arbeit, 204, 214
  und Berge, 37
  und Besucher, 68, 70, 78
  und Bücher, 33, 38, 39, 41
  und der Nubier, 104
  und Echnaton, 186
  und Farben, 36
  und Frauen, 28
  und Geld, 69
  und Kundalini, 255
  und seine Schüler, 58, 91
  und Wunder, 99
Akasha Chronik, 171, 172
akasha, Definition, 171
Albigenser 286
Alchemie, 192, 277
amrita, 223
Analogie, 168
Ananda Mayi Ma, 83
Angst, 196, 210, 224
Ankunft Aïvanhovs in Frankreich, 66
antariksha, 234
anthropisch, Prinzip, 126
Apollonius von Tyana, 73
Apostel, siehe auch Einzelnamen, 277
Arjuna, 186, 202, 252
ashrama, Definition, 71
Askese, 241
Astralkörper, 74, 146, 147
Astralreise, 49
Astrologie, 277
Astronauten, 237
Äther, 171
Ätherkörper, 74, 146, 154
Athos, 241
atman, 148, 235
atmanam viddhi, 112
Atmankörper, 146
Atman-Projekt 130
Atmung, 247, 250
Aton., 186, 187
Auge
  Drittes Auge, 59, 254
  und Lebenskraft, 57
  und Wahrheit, 30, 57, 96, 184
Augustinus, heiliger 196
Aurobindo Sri, 28, 85
außerkörperliche Erfahrung, 42

B

Babaji, 85, 88
Bacon, F., 158
Befriedigung (s.a. Lust), 256, 264
Beinsa Duno, siehe Deunov, Peter 51-54
Bellemin, S. (Svezda), 66
Bernhard von Clairvaux, 159
Bhagavad-Gita, 186, 201, 214, 252

Bibel, siehe auch Altes Testament 119, 158, 190
Biologie, die neue, 125
Bioplasma, 172
biotisches Prinzip, 126
Black Elk, W., 162, 163, 164
Blagost, C., 106
Bloom, A., 115
bodhisattva, Aïvanhov und 105, 106
Bogomilen, 283, 285
Bohm, D., 142
Bonfin, 72-74, 83, 105
Boni, T., 15
Brihad-Aranyaka Upanischad, 184, 234
Bruderschaft, Ideal der 53, 74, 76, 312, 314
Brunton, P., 81, 82, 198, 273, 303
Buch der Natur,159, 161, 184
Buddha, 189, 222, 280
buddhi, 147, 186
Buddhikörper, 146
Bulgarien,23, 35, 54, 283, 284, 286
Byzanz, 283, 284, 285

C

Chakras, 258
Chinmoy, Sri, 209
Cicero, 112
Cooper, D., 313
Cosmas, 284
Crookall, R., 49
Crowley, A., 259

D

David, König 293
Delphi, 112
Deunov, Peter (Beinsa Duno), 26, 51-54, 66-67, 76, 84, 86, 97, 167, 207, 270, 280, 283, 307
dhi, 184
Dialog, multikultureller, 307
Dickhoff, E., 80
Dionysos 24
Dossey, L., 16
Dreifaltigkeit, Heilige, 264
Druiden, 160
Dualität, 282

Dualität, Nicht-, 282
Dürckheim, K., 121
Durga, 88

E

Eckehart, Meister 288, 294
Ego, das 119, 236, 301
Ehe, die 245
Einweihungsphilosophie 120
Einweihungswissen 114, 117, 119
Elementalen, 261
Eliade, M., 231
Elias, 292
Eltern, 314
Emanationen, psychische, 28, 261
Emerson, R.W., 159
Empfängnis, 314
Erde (s.a. Öko-Spiritualität und Öko-Yoga), 228, 290, 299, 300, 316
Ernährung (s.a. Nahrung), 222-226
Eros,243, 245, 252
Erziehung, ganzheitliche 115
Esoterik, 275, 281
Essener 188
Evolution 124, 274
Evolution, Definition 204
Evolutionstheorie 124

F

Familie, 200, 202, 312, 313, 316
Farben 36, 225, 234, 261
Fasten, das 223
Feuer, Symbolik, 31
Fleisch, 224, 225
Fluss des Lebens,149, 244, 246
Fox, M., 290
Franz von Assisi, heiliger 190
Freiheit, 27, 223, 303
Friede,77, 216
Frizzell, C., 102

G

Galilei, 173
Galvanoplastik, geistige,208, 315
Gandhi, M., 85
Ganzheitlichkeit, 302
Gebet, 211, 235, 249

Gebirge, 25, 37
Gebser. J., 301
Gedanken, 212, 213
Geister,35, 164
Genesis, 229
Genitalien,240, 243, 250, 256, 264
Gesetz, kosmisches 173
Gesetz der Resonanz 131
Gimbutas, M., 23
Glaube, 155, 207, 310
Glorienkörper, 292, 294
Glück, Suche nach,130, 141, 196, 223, 239, 242, 246, 260
Gnosis, Definition 188
Gnostizismus, 188, 203, 229, 230, 235, 279, 280
Gold, Symbolik, 97, 107
Goldenes Zeitalter, 252
Göttin und Gott, 23, 254, 258
Govinda,A., 85
Grundfragen, 111
Gut und Böse, 150-154, 188

H

Hahn, Symbolik, 19
Hare-Krishna-Bewegung, 232
Harmonie, 77, 213, 214, 216
Hass,99, 210
Haut, 63, 244
Hawkes, J., 186
Hebräer, 293
Heisenberg, W., 118
Hermes Trismegistus, 173, 255
Hiranyagarbha, 186
Hölle, 138, 153, 206, 255
Homo nueticus, 126, 250
Homo sapiens, 126, 127, 250
Horus, 189

I

Ich, das höhere, 120, 235, 258
Ich, das, 119, 258
Ideal,128, 249, 250, 317
Ideologie, 301
Imperialismus, 317
Individualität 129, 130
Intuition, 119, 139, 164, 186
Involution, Definition, 204

Involution, und Evolution, 205, 274
Izgrev, 54, 57, 71

J

Jehan, Bruder, 72
Johannes der Täufer, 292
Johannes, heiliger (siehe auch Johannes-Evangelium), 29, 54, 276, 277, 278
Jones, R.S., 230
Jung, C. G., 124

K

Kabbala 245, 272, 277
kali-yuga, 252, 300
Karma, 32, 84, 155, 170
Karma-Yoga, 202
Kausalkörper, 146, 147
Khan Boris, 284
Kindheit, 23, 32
Klassik, 116
Klemens von Alexandrien,276
Konzil von Nizäa,155, 291
Korinther, 275
koshas, 145
kosmische Intelligenz, 164, 171
Kosmos, 126, 135, 137, 140, 148, 150 154, 156, 164, 166, 170, 172, 225, 230, 233, 237, 242, 287, 305
Kreativität, 250
Krise, Welt-, 301, 318
Krishna, 44, 186, 202, 215, 227, 252, 255
kundalini shakti, 264
Kundalini, Definition, 44, 254
Kundalini-Kraft, 44, 255, 256, 264

L

Lakota, 163
Lakshmi, 88
Lernen, intellektuelles 114
Leviathan, 150
Licht, 229, 230, 237
Liebe
    allgemein, 209, 265
    als göttliche Kraft 244
    universelle, 242

Lind, C., 80
Lorenz, Bruder 211
Luzifer 286
Lyon, W.S., 163

M

Magus, 90, 98
Maharischi Mahesh Yogi, 232
maithuna, 258
Makrokosmos, 148, 149, 169
Mandala, 235
mantra, 184, 253
Manu, 186
Märchen, 24, 33
Maria Magdalena, 295
Mariendoktrin, 285
Marx, K., 273
Materialismus, 138, 165, 203
Materie, 32, 45, 124, 135, 137, 138, 146 149, 164, 166, 188, 203, 228, 274
Mathematik,139, 174
Matriarchat, 316
Meditation, 249, 312
Medizin, 146
Meister, geistiger, 88
Menschenrechte, Erklärung der, 317
Mentalkörper 74, 146
Messe, christliche, 190
Mikrokosmos, 148, 149, 169
Miller, R., 116, 117
Mineralien 124
Mitgefühl, 91, 97, 316
Mithras, 189
Monroe, R., 49
Moses, 86, 293
mudra, 95, 253
Muktananda, Swami, 84, 232
Musik,24, 253, 294
Mussala 37, 60, 61, 66
Mutter Gottes, 263
Mutter, die, 27, 315
Mutterschaft, 26, 315
Mystik, 274

N

Nag Hammadi, 189, 275, 280
Nahrung (s.a. Ernährung), 74, 222-226
Natur, 149, 150

Needleman, J., 162
Neemkaroli baba, 83
Newton, I., 135, 139
Nietzsche, F., 303
Nihilismus, 301
Nostradamus, 19
Nityananda, Swami, 84

O

Ökologie, 304
Öko-Spiritualität, 193, 304
Öko-Yoga 193
Öko-Erde (siehe auch Öko-Spiritualität) 228, 291, 316,
OM, 83, 253
Omega-Punkt, 148
Omraam, Bedeutung des Namens 83
Opfer (s.a. Selbstaufopferung), 138, 202, 209, 236
Ordnung, 126, 142, 156, 169, 253, 306, 311
Ossendowski, F., 80

P

Pagels, E., 279
Papst, 190
Parapsychologie, 99
Patanjali, 49
Patriarchat, 316
Paulus, der heilige,275, 277, 283, 285
Personalität, 87, 89, 92, 113, 119, 129 130, 274, 303
Peter, der I., Zar, 284, 285
Petrus, der heilige, 278
Philosophie des Geistes 120
Physik, 140, 142, 169, 174
Pio, Pater, 294
postmoderne Gesellschaft, 122
Prana, 42, 172
Priester, christliche, 190
Psyche (s.a. Personalität, ich, Ego),45 114, 142, 160, 237, 246, 248, 288
purusha, 234, 235
Puschan, 183
Pythagoras,73, 173, 216

Q

Quantenphysik 135

R

Ra 187
RAAM, 83, 253
Raja-Yoga 98
Rajneesh (Osho), 232
RAM siehe RAAM
Ramacharaka, 40
Ramana Maharshi,81, 82, 85, 112
Rationalismus, 301
Ravindra, R., 295
Reich, Gottes, das, 80, 91, 309, 311
Reinheit, 55, 74, 159, 209, 213
Reinkarnation, 155, 287, 291, 292
Religion23, 123, 143, 185, 274, 275, 301
Renard, P., 98
Revolution, sexuelle, 260
Rig-veda 183-184
Rishis 184
Robbins, J., 225
Rocher, 73
Roerich, Nicolas, 80

S

samatva, Definition, 215
Sannella, L., 255
Santa Maria, J., 227
Savitri, 183, 184
Schamane, 163, 167, 168
Schilling, H.K., 139, 143
Schlange, Symbolik,24, 254, 258
Schöpfer, 164, 172, 198, 253
Schuld, 107
Schwingungen, 224, 229, 253
Selbstlosigkeit, 87, 89
Selbstverwirklichung, 246
Sexualität
    Sexualkraft und Energiefluss, 248
    Tantra-Ritual, 258
    und Karma, 261
    und Liebe, 261
    und Nahrung, 228
    und Orgasmus, 240, 242, 248
    und schwarze Magie, 259
    und Sexualverkehr, 261
    und Spiritualität, 249
    und Sublimierung, 240, 242
    Yoga der Sexualität, 264
Sexualkraft, 243-245, 250, 252
Shakti und Shiva, 254, 272
Shakti, Definition, 232, 254, 255
Shekinah, 245
Shiva und Shakti, 254, 272
Shiva Definition
Shivananda, Swami, 84
siddha 90, 144
siddhis, 98
Singer, J., 140, 142
Skolimowski, H., 126, 251, 304, 305
Smith, M., 275, 276
Sonne
    als intelligentes Wesen, 180, 233
    als Lehrmeister, 185, 233
    im Hinduismus, 183
Sonnenaufgang, 236
    und Christus, 189, 191, 229
    und Heilkraft, 194
    und Kundalini, 255
    und Sonnensymbole, 189
    und Zivilisation, 178
Sonntag, Bedeutung, 190
Sphärenmusik, 42, 135, 215
spinther, 281
Spiritualisten, 146, 203, 214, 228, 230
Spiritualität, 273, 275, 292, 304, 305
Spretnak, C., 304, 306
Stanciu, G., 125
Surya, 183, 186
Svezda, 66-69

T

Talmud, 150
Tantrismus (Tantra-Yoga), 245, 252, 255, 259
Taoismus, 232, 247
Taufe, 276
Tauler, J., 211
Teilhard de Chardin, 148
Théodosy, F., 88
Theosophie, 280
Therapie, 123
Thomas, der heilige, 189, 275, 280
Thomas, Evangelium, 189, 275, 279
Tibet, 80

Tod, 24, 107, 243, 289, 291
Transzendentale Meditation, 232

U

Überlieferung, spirituelle, 23, 118, 300, 307
UFO, 81
Ufologie, 178
Umwandlung der Materie, 104
Universelle Weiße Bruderschaft, 52, 75, 311
Upanischad (s.a. Brihad, Taittriya), 184, 223, 235

V

Vereinte Nationen, 317
Verlangen, 147
Verstand (s.a. Intellekt), 166
Vivasvat, 186
Vivekananda, Swami, 231

W

Wachsamkeit, 19
Wasser, Symbolik, 30, 31
Wassermann, Zeitalter, 53, 283, 309
Weltkrise, 237
Weltregierung, 313, 317, 318
White, J., 126
Wilber, K., 130
Wirklichkeit, Höhere (s.a. Gott, das Göttliche, Brahma), 28, 76, 95, 196, 302
Wunder, 28, 73, 97, 99, 173, 264

Y

yajna, 236
Yoga
    Bhakti-Yoga, 232
    der Ernährung, 227, 228
    Hatha-Yoga, 231
    Kriya-Yoga, 232
    Mantra-Yoga, 231
    Siddha-Yoga, 232
    Sonnen-Yoga, 230, 233
    surya-yoga 233, 234
    Tantra-Yoga, 232

Yoga, 40, 155, 214, 252
Yoga, Definition 231
Yogananda, Paramahansa, 232
Yogin 144
Yogis, 49, 99

Z

Zahlen (s.a. Mathematik), 174
Zen, 90, 123, 221, 232
Zukunft, 101, 299, 308, 316

DER AUTOR

Georg Feuerstein, Doktor der Philosophie und Magister der Literatur, hat Weltruf erlangt durch seine Forschungsarbeit auf dem Gebiete des Yoga. Er hat über zwanzig Bücher verfasst darunter die prämierte *Shambala Encyclopedia of Yoga* sowie *Sacred Paths – Wholeness or Transcendence? – Holy Madness* (dt.: Heilige Narren) und *Sacred Sexuality* (dt.: Gott und die Erotik).

Zusammen mit seiner Frau Trisha Lamb Feuerstein hat er *Voices on the Threshold of Tomorrow* herausgegeben. Er ist Mitherausgeber der Zeitschriften *Yoga Journal, Inner Directions* und *Intuition*. Er ist Gründer und leitender Direktor des *Yoga Research Center* und Vorstandsmitglied der *Healing Buddha Foundation* in Sebastopol, Kalifornien.

Sein Hauptanliegen ist es, die praktische Seite der Spiritualität so darzulegen, dass er damit sowohl den Intellekt als auch das Herz der Menschen anspricht, die auf der Suche nach der Wahrheit sind.

Seit 1981 lebt er in Nordkalifornien, wo er in der Stille der Berge die nötigen Ressourcen für seine intellektuelle Arbeit und ein kontemplatives Leben findet.

Verlag – Auslieferung
Editions PROSVETA S.A. - B.P. 12 - 83601 Fréjus Cedex (France)
Tel. 04 94 40 82 41 - Télécopie 04 94 40 80 05 - E-Mail: international@prosveta.com

Auslieferungen

AUSTRALIEN
QUEST, 484 Kent Street
2000 Sydney

BELGIEN
PROSVETA BENELUX
Liersesteenweg 154 B-2547 Lint
N.V. MAKLU Somersstraat 13-15
B-2000 Antwerpen
Tel. (32) 34 55 41 75
VANDER S.A.
Av. des Volontaires 321
B-1150 Bruxelles
Tel. (32) 27 62 98 04

BRASILIEN
NOBEL SA – Rua da Balsa, 559
CEP 02910 - São Paulo, SP

BULGARIEN
SVETOGLED
Bd Saborny 16 A appt 11 – 9000 Varna

DEUTSCHLAND
PROSVETA Deutschland
Postfach 16 52 – 78616 Rottweil
Tel. 0741-46551 – Fax. 0741-46552
eMail: Prosveta.de@t-online.de
EDIS GmbH, Daimlerstr 5
82054 Sauerlach
Tel. (49) 8104-6677-0
Fax. (49) 8104-6677-99

ENGLAND
PROSVETA, The Doves Nest
Duddleswell Uckfield,
East Sussex TN 22 3JJ
Tel. (01825) 712988 - Fax (01825) 713386
E-Mail: prosveta@pavilion.co.uk

GRIECHENLAND
EDITIONS PROSVETA
J. VAMVACAS
El. Venizelou 4 – 18531 - Piräus

HONG KONG
SWINDON BOOK CO LTD.
246 Deck 2, Ocean Terminal
Harbour City
Tsimshatsui, Kowloon

IRLAND
PROSVETA, The Doves Nest
Duddleswell Uckfield,
East Sussex TN 22 3JJ, U.K.

ITALIEN
PROSVETA Coop.
Casella Postale – 06060 Moiano (PG)

KANADA
PROSVETA Inc. – 3950, Albert Mines
North Hatley (Qc), J0B 2C0
Tel. (819) 564-3287 Fax. (819) 564-1823
E-mail: prosveta@colba.net

KOLUMBIEN
PROSVETA
Avenida 46 n° 19 - 14 (Palermo)
Santafé de Bogotá
Tel. (57) 232-01-36 – Fax (57) 633-58-03

LUXEMBURG
PROSVETA BENELUX
Liersesteenweg 154 B-2547 Lint

NIEDERLANDE
STICHTING
PROSVETA NEDERLAND
Zeestraat 50
2042 LC Zandvoort

NORWEGEN
PROSVETA NORDEN
Postboks 5101
1501 Moss

ÖSTERREICH
HARMONIEQUELL VERSAND
A- 5302 Henndorf, Hof 37
Tel. und Fax (43) 6214 7413

PORTUGAL
PUBLICAÇÕES
EUROPA-AMERICA Ltd
Est Lisboa-Sintra KM 14
2726 Mem Martins Codex

RUMÄNIEN
ANTAR
Str. N. Constantinescu 10
Bloc 16A - sc A - Apt. 9
Sector 1 - 71253 Bucarest

SCHWEIZ
PROSVETA
Société Coopérative
CH - 1808 Les Monts-de-Corsier
Tel. (41) 21 921 92 18
Fax. (41) 21 922 92 04
e-mail: prosveta@swissonline.ch

SPANIEN
ASOCIACIÓN PROSVETA ESPAÑOLA
C/ Ausias March n° 23 Ático
SP-08010 Barcelona

VEREINIGTE STAATENTEL
PROSVETA U.S.A.
P.O. Box 49614
Los Angeles, California 90049

VENEZUELA
J. L. Carvajal
Apartado postal 1024
Puerto Ordaz - Estado Bolivar

ZYPERN
THE SOLAR CIVILISATION BOOKSHOP
73 D Kallipoleos Avenue - Lycavitos
PO. Box 4947, 1355 – Nicosiu
Tel: 02 377503 and 09 680854

GEDRUCKT IM MÄRZ 1998
IN DER DRUCKEREI PROSVETA
Z.I. DU CAPITOU B.P. 12
83601 FRÉJUS CEDEX
FRANKREICH

– N° d'impression: 2464 –
Dépôt légal: Mars 1998
Gedruckt in Frankreich